国家民委民族研究项目2023年度后期资助课题——乡村振兴背景下临夏回族自治州防返贫长效机制构建

中国经验

乡村振兴背景下临夏州防返贫长效机制构建

罗如芳◎著

光明日报出版社

图书在版编目（CIP）数据

乡村振兴背景下临夏州防返贫长效机制构建 ／ 罗如
芳著 . -- 北京：光明日报出版社，2024.8. -- ISBN
978－7－5194－8188－9

Ⅰ. F127.422

中国国家版本馆 CIP 数据核字第 2024Q2X398 号

乡村振兴背景下临夏州防返贫长效机制构建

XIANGCUN ZHENXING BEIJINGXIA LINXIAZHOU FANG FANPIN CHANGXIAO JIZHI GOUJIAN

著　　者：罗如芳	
责任编辑：刘兴华	责任校对：宋　悦　王秀青
封面设计：中联华文	责任印制：曹　净

出版发行：光明日报出版社

地　　址：北京市西城区永安路 106 号，100050

电　　话：010-63169890（咨询），010-63131930（邮购）

传　　真：010-63131930

网　　址：http：// book. gmw. cn

E － mail：gmrbcbs@ gmw. cn

法律顾问：北京市兰台律师事务所龚柳方律师

印　　刷：三河市华东印刷有限公司

装　　订：三河市华东印刷有限公司

本书如有破损、缺页、装订错误，请与本社联系调换，电话：010-63131930

开　　本：170mm×240mm

字　　数：261 千字　　　　　　印　　张：15

版　　次：2025 年 1 月第 1 版　　印　　次：2025 年 1 月第 1 次印刷

书　　号：ISBN 978－7－5194－8188－9

定　　价：95.00 元

前　言

　　脱贫攻坚战取得全面胜利，标志着我国进入扶贫新时代。在巩固拓展脱贫攻坚成果、接续推动脱贫地区发展和乡村全面振兴新时代背景下，防止返贫成为一项重大的现实问题和战略问题。2021年，习近平总书记在全国脱贫攻坚表彰大会上强调，要"坚决守住不发生规模性返贫的底线"。2022年中央一号文件指出，要"牢牢守住保障国家粮食安全和不发生规模性返贫两条底线"，"扎实有序做好乡村发展、乡村建设、乡村治理重点工作，推动乡村振兴取得新进展、农业农村现代化迈出新步伐"。2023年中央一号文件进一步强调，巩固拓展脱贫攻坚成果，要"坚决守牢确保粮食安全，防止规模性返贫等底线"。防范化解规模性返贫风险不仅是实现巩固拓展脱贫攻坚成果同乡村振兴有效衔接的核心要义，更是检验全面建成小康社会成色和韧性的重要标尺。尤其是一些原深度贫困地区，本身脱贫基础薄弱，巩固拓展脱贫攻坚成果的难度很大，脱贫的目的并非一"脱"了之，而是要保证脱贫户长期稳定地处于贫困范围之外。由于返贫问题主体的特定性、生发的时空性、过程的动态性、原因的复杂性、危害的严重性等属性特征，在本质上返贫户与贫困户还是具有不同的内涵，进而决定了不同的治理逻辑。因此，跟踪监测，科学评估脱贫成效，准确识别返贫风险，清晰梳理风险因素、致贫机理，并在此基础上提出后期发展扶持策略，采取有效措施治理返贫现象，对巩固拓展扶贫开发成果、实现乡村振兴，具有十分重要的理论价值和实践意义。

　　本书以甘肃省临夏回族自治州（以下简称"临夏州"）作为研究区域，以该地区原建档立卡农户和现边缘易致贫农户为主要研究对象，在多方查阅资料、广泛深入调研的基础上，结合习近平总书记关于加强和改进民族工作的重要思想、宏观贫困陷阱相关理论、微观个体脆弱性相关理论、风险管理理论、韧性治理理论等，沿着历史到现实的维度，梳理临夏州扶贫开发历程和成效成果，描述临夏州历史返贫状况和特征，探究临夏州返贫风险的测度方法和风险状况，分析临夏州返贫风险发生成因，并提出临夏州实现稳定脱贫的意见建议。本研究主要有以下几个发现。

一是临夏州扶贫开发成效显著，形成了一批典型模式和案例。

通过对临夏州各级各类工作文件资料、统计年鉴、统计公报进行查阅梳理，探析了临夏州体制改革推动阶段、大规模扶贫开发阶段、"八七"扶贫攻坚阶段、综合扶贫治理阶段、"十二五"关键期、"十三五"决胜期六个阶段的扶贫战略重点和主要扶贫成效。运用数据资料统计分析方法，从区域性绝对贫困历史性消除、经济社会全面发展、人民生产生活条件明显改善、地方治理水平不断提升四方面总结了其扶贫开发的显著成效。并在走访调研中提炼归纳了临夏州扶贫开发的典型模式和鲜活案例。

二是临夏州历史返贫现象客观存在，具有共性和个性特征。

通过数据分析和实地调研访谈，了解临夏州历史返贫状况和特征，再结合问卷调查，通过农户和帮扶干部对未来可能存在的返贫风险感知，厘清临夏州返贫风险的类型和风险源，深入探讨返贫致贫内外部风险因素。研究发现，临夏州返贫现象从县域、乡镇层面看，存在较大年份差异性、较大地域差异性、返贫诱因的多元性、返贫主因的多变性几个特征；从个体家户层面看，文化程度低、劳动力数量少、素质不高、家户总体健康水平差是造成脱贫人口又返贫的主要内在因素。

三是临夏州现有返贫风险整体较低，经济资本和人力资本返贫风险占比较大。

综合考虑现有返贫风险测度模型优劣并结合临夏州实际，参考生计脆弱性分析框架，修订建立了临夏回族自治州返贫风险测度指标体系和模型。将调研数据导入返贫风险测度模型，分析发现，样本农户加权综合返贫风险指数处于 0.335~22.504 之间，平均值为 3.796，相对来说处于较低水平。返贫风险最高的两类分别是经济资本返贫风险和人力资本返贫风险。经济资本的薄弱性和人力资本的缺失是临夏州样本农户返贫风险较高的主要因素。对于不同生计策略的样本农户来说，务农主导型、务工主导型、补贴依赖型、多业兼营型样本农户各类返贫风险均存在较大差异。

四是临夏州返贫风险形成原因多元，主要是经济、人力、自然因素。

根据前续历史返贫状况分析和返贫风险测度结果，分析临夏州排名前三的返贫风险，从多方面查找出现这几类返贫风险的原因，厘清其巩固拓展脱贫攻坚成果的障碍因素。研究认为，临夏州出现经济资本返贫风险的主要原因包括：总体经济发展水平落后，收入结构层次低；金融保险环境基础薄弱，支持体系不健全；产业发展带动效应不足，增长后劲乏力；外部帮扶互利双赢局面不广,资金撬动效应不足。临夏州人力资本返贫风险较大的主要原因在于:人口文化短板突出,人力资本保障不足;医疗教育相对滞后,社会供给保障不足;市场观念转变较慢,多元增收存在困扰;自我发展能力不足,稳定进项难度较大。临夏州自然资本返贫风险较大的主要原因在于地理区位条件的制约,自然灾害频发的影响,资源利用潜力受限,以及新冠疫情引发的新式风险挑战。

鉴于以上发现,本书从六方面提出建立临夏州防返贫长效机制的意见和建议:一是要关口前移,注重返贫风险的动态监测;二是需要深化"活血"机制,通过发展产业和稳定就业两大外力帮扶引擎,多措并举、多管齐下,实现农户的持续稳定增收;三是要强化"造血"机制,通过"强志",增强致富信心决心和干事创业的精气神,通过"强智",增加谋生技能和脱贫致富的本领;四是要细化"输血"机制,通过最低生活保障等救助体系的细化完善,兜底保障小部分基本丧失和完全丧失劳动能力的农户生活,通过健全医疗保障制度,切实降低人口就医负担,提升全民身体健康素质;五是要优化"扩围"机制,不仅要考虑内外力多重发动,还要考虑多元参与,从宏观、中观、微观各个层次增强巩固拓展的力量来源;六是要着眼长远,探索"脱贫—振兴"衔接机制,实现从绝对贫困到相对贫困的变动与转型、从特惠政策到普惠政策的调试与再造、从短期任务到长期规划的重构与优化、从微观施策到顶层设计的保障与强化,从深度推进上长远保障临夏州返贫风险处在极低水平。

目 录
CONTENTS

第一章 绪 论 ……………………………………………… 1

第一节 选题背景 ……………………………………… 1

第二节 研究目的和意义 ……………………………… 4

第三节 国内外文献综述 ……………………………… 7

第四节 研究对象、研究思路和主要研究方法 ……… 24

第五节 可能的创新和不足之处 …………………… 26

第二章 概念界定与理论基础 ……………………………… 29

第一节 概念界定 …………………………………… 29

第二节 理论基础 …………………………………… 35

第三节 返贫现象的形成机理 ……………………… 44

本章小结 …………………………………………… 47

第三章 临夏回族自治州扶贫开发历程与成效 ………… 49

第一节 临夏回族自治州扶贫开发历程 …………… 50

第二节 临夏回族自治州扶贫开发成效 …………… 59

第三节 临夏回族自治州扶贫开发典型成果 ……… 71

本章小结 …………………………………………… 88

第四章 临夏回族自治州历史返贫状况和防治措施 …… 90

第一节 临夏回族自治州历史返贫状况 …………… 91

第二节 基于农户和帮扶干部的返贫风险感知 …… 108

第三节　临夏回族自治州现有防止返贫的措施 …………… 114
本章小结 ……………………………………………… 119

第五章　临夏回族自治州返贫风险测度 ……………… 121
第一节　研究区域和数据获取 ………………………… 121
第二节　样本数据统计与基本特征分析 ……………… 123
第三节　临夏回族自治州返贫风险测度指标体系构建 …… 132
第四节　临夏回族自治州返贫风险测度 ……………… 143
本章小结 ……………………………………………… 150

第六章　临夏回族自治州返贫风险成因分析 ………… 152
第一节　经济资本返贫风险成因分析 ………………… 153
第二节　人力资本返贫风险成因分析 ………………… 164
第三节　自然资本返贫风险成因分析 ………………… 169
本章小结 ……………………………………………… 173

第七章　临夏回族自治州稳定脱贫的对策建议 ……… 175
第一节　建立"监测预警"体检机制，关口前移动态监测、防止返贫 …… 176
第二节　深化"稳定增收"活血机制，外力牵引多措并举、多管齐下 … 182
第三节　强化"志智双强"造血机制，内功修炼激发动力、增强能力 … 187
第四节　细化"兜底保障"输血机制，综合托举应兜尽兜、补齐短板 … 191
第五节　优化"多元共治"扩围机制，广度拓展强化协同、人人尽责 … 194
第六节　探索"脱贫—振兴"衔接机制，深度推进有继有续、有破有立
………………………………………………………… 198
本章小结 ……………………………………………… 200

结论与展望 …………………………………………… 201
参考文献 ……………………………………………… 204
附录1　临夏回族自治州农户调查问卷 ……………… 216
附录2　基层干部访谈提纲 …………………………… 223
后　记 ………………………………………………… 226

第一章

绪 论

第一节 选题背景

一、返贫是巩固拓展脱贫攻坚成果阶段必须重视的问题

党的十八大以来，在以习近平同志为核心的党中央从理论到实践所形成的"精准扶贫、精准脱贫"农村贫困治理方略指导下，中国减贫事业取得历史性成就：现行标准下 9899 万农村贫困人口全部脱贫，832 个贫困县全部摘帽，12.8 万个贫困村全部出列，区域性整体贫困得到解决，完成了消除绝对贫困的艰巨任务，创造了又一个彪炳史册的人间奇迹。①

但返贫问题由来已久、时有发生。早在 2003 年，由于非典疫情和多种因素的共同影响，我国农村贫困人口达 2900 万人，比 2002 年年底还多 80 万，不减反增。② 2008 年，时任国务院扶贫办（2021 年更名为国家乡村振兴局）主任的范小建指出，由于金融危机，2009 年全国贫困人口 3597 万，其中返贫人口占比为 62.3%。③ 2011 年，范小建在发布《〈中国农村扶贫开发的新进展〉白皮书》接受采访时指出，我国贫困人口的 2/3 具有返贫性质，并且处于脆弱不稳定状态。④ 2020 年 3 月 6 日，习近平总书记在决战决胜脱贫攻坚座谈会上指出，在已脱贫人口中有近 200 万人存在返贫风险，占比为 2%左

---

① 在全国脱贫攻坚总结表彰大会上的讲话［N］. 人民日报，2021-02-26（2）.

② 中华人民共和国 2003 年国民经济和社会发展统计公报［R］. 中华人民共和国国家统计局，2004.

③ 去年贫困人口逾六成是返贫人口［EB/OL］. 新浪网新闻中心，2010-10-18.

④ 扶贫开发从以解决温饱为主要任务转入新阶段：访国务院扶贫办主任范小建［N］. 光明日报，2011-11-17（10）.

右，边缘人口中有 300 万人存在致贫风险。① 从历史事实看，我国反贫困工作兼具复杂性和艰巨性，这些数据也说明了我国返贫问题的现实性和严重性。

从历史经验中我们可以看出，返贫问题是一种客观存在的社会经济现象。它与扶贫、反贫工作相伴而生，不论处于哪个扶贫阶段、采用何种扶贫方式，返贫这一客观问题都无法绝对避免，因此必须重视并且采取有效措施进行防范化解。习近平总书记在 2017 年全国两会上就作出了"防止返贫和继续攻坚同样重要"的重要论述；2020 年总书记明确提出，"要加快建立防止返贫监测和帮扶机制"；2021 年全国脱贫攻坚总结表彰大会上，总书记再次强调，"对易返贫致贫人口要加强监测，对脱贫地区产业要长期培育和支持，对易地扶贫搬迁群众要搞好后续扶持，对脱贫县要扶上马送一程，保持主要帮扶政策总体稳定"②。

返贫问题治理刻不容缓。脱贫的目的并非一"脱"了之，而是要保证脱贫户长期稳定地处于贫困范围之外。在实现精准脱贫之后，一些贫困县（市、区）的已脱贫人口生活质量并未有效提升、后续生活依然存在较大风险、不久后又"返贫"等现象赫然在目；一些地区虽名义上已经脱贫，但实际上仍在"脱贫"与"返贫"之间辗转；一些地区虽当前达到了脱贫标准，但也无法持续保持这种稳定的脱贫状态。可见，不采取有效的措施及时应对，扶贫工作将会面临"按下葫芦浮起瓢"的风险，返贫不仅会使来之不易的扶贫成果弱化、消融，更会让返贫人口陷入沮丧情绪乃至绝望之中。

二、返贫风险监测预警与防范能有效提高脱贫成果和质量

当前，我国贫困治理逐步由绝对贫困治理转向相对贫困治理，由收入贫困治理转向多维贫困治理，由超常规扶贫攻坚转向常规性贫困治理。农村贫困治理将与乡村振兴战略高度衔接，从更广泛的意义上来讲，会逐步实现与国际减贫事业的紧密连接，以往农村贫困治理格局将打破重构。历史事实告诉我们，脱贫是一个动态过程，贫困的复杂性决定了其风险性，总会有少数低收入农户在帮扶脱贫后，因病、因灾等主客观原因又重新返贫，因此返贫风险监测及治理机制的构建刻不容缓。"十四五"是巩固拓展脱贫攻坚成果的承上启下关键期，党中央及时对防止返贫和帮扶工作作出部署安排，明确要建立监测帮扶机制，补齐防止返贫致贫的制度拼图，筑牢脱贫攻坚成果的保

---

① 习近平. 在决战决胜脱贫攻坚座谈会上的讲话［N］. 人民日报，2020-03-07（2）.
② 全国脱贫攻坚总结表彰大会在京隆重举行［N］. 人民日报，2021-02-26（1）.

障网，同时也为巩固拓展脱贫攻坚成果明确了工作路径和抓手。

但在实际操作过程中，由于信息孤岛的存在和体制机制的不完善，对于返贫发生的前期干预虽有关注但还不够深入具体，返贫风险监测预警机制作用的发挥还有待进一步提升。基于此，建立起针对返贫现象的事前干预机制，即返贫风险监测预警机制，并规范其运行机制和操作流程，最大限度发挥其预警防范功能很有必要。我国已通过全国扶贫开发信息系统为全国 9899 万贫困户实现建档立卡，建档立卡指标体系包括户村县的基础信息库、业务管理系统、扶贫项目库等模块，拥有的海量数据为开展量化研究预测返贫风险提供了基础。因此我们应该拓宽思路，充分发挥学术研究在量化研究领域的优势，建立起一套返贫风险预测机制，及时发现风险，及时落实帮扶，为实现贫困人口动态清零，推出更为有效和及时的帮扶方法和策略。

三、稳定脱贫机制构建是后扶贫时代实现现代化的有力保障

扶贫是一项动态性工作，2020 年后，我们进入了一个没有区域性绝对贫困的时代，但贫困地区、贫困群众脱贫摘帽也并不意味着脱贫工作彻底结束，相对贫困问题会长期存在。只要不同地域之间、农村与城市之间发展不平衡不充分问题没有消除，那么社会的分化与分层现象就会存在，相对贫困问题也就不会消失。因此，贫困治理绝对不是短期的一场突击战，而是一项需要我们长期持续开展的工作。

现阶段，"省负总责、市抓推进、县乡抓落实"的帮扶工作机制已经建立起来，各项组织领导制度、社会参与制度、督查考核制度等都逐步完善，内力外力共同发力的贫困治理体系已然初步形成。为杜绝数字脱贫、政治脱贫等风险隐患滋生蔓延，构建稳定、可持续脱贫长效机制则是后扶贫时代实现现代化最有力的保障。原贫困群众通过帮扶摆脱绝对贫困后，由于各方面因素制约，很大一部分仍属于相对贫困，要实现稳定增收还需要继续从多方面下力气、下功夫。后扶贫时代，扶贫治理的方式将发生重大转变，不仅需要注重外力帮扶，更要进一步提升贫困群众在贫困治理中的主体地位，不断强化其稳定增收的意愿和能力。要立足大扶贫格局，着眼长远，注重扶贫与扶志扶智相结合，由找准帮扶对象向精准帮扶实现可持续脱贫转变，由开发式扶贫为主向开发式扶贫与保障式扶贫并重转变，以内生动力、造血功能作为出发点和落脚点，才能确保"能脱贫、可持续、逐步致富"。稳定脱贫机制的缺失是返贫的关键，建立稳定脱贫机制不仅能有效减少返贫现象的发生，也能为全国研究制定 2020 年后的减贫战略提供有益借鉴。

3

第二节　研究目的和意义

2020 年以前，在现行标准下实现农村绝对贫困人口脱贫，贫困村退出，贫困县摘帽，这主要解决的是区域性整体性贫困问题，是相对较低标准的生存问题。2020 年以后，考虑到原深度贫困地区的经济社会发展水平相对较低的实际，无论是后期国家贫困线上调，还是从多维贫困角度和相对贫困角度来看，原深度贫困地区的贫困县、贫困乡镇和贫困村也还将是我国相对贫困治理的重点地区所在。后扶贫时代，贫困治理的内核不再是生存问题，而是发展问题和发展成果的共享问题，以及巩固提升现有脱贫成效的问题。从以精准扶贫、精准脱贫为核心的扶贫时代到以巩固拓展脱贫攻坚成果、防止返贫为核心的后扶贫时代，贫困治理将随着贫困人口的减少和贫困地区的脱贫而实现渐进式的变革与机制创新。从贫困户到脱贫户，贫困治理中的主体身份发生了变化，这也随之带来了生计方式的变化。在原深度贫困地区，贫困人口虽然收入稳定超过国家扶贫标准，达到"两不愁三保障"即可脱贫，但与其他地区相比，原深度贫困地区的贫困治理面临着区位偏远、资源分散、发展基础薄弱等制约。应对接精准扶贫、精准脱贫的工作目标，理性分析后扶贫时代巩固拓展脱贫攻坚成果的目标任务，准确识别脱贫人口返贫风险，清晰梳理风险因素致贫机理，并在此基础上提出脱贫人口后期发展扶持策略，采取有效措施治理农村返贫现象，使脱贫后又返贫的这个特殊群体脱贫致富，对巩固扶贫开发成果、实现乡村振兴，具有十分重要的理论价值和实践意义。

本书以甘肃省临夏回族自治州（简称"临夏州"）为研究对象，主要考虑临夏州是国家"三区三州"和甘肃省"两州一县"原深度贫困地区之一，全州 8 县市均为六盘山集中连片特困片区扶贫开发重点县，受自然、地理、历史等因素的影响，临夏州的贫困既有西部贫困地区的普遍性，又有民族贫困地区的特殊性，整体性贫困与特殊性贫困并存，条件性贫困与素质性贫困交织，上学难、看病难、饮水难、住房难的问题突出。随着脱贫攻坚这场伟大实践带来的深层次、宽领域、系统性的社会变革，临夏州贫困地区和贫困群众的面貌焕然一新，各项事业取得了前所未有的巨大成就。但是，由于贫困的复杂性和动态性，脱贫人口发生再次返贫也成为临夏州经济社会发展不得不面对的问题。临夏州在精准扶贫、精准脱贫方面进行的伟大实践，为全国乃至世界都提供了样本和范例。在后扶贫时代，思考探索临夏州如何在巩固拓展脱贫攻坚成果、有效防范和抑制返贫风险方面也走在前列，具有十分紧迫的现实意义。

一、研究目的

（一）探析临夏回族自治州历史返贫状况和特征

通过县域、乡镇、返贫家户三个层面的描述性统计，从宏观、中观、微观三个层次，厘清临夏州近年返贫现象的现状、分布状况和特征。从历史事实出发进行统计分析有助于更好地了解和把握临夏州的"返贫现象"，为后期研究了解其发生机理、提出相应的防治对策提供了有力支撑。

（二）考察临夏回族自治州农户和帮扶干部对未来可能发生的返贫风险感知

个体基于风险的主观判断和认知也会影响其决策，了解他们对于未来返贫风险的态度和看法，从而精准掌握各家户未来可能的返贫风险来源，做好风险预警和防范，为决策者更好地做好脱贫攻坚巩固工作提供一定的参考。

（三）分析临夏回族自治州返贫风险水平及成因

通过对微观家户调研和返贫风险模型的建立，测度临夏州样本农户返贫风险水平和主要风险因素，探讨其返贫风险形成的原因，以期为对症下药、制定举措，规避脱贫户生计风险，提高其可持续生计能力，有效巩固拓展脱贫攻坚成果，实现与乡村振兴有效衔接提供思路。

（四）研究临夏回族自治州稳定脱贫长效机制

从关口前移——"监测预警"体检机制、外部帮扶——"稳定增收"活血机制、内生动力——"志智双强"造血机制、综合托举——"兜底保障"输血机制、广度拓展——"多元共治"扩围机制、深度推进——"脱贫—振兴"长效衔接机制六方面构建稳定脱贫长效机制，为临夏州乃至民族地区实现可持续脱贫提供实践路径。

二、研究意义

（一）理论意义

1. 丰富中国特色反贫困理论的管理研究

中国特色反贫困理论是将马克思主义反贫困理论科学学说长期应用于中

国特色社会主义社会反贫困工作实践、以中国这一社会主义国家贫困问题作为研究对象而形成的具有中国特色的反贫困理论。精准扶贫理论是中国反贫困理论体系中的重要组成部分，防止返贫的研究既是对精准扶贫理论的深化，同时也是对中国特色反贫困理论的丰富。本书力求探索临夏回族自治州返贫风险问题，侧重于建立防止返贫的长效机制，从制度上保障脱贫户的持续增收致富，防止返贫的出现，是对中国特色反贫困理论的丰富。

2. 拓展乡村振兴背景下返贫防治的学理认识

推动巩固全面脱贫攻坚成果与实施乡村振兴战略的接续发展是过渡时期的主要任务，而防止发生规模性返贫风险则是其中的关键一环。本书探究了返贫现象形成的内在机理，零星分散的点状式返贫和区域性的规模性返贫，以及两者之间如何演化的内在逻辑，提出了防止返贫实现稳定脱贫的对策举措，拓展了乡村振兴背景下返贫防治的学理认识。

（二）现实意义

1. 系统分析返贫风险，进而降低发生规模性返贫的可能

脱贫难，防止返贫更难。一方面，消除贫困，改善民生，逐步实现共同富裕是社会主义社会的本质要求，也是人类发展的目标所及；另一方面，"贫困在人类历史上从未完全消失过，哪怕是发达国家"。由于民族地区发展资源与环境、脱贫人口的市场适应能力与生计可持续能力等因素的综合影响，有的已脱贫人口又重新返贫。已脱贫人口的返贫问题如影随形，成为蚕食扶贫开发成果和阻碍稳定脱贫目标实现的顽疾，脱贫人口返贫问题严重影响到现代化进程和人民群众福祉。本书将基于实地调研数据，剖析返贫现象形成的机制与原因，为减少返贫现象、提升扶贫工作成效提供案例和资料。

2. 为临夏州构建防返贫长效机制、巩固拓展脱贫攻坚成果提供参考

每个地区的具体情况不同，其返贫的原因、表现和治理对策也应该是多种多样的，需要对症下药才能进行返贫治理。对接临夏州精准扶贫、精准脱贫的工作目标，理性分析后扶贫时代稳定脱贫工作重点，准确识别扶贫开发进程中及后扶贫时代脱贫人口返贫风险，清晰梳理风险因素致贫机理，并在此基础上提出脱贫人口后期发展扶持策略，采取有效措施治理返贫现象，使脱贫后又返贫的这个特殊群体脱贫致富，对巩固扶贫开发成果、实现稳定脱贫，具有十分重要的实践意义。

第三节 国内外文献综述

一、国外文献研究

通过 Web of Science 进行检索发现，国外对于返贫的研究主要是从贫困动态学的角度进行的，认为贫困具有动态性和周期性，所以返贫现象客观存在。但是由于国外比较注重贫困人口自我能力的持续提升，所以返贫现象并不突出，返贫相关研究成果也不是特别多，主要集中在以下几方面。

（一）贫困动态性、周期性研究

英国学者朗特里（Rowntree）提出了"贫困生命周期理论"，他认为在个体生命周期的 5 个阶段，贫困风险是不断动态变化的，呈现 W 形曲线变动。家庭贫困风险的大小取决于"需求压力"与"获取生活资源能力"之间的博弈，所以在孩童时期和老年期由于获取生活资源能力差，贫困风险比较高；在结婚育儿初期，由于需求压力大，贫困风险也会随之上升。贫困的进入和退出呈现出动态性、周期性特点，也就是容易出现"贫困—脱贫—返贫"事件。① 阿什沃斯（Karl Ashworth）等在《儿童贫困模式：政策面临的新挑战》一文中，直接提出"周期性贫困"来分析儿童贫困模式，简单阐释了返贫原因。② 贾兰（Jyotsna Jalan）和拉瓦蕾（Martin Ravallion）基于持久性收入假说，认为家庭收入一直在贫困线以下的就是长期贫困，如果只是暂时性的收入减少，导致家庭收入低于贫困线，那么就是短期贫困。由于收入是动态变化的，所以长期贫困和短期贫困也会互相转化，这也间接说明了返贫现象的现实存在，而且是由于经济周期的波动而发生。③ 邓肯（Stefan Dercon）指出农户生产活动的每一个环节都可能遭受风险冲击，如福利风险、资产风险、收入风险，随着生产的循环往复，风险也会周而复始，农户在风险的冲击和抗衡中，不断处于"贫困—富裕—返贫"的过程中。④ 世界银行 2002 年发布

---

① ROWNTREE B S. Poverty：A Study of Town Life［M］. London：Macmillan, 1902.

② ASHWORTH K, HILL M, WALLEER R. Patterns of Childhood Poverty：New Challenges for the Policy［J］. Journal of Policy Analysis and Management, 1994, 13（4）：17.

③ JALAN J, RAVALLION M. Is Transient Poverty Different? Evidence for Rural China［J］. The Journal of Development Studies, 2000, 36（6）：82-99.

④ DERCON S. Assessing Vulnerability［R］. Oxford：Oxford University, 2001.

的《世界银行 2022 年度报告》中提出 "贫困脆弱性" 一词，阐释了贫困的易发性，就是说那些已经摆脱贫困的人群，也可能受到内外部因素的影响而面临着再次返贫的风险。① 米歇尔·卡兰蒂诺（Michele Calandrino）等人指出，相比于其他农户，长期贫困的农户在后期处于贫困的可能性更大，返贫的风险更高。② 比约恩·古斯塔夫松（Bjorn Gustafsson）等人以 2000—2002 年中国 22 个省份的面板数据为依据进行分析，发现长期贫困在农户中的比例要高于短期贫困，且长期贫困的发生概率更高，影响更大。③

（二）返贫原因分析研究

瑞典经济学家冈纳·缪尔达尔（Karl Myrdal）指出，欠发达国家较低的收入水平和较低的卫生、教育投入，是贫困状况继续恶化的原因；这些领域的低投入导致文化教育落后、卫生健康状况差，人口文化和身体素质都不高，从而影响劳动生产率的提高，形成了低产出、低收入的恶性循环，人们就一直处于贫困的泥潭之中。④ 玛娅·格林（Maia Green）和大卫·休姆（David Hulme）主张从社会学的视角思考长期贫困，认为是社会排斥造成了长期贫困，这种排斥限制了穷人获取权利和资源。⑤ 凯伦·摩尔（Karen Moore）通过对亚洲南部和东南部进行研究，指出造成持续性贫困的原因主要是政治、经济、社会和生态方面的问题。⑥ 美国学者阿尼鲁德·克里希纳（Anirudh Krishna）通过对印度拉贾斯坦邦 35 个村庄进行实地研究发现，高昂的医疗成本、私人来源的高息债务以及婚丧嫁娶的社会支出是许多家庭陷入长期贫困或者脱贫后又返贫的重要原因。⑦ 长期贫困研究中心提出，个人能力的剥夺和

① 世界银行. 世界银行 2002 年度报告 ［M］. 北京：中国财政经济出版社，2002：89.
② MCCULLOCH N, CALANDRINO M. Vulnerability and Chronic Poverty in Rural Sichuan ［J］. World Development, 2003, 31（3）：611-628.
③ GUSTAFSSON B, DING S. Villages where China's Ethnic Minorities Live ［J］. China Economic Review, 2009, 20（2）：193-207.
④ 缪尔达尔. 亚洲的戏剧：对一些国家贫困问题的研究 ［M］. 谭力文，张卫东，译. 北京：北京经济学院出版社，1992.
⑤ GREEN M, HULME D. From Correlates and Characteristics to Causes: Thinking about Poverty from a Chronic Poverty Perspective ［J］. World Development, 2005, 33（6）：867-879.
⑥ MOORE K. Chronic, Life-course and Intergenerational Poverty, and South-East Asian Youth ［R］. CPRC Working Paper, 2004.
⑦ KRISHNA A. Escaping Poverty and Becoming Poor: Who Gains, Who Loses, and Why? ［J］. World Development, 2004, 32（1）：121-136.

政府及国际合作的失败是导致持续性贫困产生的两大重要因素。① 巴塔
（Saurav Dev Bhatta）和夏尔马（Suman K. Sharma）的研究认为，影响持续性
贫困的重要因素主要是家庭经济资本的多寡以及家庭人力资本水平的高低。②
达乌德（Adel Daoud）等人则从自然灾害对返贫影响的角度，研究了全球 67
个中低收入国家因为自然灾害和社会治理方面问题而出现的儿童绝对贫困的
现象。③

（三）返贫识别与测度研究

国外学者对于返贫概率问题的研究是建立在贫困动态性基础上的，利用
动态面板数据来测度或者评估已经脱贫人口返贫的可能性。美国学者斯蒂文
（Ann Huff Stevens）通过面板数据分析，比较精准地测度了贫困农户脱贫的概
率并预估了返贫的可能性。他指出，脱贫不等于永远不会返贫，由于各种风
险因素的冲击，已脱贫人口中的 50%会在近 5 年内出现返贫的现象。④ 瑞典哥
德堡大学学者比格斯滕（Arne Bigsten）和希梅莱斯（Abebe Shimeles）通过对
1994—2004 年埃塞俄比亚持续贫困和贫困转型的数据进行调查，分析了埃塞
俄比亚长期贫困人口摆脱贫困的可能性，同时预估了该地区已经脱贫的人口
在脱贫之后 10 年内返贫风险的大小。研究同时提出要精准预计脱贫家户返贫
的时间，要建立监测机制，对脱贫家户进行长期观察。⑤

（四）返贫的治理研究

哈维·莱宾斯坦（Harvey Leibenstein）研究认为，发展中国家或者收入水
平较低的国家要摆脱贫困恶性循环的陷阱，需要持续增大资本投入，注重资
本积累与形成，同时要关注冒险精神、创新能力等非经济因素的影响。邓肯
（Dercon）通过对埃塞俄比亚农户进行研究，发现自然风险和市场风险是发展
中国家或欠发达地区脱贫农户返贫的主要风险，往往一场大雨、山洪就会导

---

① Chronic Poverty Research Center. The Chronic Poverty Report 2004－05 ［R］. Manchester：The Chronic Poverty Research Center, 2005.

② BHATTA S D, SHARMA S K. The Determinants and Consequences of Chronic and Transient Poverty in Nepal ［R］. CPRC Working Paper, 2006：66.

③ DAOUD A, HALLEROD B, GUHA－SAPIR D. What Is the Association Between Absolute Child Poverty, Poor Governance, and Natural Disasters? A global Comparison of Some of the Realities of Climate Change ［J］. PLOS ONE, 2016, 11 (4).

④ STEVENS A H. The dynamics of Poverty Spells：Updating Bane and Ellwood ［J］. American Economic Review, 1994, 84 (2)：34－37.

⑤ BIGSTEN A, SHIMELES A. Poverty Transition and Persistence in Ethiopia：1994－2004 ［J］. World Development, 2008, 36 (9)：1559－1584.

致家户消费能力的下降，甚至好几年都不能恢复，因此他认为需要农户加强储蓄和增加非正式保险投入以提高自我保险的能力。① 利质（Ethan Ligon）等在贫困测量中对 1994 年保加利亚的一组数据进行分析，发现由就业、受过教育的男性领导的家庭不太容易受到风险的冲击而返贫，因此提高劳动力质量是防止返贫的关键。② 施托兹（Stolz）等从人力资本的角度分析特质风险的应对，运用多级增长曲线模型合理预估了综合收入、资产贫困、劳动能力不足对老年人脆弱性的影响，并提出要加强社会政策和公共卫生工作，以消除健康问题造成的返贫风险，并扩大对心理社会因素的干预范围。③

除此之外，阿玛蒂亚·森（Amartya Sen）、理查德·R. 纳尔逊（Richard R. Nelson）、罗格纳·纳克斯（Ragnar Nurkse）、西奥多·舒尔茨（Theodore W. Schultz）等著名的贫困研究学者，在其贫困理论中对返贫的成因或者治理都有相关论述，这些论述对于挖掘国外返贫的深层含义、用理论知识解释这一现实现象、探析其内在发生机理，都有很大的借鉴意义。

二、国内文献研究

通过中国知网检索，选取国内主流数据库 CSSCI 作为主要文献来源发现，截至 2021 年 12 月 31 日，与返贫相关的主题文献一共有 339 篇。以 CSSCI 数据库相关文献统计为参考，是考虑到该数据库所刊用论文一般质量较高，能较准确地反映当时的主流研究内容。从发文的年度分布（图 1-1）看，1999 年开始有 4 篇，一直到 2016 年每年以返贫为主题的文献不到 10 篇，到了 2017 年及以后每年翻倍上涨——2018 年 21 篇，2019 年 46 篇，2020 年 81 篇，说明随着脱贫攻坚胜利的临近，学者们对于脱贫的稳定性越来越关注。2021 年仍有 93 篇，热度依旧持续不减，返贫还是学者们研究的焦点，主要原因在于 2021—2025 年是巩固拓展脱贫攻坚成果到乡村振兴的过渡期，防止返贫仍然是该阶段的重点任务。

从研究的主要主题看，主要集中在"脱贫攻坚""精准扶贫""乡村振

① DERCON S. Income Risk, Coping Strategies, and Safety Nets [J]. World Bank Research Observer, 2002, 17 (2): 141-166.

② LIGON E, SCHECHTER L. Measuring Vulnerability [J]. The Economic Journal, 2003, 113 (486): 95-102.

③ STOLZ E, MAYERL H, WAXENEGGER A, et al. Explaining the Impact of Poverty on Old-age Frailty in Europe: Material, Psychosocial and Behavioural Factors [J]. European Journal of Public Health, 2017, 27 (6): 1003-1009.

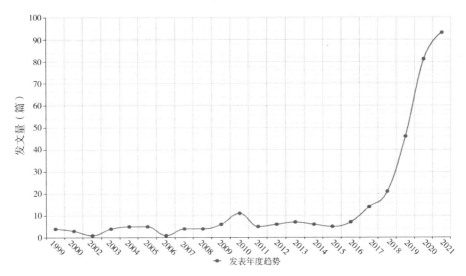

图 1-1 CSSCI 数据库以"返贫"为主题词的相关文献发文量一览

兴""相对贫困""返贫风险"等，研究主题分布具体如图 1-2 所示。

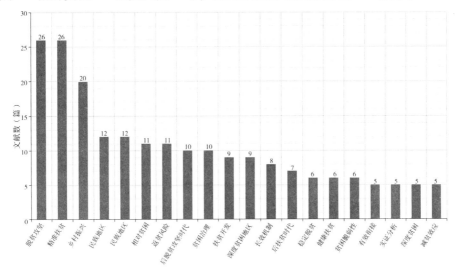

图 1-2 CSSCI 数据库与返贫相关学术研究主题分布情况

截至 2021 年 12 月 31 日，中国知网数据库硕博论文中题名包含"返贫"的总计有 127 篇，其中博士论文 4 篇、硕士论文 123 篇，学位授予年度主要集中在 2019—2021 年间，分别有 19 篇、31 篇和 67 篇。

（一）关于返贫内涵的研究

国内学者在对返贫现象进行研究的过程中，从不同的角度对返贫和返贫现象的内涵进行了界定。郭志杰等指出，返贫现象是指社会中的某些群体由于自然、社会以及自身等因素的相互作用，在解决温饱、摆脱贫困之后，在经济上重新贫困的一种社会现象。① 胡起望②、冯永宽③、冉洋④、丁军⑤四位学者，直接将返贫现象定义为某类阶层或社会群体在脱贫以后，又返回贫困状态的一种现象，也就是俗话所说的"饱而复饥，暖而复寒"。韦胜等从时间维度对返贫进行了界定，认为所谓"返贫现象"，就是指党的十一届三中全会以来，少数依靠党的富民政策刚刚脱贫的农民，由于各种原因又重新陷入贫困状态。⑥ 洪江则指出返贫实质就是贫困。贫困线在现实生活中就是衡量返贫的标准，返贫就是脱贫户年纯收入重新降到贫困线以下的现象，具有频发性、地域性、个体性等特征。⑦ 张俊飚在其博士毕业论文中对返贫的论述与上文洪江的观点类似，但是维度有所扩展，认为由于自然灾害、经济格局调整、生态环境变化、外部市场变化等因素，原有离开贫困线或者处于贫困标准线之上的人口又重新掉入贫困线或者贫困标准之下，就是返贫。⑧ 赵玺玉等⑨和陈端计等⑩均从两个维度给返贫问题下了定义。从狭义上看，它是指在反贫困战略实施过程中已经脱贫的人，由于各种因素的影响和制约，出现经济收入条件下降而重新返回贫困人口队伍中去的现象。从广义上看，它既包括脱贫人口返回贫困队伍中的现象，又包括非贫困人口由于各种因素的影响和制约，导致家庭收入下降到贫困标准线以下而沦为贫困人口的现象。陈全功和李忠斌则认为，返贫这种现象已经超出了传统的"长期贫困"或"持续性贫困"的界定范畴，是持续性贫困的一种特殊表现形式，是动态贫困的一个具体实

① 郭志杰，方兴来，杨世枚，等．对返贫现象的社会学考察 ［J］．中国农村经济，1990（4）：54-58.
② 胡起望．民族地区的返贫现象及其原因 ［J］．中央民族学院学报，1991（4）：20-21.
③ 冯永宽．四川盆周山区返贫现象透析 ［J］．经济体制改革，1994（5）：31-41，127-128.
④ 冉洋．贵州返贫状况、原因及抑制措施探讨 ［J］．贵州民族研究，1999（4）：129-134.
⑤ 丁军，陈标平．构建可持续扶贫模式　治理农村返贫顽疾 ［J］．社会科学，2010（1）：52-57，188.
⑥ 韦胜，韦剑峰，陆发远．遏制"返贫"现象　确保"八七扶贫攻坚计划"完成 ［J］．广西社会科学，1995（6）：28-35.
⑦ 洪江．我国扶贫攻坚中返贫原因探析 ［J］．宁夏社会科学，1999（1）：36-39.
⑧ 张俊飚．中西部贫困地区可持续发展问题研究 ［D］．武汉：华中农业大学，2002.
⑨ 赵玺玉，吴经龙，李宏勖．返贫：巩固扶贫开发成果需要解决的重大课题 ［J］．生产力研究，2003（3）：140-142.
⑩ 陈端计，杨莉莎，史扬．中国返贫问题研究 ［J］．石家庄经济学院学报，2006（2）：166-169.

例。① 谭贤楚指出，"返贫现象"就是指脱贫人口重新陷入贫困状态的客观社会现象，是一种特殊形式的贫困，增加了农村贫困人口总量，从而给农村扶贫工作带来了新的难度。② 金鑫认为返贫就是贫困，是典型的长期性贫困。在对返贫宏微观主体、返贫客体和返贫尺度这 S-O-M 三维要素进行基本阐述的基础上，对返贫概念进行了一般化或者抽象化的探述，认为返贫是穷人和介于穷人与富人中间状态的个人或家庭缺失社会分配正义底线平等规范认同的、必需的基本价值物（资源、机会、能力和权利），达到不能维持有尊严的体面生活的最低程度的过程和状况。③ 刘永富认为返贫其实不是"返贫"，是没有根本脱贫，脱贫必须是农户自己的思想观念有变化、各方面能力有提升、收入与收入渠道相对稳定，这才叫脱贫，如果是通过外部帮扶给钱给出的脱贫，则不是脱贫，而是社会保障兜底。④ 丁翔等提出的返贫观点与学者张俊飚类似，认为所谓返贫是指经过扶贫开发而脱贫的扶贫对象，由于自然灾害影响、重大疾病拖累、经营风险冲击、环境恶化制约等，导致脱贫指数不高、脱贫不稳定而重新返回贫困状态的现象。⑤ 李月玲和何增平再次重申"返贫"归根结底还是贫困问题，是脱贫后重新陷入贫困，比单纯的贫困危害性更大。⑥

从上述研究可以了解到，学者们对于返贫和返贫现象的概念界定以及阐释方面差异不是很大，普遍认为返贫的实质就是贫困，只是贫困的另一个阶段或者另一种表现形式，学者们的观念差异主要在返贫、返贫现象的界定角度、对象范围以及分析方式上而已。

（二）关于返贫情况的诱发因素研究

1. 外部影响因素

郭志杰等认为自然灾害、物价上涨、超生等因素都是造成返贫的原因，尤其是自然灾害和物价上涨造成的返贫占比达到 70% 和 20% 左右。自然灾害

---

① 陈全功，李忠斌. 少数民族地区农户持续性贫困探究 [J]. 中国农村观察，2009（5）：39-48，55，96.

② 谭贤楚. 西部民族山区农村返贫人口的基本状况与特征：基于恩施州的实证研究 [J]. 安徽农业科学，2012，40（36）：17857-17858.

③ 金鑫. 当代中国应对自然灾害导致返贫的对策研究 [D]. 长春：吉林大学，2015.

④ 专访国务院扶贫办主任刘永富"返贫"，是没有根本脱贫 [EB/OL]. 国务院扶贫办网站，2016-03-21.

⑤ 丁翔，丁荣余，金帅. 大数据驱动精准扶贫：内在机理与实现路径 [J]. 现代经济探讨，2017（12）：119-125.

⑥ 李月玲，何增平. 多维视角下深度贫困地区返贫风险：以定西市深度贫困地区为例 [J]. 天水行政学院学报，2018，19（3）：112-115.

是导致大规模返贫的诱因，物价上涨来势较缓，造成的返贫现象隐蔽性大。[①]
张国安指出返贫主要是因为农产品市场价格波动、人口快速增长导致人均耕
地不足，同时受到环境恶化的影响。[②] 赵玺玉等从旱灾、水灾等农业自然灾
害影响、家庭成员的重大疾病造成医疗费用高昂、"竭泽而渔"造成的农业生态
环境恶化、市场风险的难以把握、子女教育费用的不断攀升等角度分析了脱
贫农户又返贫的原因。[③] 王国敏认为自然灾害对人类生产生活影响日益加重，
其巨大破坏性使得脱贫人口又返贫，自然灾害"三岁一饥、六岁一衰、十二
岁一荒"的特点使得农村返贫现象严重。[④] 陈全功和李忠斌认为少数民族地
区所处地理位置偏远，居住的自然条件恶劣，从交通条件差、居住环境差、
饮水质量差、抗御自然灾害能力差等方面探讨了少数民族比汉族返贫率高的
原因。[⑤] 刘小珉指出青海省虽然地域大，但是自然生态环境脆弱，经济发展起
点低、总量小，贫困脆弱性强，存在严重返贫现象。返贫主要由于自然条件
恶劣、土地资源治理较差、短期内收入提升有困难，以及公共资源不足，尤
其在遭遇疾病、红白喜事开支大时很容易返贫。[⑥] 刘慧认为长期以来扶贫标准
低，脱贫稳定性还不高，很多集中连片贫困区生态脆弱，许多刚刚越过温饱
线的脱贫户因灾、因病、因市场变化容易造成返贫。[⑦] 姚建平等对甘肃省靖远
县石门乡两个村庄枣农进行分析发现，随着市场化程度加深，农业产业化过
程也蕴含着很多返贫风险因素；产业化和市场化这把双刃剑，使得农户增加
脱贫致富的机会同时也面临着更大的风险，农业产业化如果没有合理实施会
造成农户返贫。[⑧] 丁德光研究了社会风险视阈下，产业发展、市场需求研判不

---

① 郭志杰，方兴来，杨世枚，等. 对返贫现象的社会学考察 [J]. 中国农村经济，1990
  (4)：54-58.
② 张国安. 贵州少数民族地区返贫现象的调查与思考：以德江县松溪村、滚平村为例
  [J]. 贵州民族研究，2000 (4)：42-46.
③ 赵玺玉，吴经龙，李宏勋. 返贫：巩固扶贫开发成果需要解决的重大课题 [J]. 生产力
  研究，2003 (3)：140-142.
④ 王国敏. 农业自然灾害与农村贫困问题研究 [J]. 经济学家，2005 (3)：55-61.
⑤ 陈全功，李忠斌. 少数民族地区农户持续性贫困探究 [J]. 中国农村观察，2009 (5)：
  39-48，55，96.
⑥ 刘小珉. 青海省农村贫困及反贫困：基于农村低保反贫困的视角 [J]. 青海民族研究，
  2015，26 (4)：72-77.
⑦ 刘慧. 实施精准扶贫与区域协调发展 [J]. 中国科学院院刊，2016，31 (3)：320-327.
⑧ 姚建平，王硕，刘晓东. 农业产业化的农户返贫风险研究：基于甘肃省靖远县两村庄枣
  农的分析 [J]. 华北电力大学学报 (社会科学版)，2017 (1)：73-79.

到位、扶贫政策缺乏监控和评估等因素造成的脱贫人口再返贫。[①]

2. 主体自身因素

凌国顺和夏静认为返贫人口自身素质——具体表现为生理素质、文化素质、技术素质、思想观念等方面的弱质性、低层次性——是返贫现象形成的根源。[②] 麻朝晖认为返贫根源是在于精神贫困，没有形成与现代生活相匹配的价值观念，思想观念落后于物质生产方式，导致恶性循环，返贫率居高不下。[③] 刘玲琪对陕西省返贫人口特征进行分析发现，返贫从成因上可以归纳为五种：生存艰难型、温饱不稳定型、素质低下型、环境恶劣型、天灾人祸型。从人口学的角度分析认为，人口增长会造成环境压力超载，会陷入"贫困—人口增长—环境恶化—返贫"的怪圈；人口分布不合理导致生态危机出现，经济贫困的致命祸根是人口素质低下、人口产业结构落后，三产劳动人口比例失衡制约贫困地区经济社会发展，农村社会保障制度不健全也是弱势群体返贫的重要原因。[④] 韩广富指出贫困人口和贫困地区生产投入能力、经营决策能力、规模效益获取能力不足是返贫现象发生的内在规律。[⑤] 董春宇等则指出，农村地区贫困人口陷入"贫困—扶贫—脱贫—再返贫"这一陷阱的主要原因在于经济的脆弱性，而经济脆弱性的背后实质就是家庭人口多、负担重、人口文化程度低导致家庭脆弱性高。[⑥] 张安平指出，返贫现象严重主要是由于农户受教育程度低、生产方式落后、思想观念落后、收入来源单一。[⑦] 范和生认为返贫现象频发的实质就是由于贫困者及贫困线附近的个体脆弱性高，不能抵挡任何形式的风险冲击，简单的政策倾斜优势丧失都可能会使其重新陷入贫困。[⑧] 章文光等通过对2019年25省建档立卡实地监测调研数据进行分析发现，家庭人口数和劳动力人口数是影响家庭成为返贫风险户的重要因素。[⑨]

① 丁德光. 社会风险视阈下返贫风险的类型与防控机制建设 [J]. 天水行政学院学报, 2017, 18 (3)：26-30.

② 凌国顺, 夏静. 返贫成因和反贫困对策探析 [J]. 云南社会科学, 1999 (5)：33-38.

③ 麻朝晖. 欠发达地区农村返贫现象探析 [J]. 商业经济与管理, 2003 (4)：43-45.

④ 刘玲琪. 陕西省返贫人口特征分析与对策思考 [J]. 人口学刊, 2003 (4)：20-24.

⑤ 韩广富. 论我国农村扶贫开发机制的创建 [J]. 东北师大学报（哲学社会科学版）, 2007 (6)：67-71.

⑥ 董春宇, 栾敬东, 谢彪. 对返贫现象的一个分析 [J]. 经济问题探索, 2008 (3)：176-178.

⑦ 张安平. 陕西省农村扶贫开发问题研究 [D]. 西安：长安大学, 2012.

⑧ 范和生. 返贫预警机制构建探究 [J]. 中国特色社会主义研究, 2018 (1)：57-63.

⑨ 章文光, 吴义熔, 宫钰. 建档立卡贫困户的返贫风险预测及返贫原因分析：基于2019年25省（区、市）建档立卡实地监测调研数据 [J]. 改革, 2020 (12)：110-120.

3. 综合因素结果

陈端计等从内因和外因两方面总结,认为返贫者主体的不发育导致的人口自身素质弱质性、低层次性,返贫人口外部面临的不利的经济、社会、自然环境是造成返贫现象的根本原因。① 陈标平和吴晓俊从"贫困人口、扶贫资源、自然生态"这三个因素发展的不可持续性角度出发,探讨了贫困人口返贫的原因。研究认为脱贫户再返贫的主要根源在于贫困人口身体素质、教育水平、文化技能等素质的不可持续。自然生态的不可持续循环和扶贫资源的不可持续发展是造成减贫效益变差、脱贫速度趋缓、贫困人口脱贫后又返贫的重要原因。② 丁军等从农业收入与分配的角度,提出"主体素质、供体扶持、载体循环"三者的不可持续性是造成农村返贫现象的主要根源。③ 杨园园等认为脱贫人口因灾返贫、因病返贫概率还是较高,自我发展和承担风险能力较差,跟踪监测机制的缺失导致返贫人口不能再次及时纳入帮扶范围。④ 郑瑞强和曹国庆认为返贫的影响因素除了政策导向外,还包括贫困人口自身能力缺失以及环境和其他约束性因素。⑤ 何华征和盛德荣根据再生贫困的逻辑理路将返贫归纳为五种类型:过度帮扶造成的断血性返贫、社会心理机制造成的狩猎性返贫、制度输入依赖带来的失敏性返贫、道德经济影响触发的转移性返贫和错误示范带来的传递性返贫。⑥ 彭琪和王庆通过对湖北省 W 区 L 村实地调研发现,脱贫人口返贫情况的发生主要源于贫困线设置不合理、内部贫困人口能力不足、驻村干部制度不完善。⑦ 包国宪和杨瑚认为返贫现象的诱导因素主要是返贫主体(贫困家庭或个人本身存在的脆弱性)、返贫客体(国家内部发展如经济、社会、教育、科技的差异性)和返贫载体(指自然、

---

① 陈端计,杨莉莎,史扬. 中国返贫问题研究 [J].石家庄经济学院学报,2006 (2):166-169.

② 陈标平,吴晓俊."破"农村返贫困境,"立"可持续扶贫新模式:农村反贫困行动 60 年反思 [J].生产力研究,2010 (3):60-61,72.

③ 丁军,陈标平. 构建可持续扶贫模式 治理农村返贫顽疾 [J]. 社会科学,2010 (1):52-57,188.

④ 杨园园,刘彦随,张紫雯. 基于典型调查的精准扶贫政策创新及建议 [J].中国科学院院刊,2016,31 (3):337-345.

⑤ 郑瑞强,曹国庆. 脱贫人口返贫:影响因素、作用机制与风险控制 [J].农林经济管理学报,2016,15 (6):619-624.

⑥ 何华征,盛德荣. 论农村返贫模式及其阻断机制 [J].现代经济探讨,2017 (7):95-102.

⑦ 彭琪,王庆. 精准扶贫背景下返贫问题的成因及对策:以湖北省 W 区 L 村为例 [J].贵阳市委党校学报,2017 (6):45-50.

生态环境的供养力）三方面。① 李长亮通过对 L 县返贫人口返贫因素进行实证分析，认为文化水平、健康状况、务工能力、劳动技术、内生动力都是造成脱贫人口返贫的显著因素。②

综合各个学者的研究来看，造成返贫的原因错综复杂、多种多样，地域不同、个体不同返贫原因差异较大，但是总体可以从内外部两方面，即脱贫人口自身因素（文化水平、身体素质、脱贫动力等）和外部自然环境、经济社会、政策制度等方面归纳。

（三）关于返贫的治理对策研究

1. 主体内生动力及发展能力方面

凌国顺和夏静认为，要杜绝返贫现象，必须着力人力资本的投入和积累，做好贫困者的能力素质的提升，切实建立"造血"长效机制，增强其可持续发展能力。③ 赵玺玉等认为返贫户再脱贫的关键是要有坚韧的反贫困毅力和顽强的斗志；提出要在有关方面加强引导、以帮助返贫户走出返贫的阴影，调动返贫户自身的主观能动性和奋斗精神，增强其内生动力。④ 刘玲琪以陕西省为样本对其返贫人口特征进行了分析，并主张加大科技扶贫力度，组织科技推广与培训，让劳动者掌握两门及以上实用技术，增强发展后劲。⑤ 颜廷武指出要坚持"以人为本"可持续发展观，提高脱贫户的可持续发展能力，增强其文化水平，引导其摒弃不良的生产耕作习惯，注重脱贫的发展动力，才能更好地防止返贫，巩固脱贫成果。⑥ 李朝林等指出传统扶贫方法的局限性在于缺少人本思想、只重物质帮扶而忽略文化扶贫，贫困者主体地位未凸显，欠缺培养人的能力，造成了抑制返贫的效果不佳。新时期要高度重视其主体地位，增加其参与度，对贫困者进行职业培训及职业教育，积极引导劳动力转移，提高贫困者的能力和素质。⑦ 陈标平和吴晓俊则认为，政府通过多种形式针对性地宣传"少生快富""优生优育"等思想，为人口素质改善创造数量

① 包国宪，杨瑚. 我国返贫问题及其预警机制研究 [J]. 兰州大学学报（社会科学版），2018，46（6）：123-130.

② 李长亮. 深度贫困地区贫困人口返贫因素研究 [J]. 西北民族研究，2019（3）：109-115.

③ 凌国顺，夏静. 返贫成因和反贫困对策探析 [J]. 云南社会科学，1999（5）：33-38.

④ 赵玺玉，吴经龙，李宏勋. 返贫：巩固扶贫开发成果需要解决的重大课题 [J]. 生产力研究，2003（3）：140-142.

⑤ 刘玲琪. 陕西省返贫人口特征分析与对策思考 [J]. 人口学刊，2003（4）：20-24.

⑥ 颜廷武. 返贫困：反贫困的痛楚与尴尬 [J]. 调研世界，2005（1）：37-39.

⑦ 李朝林，黄益新. 以人为本是遏制返贫的根本途径 [J]. 技术经济，2006（1）：21-23.

和质量前提；改善医疗服务，建立健全医疗服务体系，提升人口身体素质；采取各种优惠措施，积极引导农户参加职业技能培训，提供更多就业机会，依次促进农业增效、农民增收。① 何华征和盛德荣主张从财富内生能力提升、积极适应与参与现代经济的心理改善、新价值观的确定、农村劳动者自我价值的重塑、新民教育等方面，从农村劳动者主体视角提升其风险应对能力，降低返贫风险。②

2. 外部公共物品供给方面

郭志杰等提出大力发展合作经济，增强内部经济实力；通过发展教育来改变贫困地区的"败血"机制；用农业保险事业发展来抑制返贫。③ 焦国栋则提出，应从增加贫困地区基础设施建设投入、稳步实施开发性扶贫战略、长期坚持科学技术扶贫战略、积极探索扶贫到村到户的方法及其途径、严格扶贫资金管理且加强资金监督使用、建立和完善贫困监测系统、着力提高返贫人口的素质、把扶贫开发与计生工作结合起来、加快农村贫困地区的社会保障体系建设九方面共同努力，以期遏制返贫现象。④ 董春宇等认为，可以通过加强贫困地区生态环境建设，增强其通信、水利等方面基础设施建设，增加对教育、科技服务等方面人力资本的投资，发展现代农业，提高农业综合生产力，发展农村非农业产业实现多样化增收，建立健全农村养老、低保等社会保障体系，帮助农村走出"扶贫—脱贫—再返贫"怪圈。⑤ 郑秉文指出在后 2020 时代，社会保障制度应该成为扶贫长效机制的基础性制度，要根据城乡二元结构，构建"二元"的社会保障制度来确定供给水平。⑥

3. 参与主体与政策完善方面

张鼎金指出，要最大限度减少和防止返贫，需要克服官僚主义作风，努力适应市场经济要求，同时需要转变农村工作方法，要提倡艰苦奋斗、节支

---

① 陈标平，吴晓俊. "破"农村返贫困境，"立"可持续扶贫新模式：农村反贫困行动 60 年反思 [J]. 生产力研究，2010（3）：60-61，72.

② 何华征，盛德荣. 论农村返贫模式及其阻断机制 [J]. 现代经济探讨，2017（7）：95-102.

③ 郭志杰，方兴来，杨世枚，等. 对返贫现象的社会学考察 [J]. 中国农村经济，1990（4）：54-58.

④ 焦国栋. 遏制我国农村返贫现象的若干举措探析 [J]. 中州学刊，2005（4）：88-90.

⑤ 董春宇，栾敬东，谢彪. 对返贫现象的一个分析 [J]. 经济问题探索，2008（3）：176-178.

⑥ 郑秉文. "后2020"时期应建立防贫减贫长效机制 [J]. 中国医疗保险，2019（11）：31-32.

增收，加强科普教育，共建精神文明和物质文明，搞区域特色经济，增加集体积累等。① 吴晓俊认为，面对严峻的返贫形势，未来扶贫的关键在于建立并实施"主体—供体—载体"三位一体、三体均衡的可持续扶贫新模式，只有这样，才能遏制脱贫人口返贫。② 赵敬丹和李娜认为，政府在反贫困中具有独特优势，要扮演好相应的角色，比如说扶贫政策制定者、教育资源投资者、公共服务提供者、各项权益保护者、政策措施监督者，建立贫困治理结构，使反贫困逐步走向可持续治理的轨道。③ 漆敏建议政府制定更加科学的扶贫标准，同时集聚社会各界力量，鼓励社会捐助、支持个体救助，加强地区、企事业单位帮扶来共同应对返贫问题。④ 郑瑞强和曹国庆谈道：鉴于脱贫人口适应期发展的"脆弱性"特征，利用"生计空间重塑"理论清晰梳理风险因素致贫机理，提出最大化消减脱贫人口返贫需要多元主体参与，要以政府为主导、农户为主体，引导社会参与、部门协同，强调区域协调、政策整合，坚持市场驱动。⑤ 丁德光提出要强化政府的主体职能来防控返贫风险，通过设立"率先脱贫奖励基金"等防控精准扶贫道德风险，突出资金导向在扶贫产业风险防控中的作用，健全贫困村返贫风险防控的智力支持体系，发挥集体经济在返贫风险防控中的基础作用，发挥市场主体在返贫风险防控中的支撑作用来有效控制返贫风险。⑥ 彭琪和王庆则强调要通过建立国家贫困线动态调整机制，构建合理的政策衔接机制，完善生态补偿机制，健全农村教育、医疗、养老保障体系，提升贫困人口自身能力，发挥新乡贤的带动作用来治理和预防返贫。⑦ 蒋和胜等建议健全市场化的就业扶贫机制，倡导市场化的商业保险帮扶机制，探索市场化的村落聚居机制来巩固脱贫攻坚成果，确保实现高质量的可持续脱贫。⑧

① 张鼎金. 试析返贫现象的成因与解决对策 [J]. 理论探索, 2000 (6)：64-65.
② 吴晓俊. 中国农村返贫困境分析与可持续扶贫探索 [J]. 求实, 2010 (6)：92-95.
③ 赵敬丹，李娜. 中国农村反贫困过程中政府作用研究 [J]. 辽宁大学学报（哲学社会科学版）, 2011, 39 (1)：155-157.
④ 漆敏. 我国农村返贫问题根源剖析与对策研究 [D]. 重庆：重庆大学, 2012.
⑤ 郑瑞强，曹国庆. 脱贫人口返贫：影响因素、作用机制与风险控制 [J]. 农村经济管理学报, 2016, 15 (6)：619-624.
⑥ 丁德光. 社会风险视阈下返贫风险的类型与防控机制建设 [J]. 天水行政学院学报, 2017, 18 (3)：26-30.
⑦ 彭琪，王庆. 精准扶贫背景下返贫问题的成因及对策：以湖北省 W 区 L 村为例 [J]. 贵阳市委党校学报, 2017 (6)：45-50.
⑧ 蒋和胜，李小瑜，田永. 阻断返贫的长效机制研究 [J]. 吉林大学社会科学学报, 2020, 60 (6)：24-34, 231-232.

4. 生态保护与返贫防治

于平指出，破坏生态的扶贫最终只能返贫。经济发展、人民增收都必须建立在生态保护基础上，要将几者结合起来，才能实现双赢，实现长远、稳固的发展。① 丁军和陈标平认为只有通过建立和推行"人口—资源—生态"三位一体相互促进、相互协调的扶贫模式，才能实现农村扶贫开发的可持续发展，贫困人口的持续脱贫。② 庄天慧等提出自然环境是导致返贫的最主要因素，贫困地区要加大生态环境保护投入力度，建立以生态建设为基础的经济发展模式，发展环境友好型经济，因地制宜发展贫困村农业合作经济组织，改善贫困村生态环境，以此来降低返贫程度。③ 李聪等在做好易地扶贫搬迁农户稳定脱贫建设中提到要重视生态环保的设计与考量，加强"里子"工程配套建设，将生态环境优势转化为现代农业发展优势。④ 向德平等提出要以绿色发展为导向，因地制宜开展绿色减贫项目，提升脱贫人口的绿色发展意识，以实现稳定脱贫，顺利衔接乡村振兴。⑤

（四）关于返贫风险测度的研究

针对返贫风险的研究方法、研究角度尚未形成统一的定论。有利用"生计空间重塑"理论清晰梳理风险因素致贫机理的。⑥ 有基于可持续生计分析框架，或"暴露—敏感性—适应能力"返贫脆弱性分析框架，运用模糊综合评价法进行分析测度的：陈超群等对长沙市乡村旅游地脱贫居民返贫风险进行综合模糊评价，得出望城区、浏阳市、宁乡市等不同区域返贫风险类型和

① 于平. 破坏生态的扶贫最终只能返贫 [J]. 生态经济, 2004 (9): 25.
② 丁军, 陈标平. 构建可持续扶贫模式 治理农村返贫顽疾 [J]. 社会科学, 2010 (1): 52-57, 188.
③ 庄天慧, 张海霞, 傅新红. 少数民族地区村级发展环境对贫困人口返贫的影响分析: 基于四川、贵州、重庆少数民族地区 67 个村的调查 [J]. 农业技术经济, 2011 (2): 41-49.
④ 李聪, 郭嫚嫚, 雷昊博. 从脱贫攻坚到乡村振兴: 易地扶贫搬迁农户稳定脱贫模式: 基于本土化集中安置的探索实践 [J]. 西安交通大学学报 (社会科学版), 2021, 41 (4): 58-67.
⑤ 向德平, 梅莹莹. 绿色减贫的中国经验: 政策演进与实践模式 [J]. 南京农业大学学报 (社会科学版), 2021, 21 (6): 43-53.
⑥ 郑瑞强, 曹国庆. 脱贫人口返贫: 影响因素、作用机制与风险控制 [J]. 农林经济管理学报, 2016, 15 (6): 619-624.

大小①；尚海洋等对祁连山国家级自然保护区内 8 县进行返贫风险测度和分析②；黄国庆等利用这一角度和方法对西南民族地区脱贫户返贫风险进行了测算，并构建了风险预警机制。③ 有利用 Logistic 回归分析方法构建返贫预测模型的：田昆基于甘肃省精准扶贫大数据管理平台的数据模块，设计了 Logistic 回归分析返贫风险预测模型，分析各类返贫户可能返贫的原因④；李雅婧等利用有序多分类 Logistic 回归模型对六盘山区古浪县不同收入水平的农户返贫风险进行了研究。⑤ 有利用蒙特卡洛模拟法来计算的：章文光等利用这一方法对 2019 年 25 省（区、市）建档立卡实地监测调研数据进行分析，研究各致贫因素对返贫风险影响的大小。⑥ 有运用生态—产业耦合分析框架的：周伍阳研究扶贫搬迁户返贫风险来源。⑦ 有用 A–F 多维贫困指数测度返贫发生率的：李金叶等对新疆喀什地区 2072 户农户进行调研，运用改进的 A–F 多维贫困指数测度方法对其返贫风险进行了测度和分解。⑧ 有用有序 Probit 分析与 BP 神经网络进行分析的：庄天慧等运用有序 Probit 对四川、贵州、重庆的 21 个少数民族国家扶贫重点县的 67 个样本村的影响返贫因素进行分析，验证出返贫最主要的影响因素为村级自然条件⑨；苏芳等基于 BP 神经网络的农户生计风险评价指标体系发现，基于 BP 神经网络构建的农户生计风险指标评价模型能很好地适应对农户生计风险的定量分析。⑩ 还有学者从市场风险的角度分析了

① 陈超群，罗芬. 乡村旅游地脱贫居民返贫风险综合模糊评判研究：基于可持续生计资本的视角 [J]. 中南林业科技大学学报（社会科学版），2018，12（5）：100-104，112.

② 尚海洋，宋妮妮. 返贫风险、生计抵御力与规避策略实践：祁连山国家级自然保护区内 8 县的调查与分析 [J]. 干旱区地理，2021，44（6）：1784-1795.

③ 黄国庆，刘钇，时朋飞. 民族地区脱贫户返贫风险评估与预警机制构建 [J]. 华中农业大学学报（社会科学版），2021（4）：79-88，181-182.

④ 田昆. 基于 Logistic 回归分析的返贫预测模型研究 [D]. 兰州：西北师范大学，2018.

⑤ 李雅婧，祁新华，林月，等. 贫困退出背景下六盘山区返贫脆弱性特征及影响因素 [J]. 亚热带资源与环境学报，2019，14（4）：63-70.

⑥ 章文光，吴义熔，宫钰. 建档立卡贫困户的返贫风险预测及返贫原因分析：基于 2019 年 25 省（区、市）建档立卡实地监测调研数据 [J]. 改革，2020（12）：110-120.

⑦ 周伍阳. 生态—产业耦合目标下扶贫搬迁户返贫风险与脱贫长效机制：以武陵山民族地区为例 [J]. 湖南理工学院学报（自然科学版），2019，32（1）：75-80.

⑧ 李金叶，陈艳. 深度贫困地区农户多维返贫测度与分解研究 [J]. 干旱区资源与环境，2020，34（9）：60-65.

⑨ 庄天慧，张海霞，傅新红. 少数民族地区村级发展环境对贫困人口返贫的影响分析：基于四川、贵州、重庆少数民族地区 67 个村的调查 [J]. 农业技术经济，2011（2）：41-49.

⑩ 苏芳，李景坤，许韶华. 基于 BP 神经网络的农户生计风险评价模型 [J]. 冰川冻土，2017，39（6）：1381-1390.

农业产业化农户的返贫风险及其成因。① 这些从不同学科、不同角度形成的研究成果，在一定程度上丰富了返贫风险的研究形式，也为本书提供了多角度的参考。

（五）关于稳定脱贫方面的研究

李俊杰提出以增加公共产品供给为起点，夯实可持续脱贫的基础；以产业开发扶贫为重点，提高可持续脱贫的"技术含量"；创新多元投入机制，广辟可持续脱贫的财源；加大人力资本投资，增强可持续脱贫的能力；加强可持续脱贫的规划，实施少数民族群众解困工程；建立生态建设和资源开发补偿机制，为可持续脱贫助力。② 丁军和陈标平从促进主体素质的持续提高、确保扶贫供体资源的持续供给、保证生态环境这一载体的可持续循环三方面提出了保障农村可持续脱贫的对策建议。③ 虞洪和林冬生基于四川省通江县的实践，总结了构建农村主体利益均衡机制、打造产业发展多元带动机制、实行发展要素系统整合机制、做好贫困群众持续增收机制等四大脱贫攻坚长效机制来降低和化解返贫风险。④ 胡强提出以深化产业就业驱动为支撑，构建"村有帮扶产业、户有增收门路"的产业体系，以厚植带贫益贫根基为保障，夯实筑牢贫困群众持续增收、稳定脱贫、逐步致富的长效机制，确保"全覆盖、高质量、可持续、强动能"的脱贫质量和实效。⑤ 凌经球阐述了可持续脱贫的内涵和主要特征，他指出现行脱贫标准偏低、脱贫质量不高、欠发达地区的滞后性等因素决定了建立可持续脱贫机制的必要性，因此，农村贫困治理需要从以人民为中心、改善贫困人口脆弱性背景、持续扩张生计资本、不断增强自我发展能力等方面出发，朝着可持续的方向发展。⑥ 张琦和冯丹萌从绿色减贫的角度，聚焦转型发展，强化文化性，重视包容性，为可持续脱

① 姚建平，王硕，刘晓东. 农业产业化的农户返贫风险研究：基于甘肃省靖远县两村庄枣农的分析 [J]. 华北电力大学学报（社会科学版），2017（1）：73-79.
② 李俊杰. 民族地区可持续脱贫策略探究 [J]. 边疆经济与文化，2008（8）：13-16.
③ 丁军，陈标平. 构建可持续扶贫模式　治理农村返贫顽疾 [J]. 社会科学，2010（1）：52-57，188.
④ 虞洪，林冬生. 脱贫攻坚长效机制分析：基于四川省通江县的实践 [J]. 农村经济，2017（9）：63-69.
⑤ 胡强. 筑牢持续增收脱贫长效机制 [J]. 行政管理改革，2018（8）：16-18.
⑥ 凌经球. 可持续脱贫：新时代中国农村贫困治理的一个分析框架 [J]. 广西师范学院学报（哲学社会科学版），2018，39（2）：97-111.

贫路径选择提供了支撑。① 此外，刘冰心②、陈齐铭③、郭倩④等学者分别对吉林省、江西省和秦巴山区精准脱贫的可持续性问题进行了探究。

三、研究述评

通过上述文献的回顾可见，国内外学者关于返贫的相关研究较为丰富，包括返贫和返贫现象的内涵界定、返贫原因的剖析、返贫治理和稳定脱贫相关对策建议。以上文献为本书探究临夏回族自治州返贫风险和稳定脱贫机制构建的研究奠定了理论基础，提供了研究思路，具有一定的参考意义。但是如何从源头上防止返贫现象的出现，如何治理与防范返贫现象，以往研究中仍有以下不足。

其一，对于返贫现象、返贫风险描述方面，现有研究大多是从返贫现实诱因和学理性总结角度出发，都是因病因学等现实原因或是主体客体载体几个维度，将历史发生的返贫现象数据进行描述性统计分析与脱贫户对于返贫风险未来感知相结合，关注历史与未来、兼顾客观与主观的研究几乎没有，本书在这一方面将进行有益尝试。

其二，从预防返贫方式来看，学界现有关于返贫的研究大多局限在返贫现象发生之后的治理层面，对于返贫前期的预防虽有提及但是不够系统。大多数学者虽然意识到了返贫监测预警机制的重要性，但是监测预警机制如何建立，需要哪些手段和方法研究不够充分。本书提出建立多元价值取向的返贫风险动态识别标准机制，强化返贫风险监测技术体系支撑，打造返贫风险信息共享协作平台，明确风险监测职责，完善考核监督机制等措施，在返贫风险监测预警方面进行了有益探索。

其三，从返贫分析研究方法看，定性分析偏多，一般都是对于返贫现象的描述，或者描述性统计，对其进行定量测度研究较少。定量测度很多也是基于宏观视野，从微观家户层面进行统计分析并不多，主要在于相关数据获取不易。本书拟以生计脆弱性框架为参照，结合临夏州实际，建立风险测度

---

① 张琦，冯丹萌. 绿色减贫：可持续扶贫脱贫的理论与实践新探索（2013—2017）［J］. 福建论坛（人文社会科学版），2018（1）：65-73.

② 刘冰心. 吉林省农村可持续性脱贫问题研究［D］. 长春：吉林大学，2017.

③ 陈齐铭. 农村精准脱贫的可持续性研究：基于江西省 Q 区下辖 4 镇的实地调查［D］. 南昌：江西财经大学，2018.

④ 郭倩，廖和平，王子羿，等. 秦巴山区村域稳定脱贫测度及返贫防控风险识别：以重庆市城口县为例［J］. 地理科学进展，2021，40（2）：232-244.

指标体系，运用专家打分法和 CRITIC 权重法结合来综合确定指标权重，最后用加权求和指数法计算得出临夏州样本农户返贫风险的大小。

其四，从治理返贫问题来看，现有研究多关注相关对策举措，而较少从机制的要素构成、要素间的逻辑关系以及要素的运行方式等方面分析稳定脱贫问题。本研究基于返贫风险的影响因素，从关口前移——"监测预警"体检机制、外部帮扶——"稳定增收"活血机制、内生动力——"志智双强"造血机制、综合托举——"兜底保障"输血机制、广度拓展——"多元共治"扩围机制、深度推进——"脱贫—振兴"长效衔接机制全方位进行构建，关注返贫现象的事前事中事后、主体客体载体、短期帮扶与长期振兴、自身努力与外部帮扶以及多元参与，多角度、多维度对稳定脱贫长效机制构建进行分析探讨。事前事中事后全过程防控返贫，建立全过程联防机制。

第四节　研究对象、研究思路和主要研究方法

一、研究对象

以临夏回族自治州原建档立卡农户和现边缘易致贫农户为主要研究对象，主要源于临夏州作为原深度贫困地区是昔日脱贫攻坚的"短板"，是今日巩固拓展脱贫攻坚成果的"弱项"，也是明日共同富裕的"难点"，对其进行研究具有一定的典型性和代表性。分析临夏州返贫现状、返贫成因、返贫特征、返贫风险防控机制等，针对不同类型脱贫人口返贫特征，剖析返贫风险传导机制，系统设计返贫风险测度指标体系，建立多元主体风险预警机制，健全脱贫人口返贫动态风险防范体系。

二、研究思路

本书具体研究思路如图 1-3 所示。

三、主要研究方法

（一）文献与资料研究法

根据研究内容，系统收集了国内外返贫研究、稳定脱贫相关文献，并对其进行归纳梳理、总结分析，以期进一步丰富研究基础。收集获取大量第一

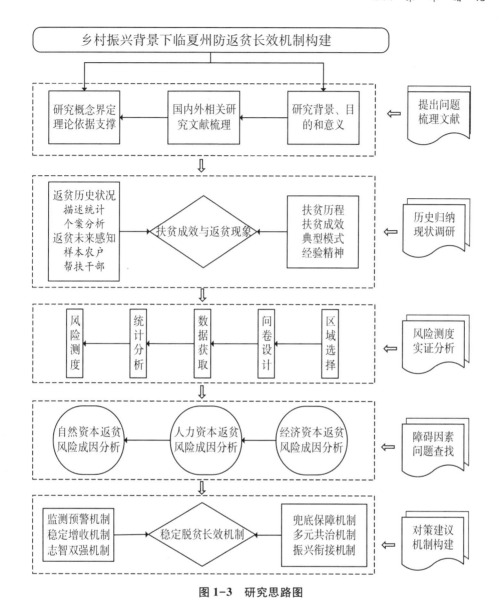

图1-3 研究思路图

手资料,包括各级各类工作文件资料、统计年鉴、统计公报、政策文件等,形成了对于返贫问题和稳定脱贫问题的科学认识。

(二)问卷调研与田野调查法

采用随机抽样与典型调查相结合的方法,对临夏回族自治州近年返贫情况和稳定脱贫对策措施进行实地调研,采取问卷调查为主,主要知情人访谈为辅的方法,调查临夏回族自治州近年脱贫户再返贫的基本情况、返贫原因,返贫风险状况,并将反贫困、风险管理等理论与实地调研相结合,从中提炼出返贫的主要风险因素。同时为了从微观家户深入了解返贫现象的成因和可能存在的返贫风险，从已有数据中筛选曾发生过返贫现象或现在纳入防返贫监测的农户家庭，对其进行深入走访，了解其家庭情况和返贫原因以及对帮扶政策的意见建议，再结合其情况找村干部或其他知情人士深度访谈从侧面对其进行进一步了解和分析。并结合返贫诱因等学理性探讨，对这些个案进行分析，形成一些微案例，为后期原因分析归纳提供参考。

（三）数量统计和聚类分析方法

通过对返贫户的基本状况、生计状况进行描述性统计，明晰脱贫户再返贫的个性特征和共性特征；通过对近年脱贫脆弱户的情况进行分析，挖掘出临夏回族自治州近年脱贫户的主要生计策略以及存在的返贫因素和风险大小；在聚类分析的基础上，总结出临夏回族自治州各个区域返贫的特征，并试图从经济环境、人力资本、自然环境等方面总结出共性因素，提炼特征并进行原因分析。

（四）专家打分法与 CRITIC 权重法

在确定各返贫风险影响指标权重时，采用专家打分法，计算出主观赋值权重，通过 CRITIC 权重法计算出各指标客观赋值权重，最后将主观权重和客观权重结合起来求出组合权重，并用加权求和指数法测算出返贫风险总体大小，构建模糊综合评价模型。

第五节　可能的创新和不足之处

一、研究创新点

（一）研究视域具体精准

当前关于贫困问题的研究主要集中在贫困现状与反贫困的对策建议方面，对于"返贫"风险的控制与防范虽有关注，但具体针对某一地域返贫问题的分析与对策研究较少。而本书直接着眼于临夏回族自治州脱贫人口"返贫问题"，是对返贫这一现实问题的及时回应，有利于在进一步巩固扶贫成果的同时增强乡村振兴的现实基础。并且以往针对返贫的研究主要集中在返贫原因分析、返贫治理政策建议这些视角，侧重于事后治理。本书则从返贫的前端控制出发，强调监测和预警，且通过定量评估测算返贫风险的大小，从而进行有针对性的防控。此外，在研究对象的选取方面，相比于以往研究更加具体和精准，定位为原建档立卡脱贫人口和现返贫风险监测人口。

（二）研究方法科学合理

我国的返贫风险研究已经有一定的基础和成果，而返贫风险测度方面目前来看仍有很大的学术研究空间。依据相关理论基础，构建有针对性的返贫风险测度指标体系也不多，而本书将在这方面进行初步的尝试。通过层次分析方法和 CRITIC 权重法确定返贫风险各指标权重，构建风险模糊评价模型来进行评估，依据返贫风险加权综合指数来界定其相对大小。在返贫风险评价指标权重确定上，结合使用了专家打分法这一主观方法和 CRITIC 权重法这一客观赋值法，得出综合权重，然后采用加权求和指数法计算返贫风险，用模糊评价法对返贫风险大小进行评价。根据数据类型选取合适的分析方法，得出更加科学合理的结论。

（三）应用价值典型

本书以临夏回族自治州为研究对象，其作为典型的原深度贫困地区，返贫治理难度大，分析其脱贫人口再返贫的原因，从影响脱贫人口脆弱性的因素着手查找其可能存在的返贫风险，并通过层次分析法和 CRITIC 权重法对各返贫风险因素进行赋值来构建返贫风险预警模型与防范体系，探寻可持续脱贫机制，这是一个典型的样本材料。本书研究结果可为原深度贫困地区提高脱贫质量、实现短期脱贫向长期振兴的转变提供一些借鉴，为 2020 年后减贫策略的制定和实施、后扶贫时代实现社会现代化提供一些有益参考。

二、研究不足之处

本书结合临夏回族自治州返贫现象进行深入调查分析，以定性和定量相结合的方式总结提炼了临夏回族自治州返贫的现状、特征，分析了其巩固拓展脱贫攻坚成果的障碍性因素，构建了稳定脱贫的长效机制。但是受时间和精力等原因的限制，研究还存在以下不足之处。

（一）地域资料和数据收集上的不足

首先，由于返贫相关资料不能根据研究需要及时或者足额获取，一些地域资料收集不全，在一定程度上限制了风险分析的深入性。其次，由于临夏州交通条件等方面的限制，加之语言沟通上存在一定障碍，田野调查的推进极为困难，且调研成本较高，收集到的农户样本资料不多，尤其是广河县和永靖县的农户资料相对较少。再次，临夏州各个县市经济社会发展水平、自然地理条件等方面都存在较大差异，在设计问卷时未能充分考虑这种差异化水平对分析结果可能带来的影响，导致收集到的数据与临夏州实际情况可能存在细微差异。最后，由于收集样本的有限性，对风险计量模型的整体拟合效果以及最终的分析结论可能都会产生一定的影响。

（二）对返贫风险的分析不够深入

考虑到数据的可获得性和数据的准确性问题，本书在设计返贫风险的测量指标时选取了部分带有农户主观评价的指标，结合农户家庭生计资本量化指标来进行构建，但受数据可获得性的影响，取得的样本数据只有两年，无法进行加入时间序列的面板数据的动态分析和对比。因此，对于农户生计资本、风险感知评价等都是基于静态的数据分析，进而导致对返贫风险的综合预测、时空演变特征和发生机理缺乏深入探讨，返贫风险的测度评价也是止于自然断点法的相对评价与判断，评价分析比较模糊。

第二章

概念界定与理论基础

第一节　概念界定

一、返贫

（一）对返贫的宏观理解

《中国农村扶贫开发纲要（2011—2020 年）》提到，"返贫现象时有发生"是当前扶贫开发任务仍十分艰巨的重要原因之一。2016 年 3 月，国务院扶贫办主任刘永富指出，返贫其实是指贫困人口没有根本脱贫。2017 年 12 月 27 日发布的《扶贫蓝皮书：中国扶贫开发报告（2017）》指出，中国低收入农户收入增长乏力，返贫压力上升，政府需要关注并有效应对低收入人群返贫的风险。习近平总书记在 2017 年全国"两会"上参加四川代表团审议时就作出了"防止返贫与继续攻坚同样重要"的重要论述。2019 年 1 月，全国政协主席汪洋在甘肃临夏调研脱贫攻坚工作时强调，要提高脱贫成果的稳定性，减少和防止返贫。2020 年 5 月，习近平总书记在山西考察时指出："乡亲们脱贫后，我最关心的是如何巩固脱贫、防止返贫，确保乡亲们持续增收致富。"[1] 2021 年全国脱贫攻坚总结表彰大会上，总书记再次强调，"对易返贫致贫人口要加强监测，做到早发现、早干预、早帮扶"[2]。从宏观上看，返贫就是指原本贫困的人口，依托外部帮扶和自身努力脱贫之后再一次返回到贫困状况的一种现象。从现实诱因看，导致返贫的因素有很多，内外因交织作

---

[1] 全面建成小康社会　乘势而上书写新时代中国特色社会主义新篇章 [N]. 人民日报，2020-05-13（1）.

[2] 在全国脱贫攻坚总结表彰大会上的讲话 [N]. 人民日报，2021-02-26（2）.

用导致其发生，所以治理难度也很大。

(二) 对返贫的理论定义

通过前述文献梳理我们已经看到，不同学者对"返贫"的概念有不同的界定，总体主要体现在以下三方面：第一，返贫是一种现象。胡起望①、冯永宽②、张俊飚③、丁军④都认为返贫是指原来已经脱贫的人口重新陷入贫困，是一种"饱而复饥""暖而复寒"的现象。从表象上看，"返贫"指已经摆脱贫困的人口再次落入贫困的一种现象；从本质来讲，返贫就是贫困。学者们将"返贫"理解为一种现象，蕴含了两种意思：一是认为返贫是一种普遍客观存在的现象，绝不是孤立存在的，普遍客观中蕴含了必然性因素，无论是区域性的"网状图"式的规模性返贫还是分散性的"点状图"式的零星返贫，其中都存在着某种共性的特征。二是返贫作为一种经济社会现象，是在我国进行大规模扶贫开发的过程中出现的，是伴随着大量的脱贫产生但又作为脱贫的对立面而存在的。没有脱贫也就没有返贫，返贫是脱贫不彻底的表现。第二，返贫这一现象是受多种因素影响形成的。综合各个学者的研究来看，造成返贫的原因错综复杂、多种多样，地域不同、个体不同返贫原因差异较大，但是总体来说可以从内外部两方面，即从脱贫人口自身因素（文化水平、身体素质、脱贫动力等）内部归因和从外部自然环境、经济社会、政策制度等方面归纳，还有可能是内外部多重因素相互交织、相互作用而引发。第三，返贫是一个过程。冉洋⑤、陈全功等⑥都强调贫困的动态性，认为返贫是贫困的一种特殊形式，是贫困在另一个阶段的表现形式，属于持续性贫困也归属于动态贫困，反映了家庭的贫困状况的变化情况。

实际上，很多学者将返贫的定义区分为狭义返贫与广义返贫。狭义的返贫是指脱离贫困的相对标准或者脱离相对贫困状态达到相对富裕的状态后，又出现贫困的一种现象，主要是指贫困人口或贫困家庭在脱贫工作中达到了脱贫的标准后又因为各方面原因重新回到贫困状态的现象。广义的返贫是从非贫困状态转移到贫困状态，既包括狭义上的脱贫又返贫人口，也包括那部

① 胡起望. 民族地区的返贫现象及其原因 [J]. 中央民族学院学报，1991 (4)：20–21.
② 冯永宽. 四川盆周山区返贫现象透析 [J]. 经济体制改革，1994 (5)：31–41，127–128.
③ 张俊飚. 中西部贫困地区可持续发展问题研究 [D]. 武汉：华中农业大学，2002.
④ 丁军，陈标平. 构建可持续扶贫模式 治理农村返贫顽疾 [J]. 社会科学，2010 (1)：52–57，188.
⑤ 冉洋. 贵州返贫状况、原因及抑制措施探讨 [J]. 贵州民族研究，1999 (4)：129–134.
⑥ 陈全功，李忠斌. 少数民族地区农户持续性贫困探究 [J]. 中国农村观察，2009 (5)：39–48，55，96.

分原不在贫困标准之下，后因多种原因渐进式陷入贫困的边缘群体。因此，广义的返贫指的是非贫困人口在各类外界因素的影响下，其家庭条件恶化而沦为贫困人口的现象。

按照谭诗斌①、金鑫②等学者的总结，贫困属性概念与三类具体事物——贫困主体（poverty subject）、贫困客体（poverty object）、贫困尺度（poverty measure）相联系，可以形成一个界定贫困概念的三维"论域"条件框架，即S-O-M 三维要素框架。以贫困界定的三维要素框架为基础，返贫概念的界定相对清晰而明确。首先，返贫主体 S 维度界定谁返贫。在本书中指的是广义上返贫的群体，既包括脱贫又返贫的人口，也包括那部分原不在贫困标准之下后因多种原因渐进式陷入贫困的边缘群体。原因在于从我国前一段扶贫工作来看，区域性绝对贫困问题已经彻底消除，可以看出原贫困人口已能满足基本需求，在现实生活中被认定为非贫困状态，也可以将此视为返贫的起点。现在所有群体都在同一起跑线，同在起点"非贫困"状态，那么从"非贫困"状态到贫困状态的过程，就可以视为返贫。其次，返贫客体 O 维度界定什么东西缺失。主要指的是收入不达标或者"两不愁三保障"出现偏离。最后，返贫尺度 M 维度是指依据什么标准界定返贫。目前，比较成熟的、通用的是单一货币型贫困尺度，也就是我们通常所说的贫困线。我国使用贫困线收入标准结合"两不愁三保障"这些福利性水平来界定。

本书中对返贫的界定指的是现行"非贫困"状态的人口，因为各种因素，如自然灾害、疾病、观念、政策等的影响，无法依靠自身的能力持续解决脱贫后面临的一系列问题，导致收入水平和"两不愁三保障"等达不到现行绝对贫困标准之上的现象。从起点"非贫困"状态到各种贫困状态的过程，就是返贫的定义，这一过程发生的可能性大小，以及影响因素的作用机理等，是本书研究的主要内容。

二、返贫风险

风险一词的由来，主流的说法是说来自渔民，认为海上捕捞，有风就会有危险。经过长时间的不断演绎，现代意义上风险已经不仅仅是"遇到危险"的含义，可以认为是遇到某种不愿意遇到的事情的可能性，它带有一定的损失性或成本代价的不确定性。风险逐步运用到了金融、保险、社会学、统计

---

① 谭诗斌. 现代贫困学导论［M］. 武汉：长江出版传媒，湖北人民出版社，2012：18.
② 金鑫. 当代中国应对自然灾害导致返贫的对策研究［D］. 长春：吉林大学，2015.

学等方面，一般等同于事件发生的概率，可以用函数 $R=F$（P，C）表示，R 代表风险（risk），P 表示概率（probability），C 代表导致的结果（consequence）。也就是说，风险表示某个事件发生的可能性大小以及所带来的结果，具有客观性、普遍性、损失性和不确定性等特点。

21 世纪初期，风险一词被引入。贫困治理领域《2000/2001 年世界发展报告：与贫困作斗争》中指出，造成家户发生贫困的风险包括疾病、自然灾害等降低家户福利的事件。后来学者们的研究进一步拓展，将金融危机、通货膨胀等经济因素的影响以及家户成员个人健康水平、受教育状况等人力资本情况也引入造成贫困的风险因素中进行衡量。

近年来，尤其是 2020 年前后，在我国精准扶贫精准脱贫背景下，贫困人口大面积实现绝对贫困的脱离，但由于内外部复杂环境的影响，返贫现象时有发生，返贫风险也成为热门研究课题。对于返贫风险的概念虽然没有达成共识，但是基本上概念界定都包括发生损失的概率以及损失的严重程度。结合学者们的研究成果，本书尝试对返贫风险进行如下定义：由于内外部风险因素共同影响，目前处于非贫困状态的人口生活福利水平降低，再次或者多次达不到"两不愁三保障"水平且人均年纯收入在贫困标准线以下的可能性大小和贫困程度，这种动态性的风险就是返贫风险。

由于风险本身具有不确定性的特征，风险的大小可以从主观判断和客观估计两个角度进行衡量。主观判断以个人心理感知为基准，客观估计一般通过数理统计进行。从主观判断进行风险测量时候，可能会存在一定的道德风险，农户可能为了谋求更多的外界帮扶和福利，选择有意夸大返贫风险，这些都可能导致测量不准确，但是可以为风险类型提供一种参考。因此，本书在返贫风险的测量上，选择使用主观和客观双重标准的测量方式，即将脱贫户在主观上对返贫风险的估计与家庭生计资本的客观事实相结合，综合测算返贫风险大小，避免由于外部因素造成的单方面测量误差。

在第四章临夏州农户返贫风险主观感知的测量中，为了通俗易懂，让调研农户直观进行选择，所以在返贫风险划分上直接以现实诱因为导向，将返贫风险划分为健康风险、教育风险、就业风险、政策风险、产业风险、自然风险、社会风险和金融风险。

在第五章临夏州返贫风险的客观测度上，结合相关理论和测度指标综合分类，将返贫风险归纳为自然资本返贫风险、经济资本返贫风险、人力资本返贫风险、社会资本返贫风险、政治资本返贫风险、发展机会返贫风险。

三、稳定脱贫

《"十三五"脱贫攻坚规划》中提出，到2020年，贫困人口的脱贫目标是实现"两不愁三保障"。努力让贫困人口能够稳定脱贫，贫困县全部摘掉贫困的帽子，解决区域性整体贫困问题。① 目前学者对精准扶贫、精准脱贫的研究相对较多，现有研究更多聚焦对稳定脱贫和巩固拓展脱贫攻坚成果，以及其与乡村振兴的衔接上，而对稳定脱贫的内涵并没有清晰的界定。凌经球认为可持续脱贫是指通过实施以改善贫困地区脆弱性的生产生活环境为切入点，以创新扶贫开发机制与治理结构为手段，以增加贫困人口脱贫的资产为重点，以增强贫困人口可持续发展能力为核心，以提高贫困人口收入为根本目的的以人为本的减贫战略，使原有贫困人口能够稳定离开既定贫困标准线，并在一个相当长的时期内处于相对稳定的状态，最终实现由贫困人口向非贫困人口的转变。② 戴琼瑶等对稳定脱贫下了定义，认为稳定脱贫表现为脱贫人口持续远离贫困状态的过程，其核心内涵体现为从传统的"收入数量型脱贫形态"向现代意义的"发展结构型脱贫形态"演变，即从单一维度的经济脱贫转向多元维度的经济脱贫、能力脱贫、权利脱贫和心理脱贫。实现稳定脱贫是指贫困人口在脱贫后的长期过程中实现持续稳定增收，以达到家庭经济收入稳定。③ 胡原和曾维忠以可持续生计—脆弱性—社会排斥作为理论分析框架，提出稳定脱贫应包含经济、能力和风险方面的内涵。④ 齐义山认为稳定脱贫是指在贫困地区公共基础设施、服务与相关产业不断得以提升与改善的基础上，贫困人口通过自我发展与创新观念，激活内生动力，具有稳定的可持续性经济收入来源，不断提升返贫风险的抗逆能力，降低贫困脆弱性和社会排斥性，最终实现脱贫人口永久跳出"贫困陷阱"。⑤ 郭倩等在此基础上，指出稳定脱贫是脱贫户所处微观、宏观环境都得以改善，自身可持续生计能力增强，抵

---

①　国务院印发《"十三五"脱贫攻坚规划》［EB/OL］. 中国政府网，2016-12-02.

②　凌经球. 论可持续脱贫［J］. 桂海论丛，2007（2）：42-45.

③　戴琼瑶，刘家强，唐代盛. 我国直过民族脱贫人口稳定脱贫指数及政策含义：以独龙族为例［J］. 人口研究，2019，43（6）：75-89.

④　胡原，曾维忠. 深度贫困地区何以稳定脱贫？：基于可持续生计分析框架的现实思考［J］. 当代经济管理，2019，41（12）：7-12.

⑤　齐义山. 江苏农村贫困人口稳定脱贫长效机制研究：基于"四维资本"视域下［J］. 北方经贸，2020（8）：46-51.

御各项内外部风险冲击能力提升的一种状态。①

从当前的绝对贫困脱贫标准来看，如果农户人均纯收入达到国家或者地方政府制定的贫困标准线，且实现了"两不愁三保障"的目标，就意味着已经脱贫，但这种脱贫很多都不是长效稳定的脱贫建设，呈现出的只是短期化、阶段性的目标结果。简单地一脱了之，很容易使得农户因为外部帮扶的退出或者不可抗的自然灾害、市场风险等因素而重新返贫。而稳定脱贫要求的是一种更高层次的脱离贫困，是农户思想观念适应现代经济生活、自身发展动力充足、发展能力得到明显提升、收入持续稳定、社会保障体系健全、人居环境明显改善、已脱贫群众的获得感不断提升的良好互动局面。②

所谓稳定，就是要保证持续性，确保能在一定水平上保持一种平衡或者更进一步说持续优化。因此，稳定脱贫可以从时间和质量两个维度来进行考量。从时间维度来看，稳定脱贫强调农户在脱离贫困后能持久性保持这种脱贫状态，而不是短暂性或临时性脱贫后又返贫，要求脱贫的状况要持续性地维持一段时间。一般来说，超过5年可以说是实现了稳定脱贫，国家的扶贫政策的过渡期也是5年，强调以时间节点体现稳定脱贫的实现。从质量维度来看，稳定脱贫更加强调多维质量的实现，注重农户的内生性发展。稳定脱贫更加看重农户在帮扶之后，自身的可持续生计能力是否得到明显提升，包括内生动力（"想不想发展"的能力）和发展能力（"能不能发展"的能力）两大部分，只有这样，绝对原生性贫困才能终结，稳定脱贫才能真正实现。因此，本书认为，稳定脱贫就是指农户自身的可持续生计能力明显提升，拥有了一定的生计资本并且具备了获得持续性生计资本的能力，即使在外部帮扶退出情况下，自身仍能够把握资源，利用能力，有效面对内外部风险冲击，实现稳步发展。

四、稳定脱贫长效机制

机制一词最早来源于希腊文，原意是指物理学中的机器制动的原理及其内部各机件相互作用的关系，后来被延伸运用到经济学、管理学等这些学科领域，因此参照机制的最初概念界定，应该包含以下两方面：一是机制中包

---

① 郭倩，廖和平，王子羿，等. 秦巴山区村域稳定脱贫测度及返贫防控风险识别：以重庆市城口县为例［J］. 地理科学进展，2021，40（2）：232-244

② 胡清升. 建立稳定脱贫机制有效防止脱贫后返贫：以陕西为例［J］. 新西部，2020（Z1）：91-96.

含哪些要素；二是要素之间是如何相互作用共同发挥效力维持整体运转的，也就是要素间的运行方式。长效机制，顾名思义就是能够长期稳定地保持系统内各要素共同发挥作用，保证系统顺畅运行。可见，长效机制具有系统性、稳定性、长期性的特点。

长效机制引入脱贫、返贫的研究中，故而有了稳定脱贫长效机制这一概念。稳定脱贫长效机制的建立是高质量脱贫的现实需求，更是筑牢现代化建设基础的必然选择。稳定脱贫长效机制主要是用来描述农户在各种制度安排和自身努力下，能够有效保障农户跳出"贫困陷阱"，并且长久保持这种稳定状态的制度保障。从概念理解上看，稳定脱贫长效机制应该包含以下三个特征：一是系统性。稳定脱贫长效机制不仅要使农户收入提升到一定标准，更关注农户自身素质和整体社会经济福利水平的综合提升；更加强调政治、经济、文化、社会等保障措施的综合运用，不仅关注绝对贫困的温饱问题的解决，更注重农户自身能力和发展意愿的提升来实现其资本总量的增加和结构优化。二是长期性，稳定脱贫长效机制关注的不是一时温饱问题的解决，其核心和重点是脱贫的长效性，所以不管是产业发展还是就业帮扶都不能只拘于一隅，只看短期效益，不管长期发展和稳定提升。三是动态性。稳定脱贫长效机制并不是构建了就一成不变的，它是一种动态减贫策略，其机制细化要素是需要调整以适应农户的不同发展阶段的，不仅需要及时了解农户的各项信息，还需要在此基础上，精准识别脱贫积极因素，最大限度地发挥积极因素的作用同时最大可能地消除消极因素的影响。

基于此，本书在第七章构建临夏州稳定脱贫长效机制时，基于以上概念和特征的考虑，从前端返贫风险监测预警入手，注重外部帮扶、内生发力以及兜底保障，强调多元参与、共同发力，坚持长远着手、长效衔接。

第二节 理论基础

本书依据的理论分析框架如图 2-1 所示，包含返贫风险防控特定环境和治理体系（方向指引、根本遵循）—返贫生成机理（分析原因、找准支点）—返贫治理逻辑（制定对策、寻求突破）的理论矩阵。

一、习近平关于加强和改进民族工作的重要思想

党的十八大以来，以习近平同志为核心的党中央，站在新时代的历史起

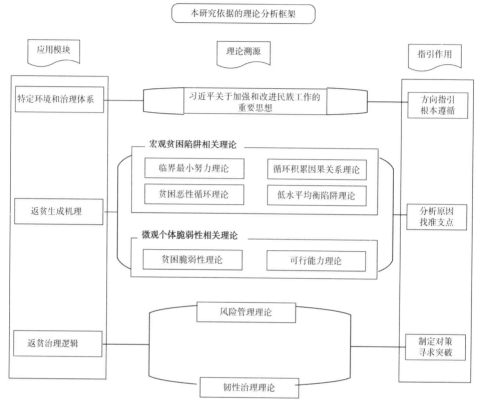

图 2-1　理论基础分析框架

点上，科学谋划部署推动民族工作，提出了一系列民族工作的新理念、新思想、新理论，科学继承与发展了我国历代领导人关于民族工作的理论和方略，形成了习近平关于加强和改进民族工作的重要思想。我国民族地区近年来精准扶贫、精准脱贫战略就是在这一思想的指导下进行的，研究临夏回族自治州现行的返贫风险防控和稳定脱贫问题也离不开这一思想的指导，也必须融入我国特定的历史环境和治理体系中去辩证看待。

2012 年，习近平总书记在参观《复兴之路》展览时就提出，"实现中华民族伟大复兴是近代以来中华民族最伟大的梦想"。在 2014 年中央民族工作会议上，总书记系统总结了解决我国民族问题正确道路的基本内涵，对少数民族和民族地区同步小康作出了"四个方面、八个重点"的工作部署。① 2017 年，党的十九大提出"铸牢中华民族共同体意识"这一新论断，并且将

---

① 李俊杰，罗如芳．习近平关于少数民族和民族地区同步小康的重要论述研究［J］．民族研究，2019（1）：1-10，138.

其写入党章，为新时代民族增进共同性方向改进民族工作提供了主线；2019年，全国民族团结进步表彰大会上用"九个坚持"系统总结了70年民族团结进步事业的宝贵经验，用"四个共同"热情讴歌了几千年来各族人民共同取得的辉煌成就，用"五个要点"全面部署了新时代推动民族团结进步事业的重点工作。① 党的十九届四中全会把"坚持各民族一律平等，铸牢中华民族共同体意识，实现共同团结奋斗、共同繁荣发展"明确为我国国家制度和国家治理体系的显著优势之一。2021年中央民族工作会议上提出的"十二个必须"，是新时代做好党的民族工作的根本遵循。会议明确尽快实现民族地区巩固拓展脱贫攻坚成果同乡村振兴有效衔接，推动各民族共同走向社会主义现代化。②

总书记关于加强和改进民族工作的重要思想中关键的一部分就是民族地区经济社会发展。不管是"精准扶贫"方略，还是"四个切实""六个精准""五个一批"的基本要求，无论是"绿水青山就是金山银山"的"两山论"，还是民族地区差别化区域支持政策，抑或是新时代安边固边兴边工作论述，都正确指引并极大推动了民族地区经济社会发展。历史已经证明，民族地区3121万贫困人口全部脱贫，民族自治地方420个贫困县全部摘帽，脱贫奔小康的路上，一个民族也没有掉队。历史也将继续证明，全面建设社会主义现代化，一个民族也不会少。因此，本书对于临夏回族自治州返贫风险防控和稳定脱贫机制构建的研究，需以习近平总书记关于加强和改进民族工作的重要思想作为基本理论和根本遵循。

二、宏观贫困陷阱相关理论

国外对于脱贫人口返贫成因和阻断方面的研究很多是从宏观视角进行的，综合分析国家整体性贫困的发生机理以及陷入贫困陷阱（贫困—脱贫—返贫）这一怪圈的原因。"贫困陷阱"指的是"处于贫困状态下的地区或者个人长期处于贫困的状态中不能自拔，经济出现增长停滞或者负增长，就像跳入一个陷阱一样，无法出来，或者短暂爬出来了又像掉入泥潭一样深陷进去"。比较有代表性的理论主要有罗格纳·纳克斯1953年提出的"贫困恶性循环理论"，

① 李俊杰，罗如芳. 肩负新时代民族院校使命铸牢中华民族共同体意识：学习贯彻习近平总书记全国民族团结进步表彰大会重要讲话 [J]. 北方民族大学学报，2021 (4)：5-10.

② 中共中央统一战线工作部，国家民族事务委员会. 中央民族工作会议精神学习辅导读本 [M]. 北京：民族出版社，2022.

理查德·R. 纳尔逊 1956 年提出的"低水平均衡陷阱理论",哈维·莱宾斯坦 1957 年提出的"临界最小努力理论"和冈纳·缪尔达尔的"循环积累因果关系理论"。

罗格纳·纳克斯在《不发达国家的资本形成问题》一书中,详细阐释了不发达国家长期贫困的根本原因,那就是资本积累的不足导致的贫困恶性循环。[①] 从资本供给的角度来看,由于不发达地区经济发展水平较差,人们的收入水平较低,较低的收入只能够满足或者还不够满足日常生活的物质消费,导致基本没有或者只有很少的资金能够用于储蓄存入银行,低收入导致低储蓄。而整个社会总体储蓄的不足、资本积累不够,导致缺乏资金投入扩大再生产和生产技术的提高,这样生产力和生产率就都上不去,从而造成效益低下、收入得不到提高,形成了这种恶性循环。在消费需求方面存在同样的困境,低收入导致购买力低下,购买力低造成消费水平下降、消费意愿不足、消费需求不够、社会总体投资疲软,也会造成整个社会的低效率,人们收入从而随之降低,另一个恶性循环产生。低收入导致收入低,周而复始,两个恶性循环相互作用,地区经济社会难以良性发展取得长足进步。

理查德·R. 纳尔逊的代表作《不发达国家的一种低水平均衡陷阱理论》,从人口增长和国民收入增长角度来探讨人均收入无法迅速提高的原因。[②] 通过数学模型验证,得出了发展中国家和地区尤其是低收入国家和地区"低水平均衡陷阱"的结论。他认为在经济环境较差、人均国民收入较低的情况下,人们生活过于贫困,可能都无法解决温饱问题,低出生率或高死亡率导致人口增长速度大大降低,人口低增长导致消费、储蓄和投资三驾马车马力都不足,而且导致人均收入只能维持在较低的水平。但是当经济好转时,可能又会导致人口的快速增长,从而使得人均收入被平均化,增速降缓,这样人均国民收入与人口增长之间呈现出一种低水平均衡状态。"低水平均衡陷阱理论"是基于前述"贫困恶性循环理论"进行延伸的,增加了"人口增长"和"基本生活最低水平"两个变量,由于人均收入低微、投资量小、资本形成有限,两个变量不断较量形成的一种临界均衡就会陷入这种循环陷阱。

哈维·莱宾斯坦提出的"临界最小努力理论"(critical minimum effort)[③],

---

① 纳克斯. 不发达国家的资本形成问题 [M]. 谨斋,译. 北京:商务印书馆,1966:103.

② NELSON R A. Theory of Low-level Equilibrium Trap in Underdeveloped Economies [J]. The American Economic Review, 1956, 46 (5): 894-908.

③ LEIBENSTEIN H. Allocative Efficiency Vs. X-Efficiency [J]. The American Economic Review, 1966, 56 (3): 392-415.

同样以发展中国家或者收入水平较低国家作为研究对象，是建立在前述"贫困恶性循环理论"和"低水平均衡陷阱理论"的研究结论基础之上的。他同样认为这些研究对象，由于发展环境受限、资本规模过小，造成了经济社会低效率、低产出的局面，而且循环往复，难以摆脱。但是他提出了跳出这个低收入陷阱，打破这种贫困与低收入的恶性循环的方法，那就是确保足够高的投资率，使得人均国民收入增长速度超过人口增长速度，这样人均国民收入的水平就不会被人口增长所稀释，才会得到明显提高，这一足够高的投资率就是"临界最小努力"。没有这个临界最小努力，发展中国家或者低收入水平国家的国民经济就难以摆脱恶性循环的陷阱，这为这些国家摆脱贫困、发展经济提供了一种途径和思路。

瑞典经济学家冈纳·缪尔达尔的"循环积累因果关系理论"，是在理查德·R. 纳尔逊的研究基础上提出的，主要用于研究欠发达国家和地区的贫困问题。该理论的核心观点就是社会经济要素之间都是存在反复叠加的因果关系的，相互融合相互制约，其中一个要素发生变动，可能造成其他要素发生变化，而其他要素的变化可能还会反过来影响初始变动要素，使得经济社会还是按照最初的发展轨道运行，产生一种类似于闭环的连锁反应。[①] 贫困现象亦是如此，欠发达国家和地区，社会经济发展水平低，相应的医疗、教育、卫生配套条件也较差，导致人口综合素质较低，劳动力质量不能提升，生产效率和效益也变差，社会经济发展缓慢，社会经济发展系统内各个因素不断循环变化，产生累积性影响。而且这种循环累积的过程中会产生"回波效应"和"扩散效应"，造成贫者更贫、富者更富的局面。造成这种局面的原因还包括资本形成的不足以及收入分配的不公。

这四种贫困陷阱理论，都从宏观上解释了发展中或者欠发达国家和地区贫困循环往复的原因，主要观点都是认为宏观上的国家或者地区贫困都是源于投资规模或者投资力度不够、资本积累的不足。这在宏观层面上也为返贫现象尤其是规模性返贫的产生提供了一种原因分析的思路，为其发生机理的研究提供了一种路径。返贫现象的产生从理论上看就是脱贫户没有脱离贫困陷阱，一直在贫困、脱贫、返贫之间往复循环，因此，对返贫现象进行研究离不开贫困陷阱理论的支撑。只有对这些理论有了一定的了解和研究，才能在制定防止返贫政策时候注意避开这种陷阱，有意识地做好长效脱贫稳定脱

---

① 缪尔达尔. 亚洲的戏剧：对一些国家贫困问题的研究 [M]. 谭力文，张卫东，译. 北京：北京经济学院出版社，1992：307.

贫的工作。

三、微观个体脆弱性相关理论

还有一些理论研究对象不是发展中或欠发达国家和地区，而是从个体角度切入，探究个体能力、权利等相关要素缺失导致的无法脱离贫困状态，个体脆弱性造成的返贫现象的发生。经过研究梳理，大致有以下两种主流的理论和观点：一是贫困脆弱性理论，二是可行能力理论。

（一）贫困脆弱性理论

脆弱性研究起源于 20 世纪五六十年代，最初是用于自然灾害研究，经过不断扩展，覆盖到通信工程、公共健康等领域，后来引入贫困和发展方面。"贫困脆弱性"这个概念最早是在《2000/2001 年世界发展报告：与贫困作斗争》中正式提出的，被描述为"度量对于冲击的弹力——冲击造成未来福利下降的可能性"[①]，指的是个体或者家户在一段时间内将要经受的外部冲击导致贫困的风险性，以及遭受权利缺失的概率。题为《促进人类持续进步：降低脆弱性，增强抗逆力》[②] 的 2014 年人类发展报告中指出，人类因为结构性因素影响以及旷日持久的脆弱性制约可能会面临重新陷入贫困的风险，因此2015 年后发展议程的关键是要减少使人们陷入贫困的脆弱性行为，从而降低贫困现象的再次发生。

脆弱性应用到贫困领域，强调的是在不确定环境下对贫困人口生存现状的剖析，强化其生存现状的脆弱性分析，查看其应对风险的能力，对其未来是否会陷入贫困或者返贫进行可能性估计和预期，属于事前的预判。脆弱性与贫困两者之间是高度相关而又各有侧重的。从关联角度看，脆弱性是贫困动态度量的维度之一，也是导致个体脱贫后又返贫的重要原因之一，因此将贫困脆弱性理论引入返贫风险分析当中，可以从理论层面对返贫现象进行深入研究。同时，贫困和脆弱性在测度环境、测度范围上都有差异：贫困研究的是确定环境下的福利水平测度，属于事件发生后的研究、干预与治理；脆弱性则是侧重引入风险概念，在不确定环境下进行，具有一定的前瞻性和预测性，倾向于事前预测与防御。贫困问题研究的是贫困标准线下的家庭或者个人，脆弱性研究的范围则将目前在贫困标准线以上，但是未来面临风险冲

---

① 世界银行.2000/2001 年世界发展报告：与贫困作斗争 [M].《2000/2001 年世界发展报告》翻译组，译.中国财政经济出版社，2001：15.
② 2014 年人类发展报告发布 [N].中国科学报，2014-10-27（2）.

击后由于自身脆弱性导致无法有效应对而致贫的群体也纳入其中，其研究范围要远大于贫困问题研究的对象范围——这与本书返贫的研究对象是不谋而合的。现阶段，绝对贫困已经消除，个体或者家庭都在贫困标准线之上，但是不代表面临风险冲击时没有返贫的风险，所以将脆弱性引入返贫研究，在研究对象的范畴上是恰如其分的。

贫困脆弱性的识别和测度能有效抑制返贫风险因素的发展，有定量和定性两种模式。定性分析是对研究对象的贫困现象进行历史描述和变化情况分析，在相关资料研究和经验总结的基础上，实现对贫困现象的影响因素刻画和贫困风险的未来判断。定量分析是在引入外部风险因素条件下，评估其对贫困现象的影响程度，应用比较广泛的基于灾害学的 Hoovering 评估模式、可持续生计方法、邓肯的风险—脆弱性分析框架、SEI-Clark 模型架构、基于经济分析的度量方法与发现等。

通过上述脆弱性理论分析可以发现，结合风险管理理论，用脆弱性视角研究我国以往出现的返贫现象和评估可能发生的返贫现象，不管从研究对象范围还是研究方法来看都是高度契合的。以该理论为参照，本书用可持续生计的方法，结合样本地实际，从自然资本返贫风险、经济资本返贫风险、人力资本返贫风险、社会资本返贫风险、政治资本返贫风险、发展机会返贫风险六个维度对样本地进行测度。

（二）可行能力理论

可行能力理论是阿玛蒂亚·森在《以自由看待发展》一书中提出的，该理论打破了以往经济学以收入作为贫困界定唯一标准的认识框架，认为造成个人贫困的根本原因是基本可行能力的缺失，导致没有能力或者没有机会去增加收入，收入低下引发生活水平的下降，基本生活需要得不到很好的满足，从而造成贫困。[①] 该理论对贫困原因的理解和阐释更多从人的视角出发。可行能力不是单指某一个方面的能力，而是一种可能实现的、多种功能性活动相结合的可行能力的集合。他强调可行能力是一种自由，一种实质性自由，而实质性自由是克服困苦、摆脱贫困的关键之一。

阿玛蒂亚·森构建的可行能力分析体系由社会、经济、政治、自由和保障性要素 5 种工具性自由组成，这其实在一定程度上也为稳定脱贫机制构建提供了方向和理论框架。这个分析体系中 5 个要素之间互相影响、互相补充，对人的可行能力进行了拓展和研究。因此，从可行能力理论角度出发，单单

---

① 森. 以自由看待发展 [M]. 任赜，于真，译. 北京：中国人民大学出版社，2002：85.

依靠政府的兜底政策或者帮扶政策只能解决一时的困难，从长远上看是无法解决农户返贫问题的，要从根源上入手，从增强农户自身能力建设入手，要让他们不仅从思想上想要增收致富、稳定脱贫，还要从能力上达到稳定脱贫的水准。因此，本书关于防范返贫风险、实现稳定脱贫的长效机制的研究中特别注重人的能力建设，包括劳动技能、文化水平、身体素质等，提升各方面的综合素养才能更好地抵御和应对各种因素造成的返贫风险。在人的能力建设上，短期要加强培训力度，完善培训体系建设，实现短期快速提升从而取得实质性回报；长期来看要大力发展教育，提高公共医疗卫生服务质量，不断提升人口综合素质。

四、风险管理理论

风险一词带有一定的损失性或成本代价的不确定性，但风险并不是完全无迹可寻的，很多类型的风险可以通过一些苗头性倾向或者"症状"，可以提早准备与预防，防范风险的发生或者减少风险所带来的损失。因此，风险管理应运而生。风险管理最早也是用于海上贸易产生的风险应对和处理，后来被正式提出是在《风险管理和保险》一书中，由此引发进一步的关注和讨论。随着经济社会的发展，人们对于风险管理的认识进一步加深，风险管理不仅限于经济学领域，社会学、公共管理、政治学等领域风险管理也都成了重要议题，尤其是近年新冠疫情的影响，更是推动各个领域风险管理的白热化。

在原贫困地区，尤其是本书研究的临夏回族自治州，本身就是原深度贫困地区，已脱贫人口很多也是在绝对贫困的底线标准上完成脱贫攻坚任务的，风险与其生存、发展、生产、生活各个方面相生相伴，密不可分。英国的彼得·泰勒-顾柏（Peter Taylor-Gooby）和德国的詹斯·O. 金（Jens O. Zinn）就曾指出，"发展与风险相生相伴，选择发展路径实质上就是基于风险所做出的决策"[1]。基于未来发展的现在决策，需要对风险进行评估和管理，也就是风险管理的目标，规避风险或者减少风险所带来的损失。管理程序基本包括风险识别、风险评估、风险应对和风险监控四个环节。[2]美国 COSO 发布的"风险管理整合框架"，较好地建立起了这四个环节分析、管理、运作的实施框架。因此，本研究在风险管理理论的指导下，将"风险管理整合框架"应

---

① 泰勒-顾柏，金. 社会科学中的风险研究 [M]. 黄觉，译. 北京：中国劳动社会保障出版社，2010：1.

② 刘燕. 风险管理及其模型 [M]. 郑州：郑州大学出版社，2015：24-25.

用于临夏回族自治州返贫风险的管理。

按"风险管理整合框架"的逻辑理路，首先，进行风险识别，需要了解环境，设定相应的目标。在对临夏州返贫风险分析前我们对其贫困治理的历程和成效进行了初步梳理，了解了其现有社会经济发展现状，对其近年返贫现状进行了分析，对风险管理的内外部环境有了一定认知；目标设定也很明确：防止出现返贫现象，实现农户稳定脱贫。其次，要进行风险评估，包含风险识别、风险分析和风险评价几个子流程。风险识别就是发现偏差，在返贫风险识别上我们结合了主观判断和客观评估，对农户返贫风险进行了主观感知调研和统计分析，并基于农户现有生计资本和风险暴露度的信息收集客观测算返贫风险综合水平。在风险分析方面，我们通过描述性统计和聚类分析，大致厘清了临夏回族自治州农户返贫的类型和现实诱因。对于风险评价，我们也通过模糊评价法，相对确定了样本农户的返贫风险的程度和水平。最后，进行风险应对。在第七章，本书提出了从六方面建立稳定脱贫长效机制，制定了对于临夏回族自治州可能存在的返贫风险的应对策略。为实现临夏州的稳定脱贫和长期振兴提供思路借鉴。

五、韧性治理理论

"韧性"（resilience）一词由拉丁语 resilio 演化而来，也可以被称为恢复力、抗逆力，与前述讲的"脆弱性"是相对的概念，最早应用于 19 世纪 50 年代的工程技术领域，指的是物体在受外力作用下恢复至初始状态的复原能力的大小。① 随后，其应用范围逐步扩大，韧性治理在 20 世纪 70 年代由加拿大生态学家霍林（Holling）延伸到了生态学领域，强调生态系统在受到外界干扰后自我修复、自我调节的能力；到后来 20 世纪 90 年代韧性治理拓展到了更大的社会系统中，学者们对于社会韧性、城市韧性、社区韧性方面的研究趋于深入和多元。

作为新型治理理念和系统分析框架新模式，韧性治理相比于传统的风险管理和危机事件管理，不仅注重风险发生时的及时应对和调节，更关注系统应对风险后生产生活能力的再造与提升以及可持续发展，防止风险的再次出现，这对于推动脆弱性较高的原深度贫困地区返贫防范与治理具有重要意义。目前我国的贫困治理重心已经从脱贫攻坚前的贫困帮扶转向了脱贫后的防返

① SCOTT M. Resilience: A Conceptual Lens for Rural Studies? [J]. Geography Compass, 2013, 7 (9): 597-610.

贫和稳定脱贫。在现实中，临夏回族自治州基础设施条件发展相对滞后，产业发展融合度不高，很多脱贫人口基础不牢，生计层面仍面临一定风险，稳定脱贫、持续增收的脆弱性较大，面临着经济社会发展各方面的风险冲击，需要更高的风险抵御能力、更为系统的治理思维，而韧性治理可以很好地克服和解决这些问题。韧性治理视域下，原贫困地区的环境韧性、经济韧性、社会韧性、文化韧性、政治韧性全面稳固，原贫困人口的风险抗逆力、灾害抵御力、生计恢复力和自我发展力都得到了全面提升，能真正实现稳定脱贫和高质量脱贫，从根源上遏制和减少返贫现象的发生。

韧性治理是解决地区、个人脆弱性的有力手段，是传统风险防范的生计版本。本书对于返贫防治、脱贫攻坚成果的巩固以及稳定脱贫长效机制的构建，很大程度上是基于韧性治理的分析框架，书中多次强调的多元主体参与就是韧性治理的社会韧性提升的重要一环，强调的脱贫户内生动力培育、自我发展能力持续提升也是韧性治理中增强人才韧性的关键举措，注重六大长效机制构建和综合治理更是基于韧性治理思考的长效之策。

第三节　返贫现象的形成机理

探究返贫现象形成的内在机理，就是了解返贫的触发器是什么，是如何触发—积聚—形成的。从学理上阐明返贫现象的形成机理，有助于对其进行先行预判或者说前期判断，从而阻断"脱贫—返贫"的生成路径。返贫有区域性的规模性返贫，也有零星分散的点状式返贫，我们从形成机理上分别进行探讨。

一、规模性返贫——"经济性贫困陷阱"持续卷入造成的空间集聚

区域性的规模性返贫表现的是群体性的、规模性的福利缺失，从空间属性上来看，脱贫不稳定空间主要集中在原深度贫困或经济欠发达的一些革命老区、边疆地区和民族地区。地理位置的偏远、自然灾害的频发、生态环境的恶劣、基础设施的落后、公共服务供给的不足都给这些地区的返贫现象提供了生产和复制的土壤。第一地理因素——地理区位和资源禀赋等方面的差排位和第二地理因素——社会文化、地区经济等因素的低水平，共同作用导

致脱贫不稳定地区陷入"空间贫困陷阱"。① 地理第一因素带来的低物质生产结构，导致脱贫不稳定群体虽然利用资源但是仍然停滞落后；而地理第二因素带来的"贫困文化"的价值体系则加剧了脱贫不稳定群体自制性文化的强化和现代伦理文化的远离，这种"生活者"视角的合理性，致使他们在返贫的边缘而不自知。②

规模性返贫现象产生的根本逻辑在空间集聚下爆发，可以从"结构"和"行动"的互构视角来分析。从"结构"影响"行动"上看，脱贫不稳定群体以不同的交换行动嵌入区域交换系统，如自然交换系统、社会交换系统、经济交换系统等，交换行动在交换系统中起作用形成了群体生计资本的转化，而这个转化受区域交换系统的制约但也影响着交互系统的演变。③ 由于脱贫不稳定地区区域交换系统的低层次和结构性障碍限制，该地区群体生计资本转化效率得不到提升，结构处于底层导致行动无效。从"行动"对"结构"反作用的过程看，脱贫不稳定群体由于可行能力较差、生计资本薄弱，面临较强生计风险时无法采取抵御抗击风险的有效行动，而这无效的生计转化行动则会制约区域交换系统功能的发挥，导致"资源流动封闭"的发展结构④，低层次的"结构"和无效性的"行动"关联互构造成了脱贫不稳定群体持续卷入"经济性贫困陷阱"。这跟罗格纳·纳克斯提出的"贫困恶性循环理论"也是如出一辙的。

循此逻辑，脱贫不稳定地区的问题在于"经济性陷阱"的持续卷入，脱贫不稳定群体受外界低层次的区域交换系统以及自身物质生产结构和薄弱生计资本的制约，无法实施有效的脱贫致富行为。这也为防止返贫提供了一个思路：从宏观上增强区域经济社会文化各方面建设，提升总体发展层次和水平。

二、点状式返贫——"生产性均衡"博弈失衡造成的突变事件

个体返贫则是因为"生产性均衡"被打破，由一个因素或者环节变动引

① 罗庆，李小建. 国外农村贫困地理研究进展 [J]. 经济地理，2014，34（6）：1-8.
② 罗意. 地方性知识及其反思：当代西方生态人类学的新视野 [J]. 云南师范大学学报（哲学社会科学版），2015，47（5）：21-29.
③ 李雪萍，王蒙. 多维贫困"行动—结构"分析框架的建构：基于可持续生计、脆弱性、社会排斥三种分析框架的融合 [J]. 江汉大学学报（社会科学版），2015，32（3）：5-12，124.
④ 纪廉，科林斯，英格兰，等. 新经济社会学：一门新兴学科的发展 [M]. 姚伟，译. 北京：社会科学文献出版社，2006：59.

起"多米诺骨牌"效应，一环倾倒带来因果连锁反应，达到一定程度时发生突变，个体则由脱贫状态转化为返贫状态。通常来看，这套完整的"多米诺骨牌"包含"突变信号发生—内外部因素应激反应—风险因素与内外部因素博弈"的过程，如果博弈失衡，也就是个体内外部因素结合都不够扳倒突变风险因素，那么就会造成返贫现象的发生。①

突变信号通常有突发性的自然灾害、外部政策的突然变更、家庭经济主要来源的突然减少（如产业失败、失去就业岗位）、家庭支出的陡然增加（如家庭成员突发大病、意外事故造成的刚性支出剧增）等，导致脱贫不稳定个体的"生产性均衡"需要接受风险的考验和挑战。② 这时候个体本身所拥有的内部因素如文化程度、生存技能、资产状况等，以及个体可及的外部因素如政府救助、邻里帮扶等就会同时运转发挥作用，内外部因素共同作用来应对风险。如果人的内部因素压制住了风险因素，或者外部救助帮扶因素可与风险因素相抗衡，那么就不会发生突变现象，导致返贫。相反，如果内外部因素同时恶化，不起作用，那么风险因素占据上风，产生突变，返贫现象就会爆发。

由此看来，点状式的个体性返贫需要注重个体基本可行能力的提升，这与阿玛蒂亚·森的"可行能力理论"是十分契合的，注重以人力资本和可行能力的强化提高个体生计资本动能以及个体生存压力的转化能力，从而提高脱贫不稳定个体的安全水平，避免或者减少返贫现象的发生。同时，注重社会兜底保障政策这系列外部因素的正向发挥。

三、点状式返贫到规模性返贫的转化——弱势积累模仿演化造成的层次互移

点状式的个体性返贫与区域化的规模性返贫之间互相影响，个体性返贫现象叠加汇总构成规模性群体返贫的总和，而返贫现象的规模性和群体性也会对个体返贫现象的生成造成负面影响。一般来讲，脱贫不稳定地区，社会分化程度都比较低，群体之间的福利缺失的区别不是很大，个体出现返贫现象，很容易由于相似的风险冲击、力量相当的风险抵御能力，导致返贫现象急剧扩散和复制，造成群体性返贫现象。个体性返贫的集聚造成了群体性返贫事件的发生。而群体规模性返贫因其"整体"的结构场景又会强化和生成

---

① 杨瑚. 返贫预警机制研究 [D]. 兰州：兰州大学，2019.

② 李智. 后脱贫时代返贫防治路径研究 [J]. 农村经济与科技，2021，32 (11)：120-122.

个体性返贫现象。可见，返贫现象由于弱势积累和模仿演化造成了其在个体和群体之间的层次互移①，这也决定了新时代防止返贫工作要以二元推进的模式来进行，既要守住规模性返贫底线，也要注意防治点状性个体返贫以防止其演变为群体性返贫现象。

点状式个体返贫是如何发展成区域化规模性返贫的，可以尝试从演化经济学的角度进行理解。演化经济学主张用变化、发展的思维看待事物，并且通过反向推演寻求事物的起源，找到现象发生的本质。② 规模性返贫现象的演化其实可以看作点状式个体返贫的代际传递，只是这种代际传递并不仅仅限于代际之间，也可能存在于邻里之间。一个家庭中父辈的思想、观念、行为习惯都可能在朝夕相处中潜移默化地被孩子所模仿，脱贫不稳定个体的父辈眼界、境界和思维、行为习惯都受到贫困或者贫困导向的制约，而子辈的模仿则会使自身发展禁锢在父辈的老路中，这就是返贫的代际传递，父辈脱贫了子辈可能还是会返贫。另外，脱贫不稳定个体之间会互相模仿或者说彼此模仿，个体都是生活在社会当中，其行为和思想很容易影响到周边的其他人，而脱贫不稳定地区本身个体间福利缺失差异小，行为有很大相似性，加之同样的外界干扰，很可能导致个体性返贫演化为群体性返贫。

本章小结

本章主要是对本书所涉及的核心概念进行了界定，对研究所依托的理论基础进行了梳理和介绍，基于此对本书的核心内容——返贫风险这一现象发生的内在机理进行了理论上的探讨。概念界定上主要是对返贫、返贫风险、稳定脱贫、稳定脱贫长效机制这四个核心概念进行了逐层剖析和明确界定，这有利于加深对返贫风险测度和稳定脱贫机制构建这一主题所涉及概念的认知和充分理解。理论方面，首先，从研究所处的特定环境和治理体系出发，介绍了研究的根本遵循——习近平关于民族工作的重要思想；其次，从宏观的贫困陷阱理论（具体包括贫困恶性循环理论、低水平均衡陷阱理论、临界最小努力理论和循环积累因果关系理论）和微观个体脆弱性理论（具体包括

---

① 张明皓，豆书龙. 深度贫困的再生产逻辑及综合性治理 [J]. 中国行政管理，2018（4）：44-50.

② 杨瑚. 返贫预警机制研究 [D]. 兰州：兰州大学，2019.

贫困脆弱性理论、可行能力理论）入手，试图分析返贫现象发生的原因；最后，从风险管理理论、韧性治理理论出发，希冀构建防止返贫、实现稳定脱贫的长效机制。在此理论研究基础上，本章节还对区域化的规模性返贫现象和点状式个体返贫现象的生成机理，以及两者之间的演化互移模式进行了学理上的探讨分析，以期为本书后续研究夯实理论支撑。

第三章

临夏回族自治州扶贫开发历程与成效

　　临夏回族自治州于 1956 年 11 月成立，与新疆的昌吉回族自治州同为我国两个回族自治州之一。位于甘肃省中部西南面、黄河上游，总面积 8168 平方千米，平均海拔在 2000 米左右，最高处 4636 米，最低处 1563 米，大部分地区属于温带半干旱气候，年平均气温 5.6℃～9.7℃，年平均降水量 273.7～592.7 毫米，年平均蒸发量 1190.8～1551.7 毫米，年日照总时数 2360.6～2571.1 小时，年平均相对湿度 59%～70%，无霜期 122～199 天；负氧离子含量高，最高处为 2.4 万个每立方厘米。境内干旱山区占比约 1/3，其余为川塬区、高寒阴湿区。临夏州全境属黄河流域，自古以来就是黄河上游重要的水源补给区和生态安全屏障，也是"大禹治水"的源头，著名的刘家峡、盐锅峡、八盘峡三大电站库区均在州内，生态地位非常重要。

　　截至 2021 年 12 月底，州下辖 8 个县市，分别是临夏市 1 个县级市，临夏县、康乐县、永靖县、广河县、和政县 5 个县，东乡族自治县、积石山保安族东乡族撒拉族自治县 2 个自治县，共计 124 个乡镇、7 个街道办事处，1090 个行政村。据第七次人口普查统计，州内常住人口 210.98 万，其中少数民族占比达 62.49%，约有 131.85 万人左右，是典型的少数民族地区。城镇人口占总常住人口比重在 36.75% 左右，远低于甘肃省全省 52.23% 的城镇人口比率，尤其是东乡县城镇人口比重只有 19.48%，临夏县只有 15.87%，都不到甘肃省平均水平的三分之一，说明城镇化程度较低，从侧面也说明经济社会发展水平相对较低。

表 3-1　临夏州行政区划及人口特征

县市名称	面积（平方公里）	乡镇或街道（个）	行政村（个）	常住人口（万人）	少数民族人口（万人）	少数民族人口比重（%）	城镇人口比重（%）
临夏市	89	11	35	35.60	18.18	51.07	88.51

续表

县市名称	面积（平方公里）	乡镇或街道（个）	行政村（个）	常住人口（万人）	少数民族人口（万人）	少数民族人口比重（%）	城镇人口比重（%）
临夏县	1213	25	218	32.26	14.91	46.22	15.87
康乐县	1083	15	152	25.60	16.24	63.44	22.97
永靖县	1864	17	122	18.07	2.69	14.89	52.50
广河县	538	9	102	26.06	25.51	97.89	34.41
和政县	960	13	122	20.45	12.38	60.54	27.82
东乡县	1511	24	194	29.00	26.83	92.52	19.48
积石山县	910	17	145	23.94	15.11	63.12	21.88
临夏州总计	8168	131	1090	210.98	131.85	62.49	36.75

数据来源：根据调研资料和临夏州统计公报整理而来。

2013年年底精准扶贫实施之初，州内建档立卡贫困户12.8万户，人口56.32万人，贫困发生率高达32.5%，其中回族、东乡族、保安族等少数民族贫困人口37.58万人，占全州贫困人口总数的66.7%。全州8个县市均为六盘山集中连片特困片区扶贫开发重点县，当时的1116个行政村中有649个贫困村，是国家"三区三州"和甘肃省"两州一县"深度贫困地区之一，扶贫开发期间，素闻"全国脱贫看甘肃，甘肃脱贫看临夏"，贫困名声在外。在脱贫攻坚伟大实践中，在党中央的亲切关怀和甘肃省委的坚强领导下，在各级各方面的鼎力支持下，全州上下牢记嘱托、感恩奋进，滚石上山、攻坚克难，以超常力度和过硬举措，推动脱贫攻坚取得决定性成就。2020年11月21日，甘肃省政府宣布临夏州东乡县和临夏县脱贫摘帽，至此，全州56.32万贫困人口全部脱贫，649个贫困村全部退出，8个贫困县市全部摘帽。

本章的分析思路如图3-1所示。

第一节　临夏回族自治州扶贫开发历程

改革开放以来，临夏回族自治州贫困治理工作主要经历了以下六个阶段。

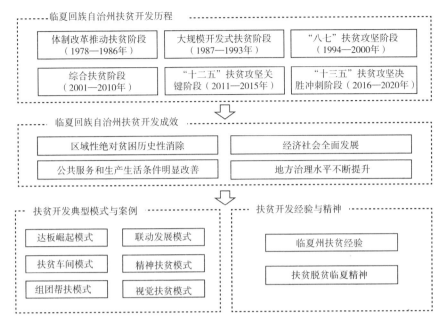

图 3-1　"临夏回族自治州扶贫开发历程与成效"章节思路图

一、体制改革推动扶贫阶段（1978—1986）

中华人民共和国成立以前的临夏州积贫积弱，社会发展和生产力水平都极其落后，部分地区粮荒不断，当地一首《花儿》唱出了当时临夏地区穷苦百姓食不果腹、饥寒交迫的生活：穷人活得太孽障，顿顿喝的菜汤汤；胳膊没有指头壮，饿得眼塌脖子长。新中国成立后，党和政府关心人民疾苦，对临夏地区因灾致贫的群众，及时拨救济粮和救济款，但 1950 年临夏地区农民人均纯收入也只有 27 元。1956 年 11 月 19 日，临夏回族自治州成立后，临夏从此翻开了新的历史篇章。特别是改革开放以来，临夏启动了扶贫之路，临夏面貌再换新颜，开始大踏步地奔向"解决温饱、追求小康"的征程。

1979 年，国家对全州 22 478 位贫困人口发放救济款 75.3 万元。1980 年，城镇定量救济 137 户 254 人，按每月定额发放救济费。1982 年 12 月，中共中央、国务院决定对"三西"地区，即以甘肃定西为主的中部干旱地区、河西地区和宁夏西海固地区，进行农业基础设施建设。临夏州的东乡族自治县和永靖县一同被列入甘肃"两西"农业建设县，被列为国家首批深度贫困县，由此正式拉开了临夏州扶贫开发的大幕。1983—1986 年，临夏州遵照"三年停止破坏，五年恢复植被""有水路走水路，无水路走旱路，水旱都不通，另找出路"的"两西"建设方针，在东乡和永靖两县全面实施"供煤植薪"政策，引导农牧民大规模种草、植树造林，种植了 5 万多亩以紫花苜蓿为主的牧草，植树面积达到 10 万多亩，同时对生态保护区进行有组织的移民，基本缓解了东乡、永靖两县诸如铲草皮、挖树根等破坏生态环境的问题。其间，东乡县和永靖县先后投入专项资金 2659.96 万元，陆续修建了东乡县皇渠、永靖县拥宪渠等一批水利工程，移民 1.56 万人，5 万多名特困群众的生产生活困难得以基本解决。这个阶段国家的政策重点是"适当倾斜、局部扶持"，临夏州主要是抓住了"三西"建设的历史机遇，首批得到国家财政资金支持。农民人均纯收入由 1978 年的 49.89 元上涨到 1986 年的 238.51 元。

二、大规模开发式扶贫阶段（1987—1993）

这一阶段的扶贫工作由上一阶段的救济式扶贫向开发式扶贫转变，国家的政策重点转变为"明确重点、界定到县"。这一时期，国家一共确定了国定贫困县 331 个。1987 年，临夏回族自治州的积石山县、临夏县、和政县被列入高寒阴湿国扶贫困县，1990 年广河县和康乐县也被纳入，至此，临夏州除临夏市以外的 7 个县都被列入国扶贫困县。按当时国家农民人均纯收入 150 元以下的贫困标准，1986 年年底核定临夏州农村贫困人口 57.75 万人，占当年农村人口的 42.43%。1987—1993 年，临夏州共获得国家各类财政扶贫资金 9148.8 万元，获得信贷扶贫资金 7953.1 万元，对于贫困乡、村的种养殖业和基础设施建设进行重点扶持，其间完成"两西"移民达 1.2 万人。在这大规模扶贫开发阶段的 7 年中，按照 1993 年当时国家确定的农民人均纯收入 300 元、人均占有粮 300 公斤的"双三百"贫困标准，全州内 30 多万绝对贫困人口温饱问题得以基本解决。全州贫困人口由 1986 年年底的 57.75 万人减少到 1993 年年底的 27.7 万人，贫困发生率由 42.43% 下降到 20% 左右，下降了大约 22 个百分点；农民人均纯收入从 1986 年的 238.51 元增加到 1993 年的 383.44 元（见表 3-2）。通过基础设施改善，全州农村贫困面貌得以进一步改善，干旱山区群众缺水问题得到有效缓解，贫困群众缺衣少粮问题得到初步解决。

表 3-2　大规模开发式扶贫阶段临夏州贫困人口情况一览表

年份	贫困人口（万人）	贫困发生率（%）	贫困人口下降（万人）	贫困人口下降幅度（%）	农民人均纯收入（元）
1986	57.75	42.43	—	—	238.51

续表

年份	贫困人口（万人）	贫困发生率（%）	贫困人口下降（万人）	贫困人口下降幅度（%）	农民人均纯收入（元）
1987	52.23	37.00	5.52	9.56	244.37
1988	43.40	31.00	8.83	16.91	275.00
1989	42.09	29.70	1.31	3.02	269.60
1990	36.70	24.70	5.39	12.81	335.38
1991	33.43	22.30	3.27	8.91	337.24
1992	30.36	20.00	3.07	9.18	355.30
1993	66.65	43.05	—	—	383.44

注：贫困数据统计时间截止到当年年底。1986—1992 年以农民人均纯收入 150 元以下为贫困标准，1993 年以农民人均纯收入 300 元、300 公斤粮食以下为贫困标准。

数据来源：均根据调研资料整理而来。

三、"八七"扶贫攻坚阶段（1994—2000）

1994 年，国家"八七"扶贫攻坚计划开始全面实施，临夏州扶贫开发工作也进入了集中攻坚阶段，国家政策重点转变为"多元共治、重点开发"，将贫困县数量由原来的 331 个调整为 592 个。按当时国家农民人均纯收入 500 元以下的贫困标准，经重新核定，1993 年年底临夏州农村贫困人口为 66.65 万人，占当年农村人口的 43.05%。1994—2000 年的"八七"扶贫攻坚期间，国家和甘肃省投入临夏州财政扶贫资金 3.77 亿元，信贷扶贫资金 5.40 亿元。1996 年，临夏州正式启动实施疏勒河世行贷款移民项目，移民范围扩大到积石山保安族东乡族撒拉族自治县，并设立了扎花、向阳示范点。同时，临夏州全面实施农、林、牧、水利、电力、道路以及科技培训等综合开发扶贫项目，针对干旱、半干旱地区群众吃水难问题，实施了"121"和"122"雨水集流工程。其间，扶贫工作逐步注重社会参与，1995 年开始，国台办定点帮扶广河县；1998 年开始，中央统战部（国侨办）定点帮扶积石山县。这一时期扶贫工作还特别注重科技培训和科技扶贫工作，通过科学技术培训和科技下乡等活动，帮助贫困农民学习科学种田养殖的技术，不断提高学习使用科学技术的积极性和种养殖工作的科技水平，粮食产量和畜牧业存栏逐年增加，群众收入水平得以不断提升。尤其是 1996—1999 年间，贫困人口下降数量一直保持在每年 10 万人以上，减贫速度显著高于全国平均水平。7 年间农民人均纯收入由 1994 年的 509.14 元上涨到 1010.56 元，翻了一番。

表 3-3　"八七"扶贫攻坚阶段临夏州贫困人口情况一览表

年份	贫困人口（万人）	贫困发生率（%）	贫困人口下降（万人）	贫困人口下降幅度（%）	农民人均纯收入（元）
1993	66.65	43.05	—	—	383.44
1994	64.43	41.10	2.22	3.33	509.14
1995	62.33	39.23	2.10	3.26	577.13
1996	49.75	30.59	12.58	20.18	727.83
1997	37.37	22.80	12.38	24.88	798.87
1998	22.48	13.57	14.89	39.84	904.12
1999	11.04	6.63	11.44	50.89	994.95
2000	87.78	52.52	—	—	1010.56

注：贫困数据统计时间截止到当年年底，1993—1999 年以农民人均纯收入 500 元以下为贫困标准，2000 年以农民人均纯收入 865 元以下为贫困标准。1993 年和 2000 年为新旧标准的衔接期，所以有两个统计口径，本表格数据都是按高标准口径统计。

数据来源：根据调研资料整理而来。

四、综合扶贫阶段（2001—2010）

2001 年，新时期扶贫开发工作开始，国家发布《中国农村扶贫开发纲要（2001—2010 年）》（以下简称《纲要》），对扶贫工作重点与瞄准对象做出了重大调整，提出了以县为单位、以村为基础的扶贫开发战略。为此，中央扶贫重心也由县级转移到村级，《纲要》进一步提出要改善贫困地区经济、社会、文化的落后状况，到 2010 年尽快解决剩余贫困人口的温饱问题。"村域瞄准、整村推进"战略确定临夏州的临夏县、康乐县、永靖县、广河县、和政县、东乡县、积石山县 7 个重点县，确定 110 个乡镇为扶贫开发工作重点乡，占全州当时 133 个乡镇的 82.71%，753 个村列为扶贫开发工作重点乡村，占全州当时 1149 个村的 65.54%。这标志着临夏州进入新时期扶贫开发阶段。2001 年，国家按照农民人均纯收入 625 元以下核定绝对贫困人口 23.81 万人，按 625~865 元核定低收入人口 63.97 万人，确定临夏州贫困人口 82.00 万人，贫困面 48.58%。2009 年 3 月，以 2008 年农民人均纯收入为标准（不变价），考虑物价指数，扶贫标准核定为 1196 元，提高了 331 元。在新时期扶贫开发的 10 年中，临夏州坚持"省负总责、县抓落实、工作到村、扶贫到户"的工作要求，全力实施以整村推进、产业化扶贫、劳动力转移培训为主要内容的"一体两翼"扶贫开发战略。2002 年，撤销州农业委员会，成立州农业办公室，与州扶贫开发办公室是一套人马、两套牌子。2003 年，制定《临夏州加快整村推进扶贫开发进程的意见》，全面开展结对帮扶。2001—2010 年间，中央和省一级进一步加大对少数民族地区扶贫开发工作的资金扶持力度，临夏州累计争取国家和省级财政扶贫资金达到 10.1 亿元，特别是通过大项目的积极争取，扶贫资金总量有了明显提高。这一时期，通过各级政府帮扶和全州群众努力，扶贫减贫工作取得显著成绩。2001—2010 年间，全州贫困人口从 2000 年的 87.78 万人下降到 2010 年的 45.11 万人，减少了 42.67 万人；贫困发生率从 2000 年的 52.52% 下降到 2010 年的 26.08%，下降了 26.44 个百分点（见图 3-2）；农民人均纯收入从 2000 年的 1010.56 元增加到 2010 年的 2375元，净增 1364.44 元，年均增加 136.44 元。

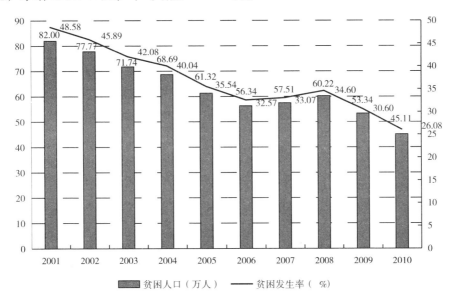

图 3-2　临夏州 2001—2010 年贫困人口和贫困发生率

五、"十二五"扶贫攻坚关键阶段（2011—2015）

2011 年，《中国农村扶贫开发纲要（2011—2020 年）》出台，临夏州确定为国家级集中连片特困地区（归属六盘山连片特困地区），临夏市确定为国扶重点县，至此，临夏州 1 市 7 县全部纳入国扶重点县。2011 年国家扶贫标准进一步提高，贫困标准为人均纯收入 2300 元，按此标准临夏州贫困人口为 90.02 万人，贫困发生率为 52.04%。临夏州全面贯彻落实中央、省州农村扶贫开发一系列文件精神（见表 3-4），坚持区域发展带动扶贫攻坚、扶贫攻坚促进区域发展的基本思路，遵循政府主导、社会参与、自力更生、开发扶贫的总体要求，将增收减贫作为全州农村工作的核心，不断创新扶贫工作方式，着力改善贫困乡村生产生活条件，着力培育扶贫优势产业，着力提升贫困群众自我发展能力。2013 年 2 月，习近平总书记到东乡族自治县调研视察贫困地区扶贫工作时强调，"连片特困地区党委和政府的工作重点要放在扶贫开发上"。① 同年 4 月，汪洋副总理（时任）到积石山县蹲点调研。2011—2015 年，贫困乡村面貌显著改善，贫困群众收入大幅增长，扶贫开发取得了巨大成就。主要体现在以下方面。

表 3-4 "十二五"期间临夏州扶贫攻坚工作关键性支持文件

颁发单位	文件名称	重要方针
国务院办公厅	关于进一步支持甘肃经济社会发展的若干意见	将临夏州列为"两州两市"（甘南藏族自治州、临夏回族自治州以及定西市、陇南市）扶贫攻坚区
国务院	中国农村扶贫开发纲要（2011—2020 年）	临夏州确定为国家级集中连片特困地区（归属六盘山连片特困地区），临夏市确定为国扶重点县
甘肃省	甘肃省"十二五"农村扶贫开发规划	将临夏州东乡县、积石山县、和政县、康乐县、临夏县、广河县六县确定为特殊困难县贫困区域，永靖县确定为其他扶贫开发重点县贫困区域

一是财政专项扶贫资金投入逐步增加。"十二五"期间全州累计争取国

---

① 牢记初心使命 决胜脱贫攻坚［EB/OL］. 求是网，2020-05-03.

家、省级财政专项扶贫资金 17.32 亿元（含发改部门 0.8842 亿元、财政部门 0.2173 亿元），相比于"十一五"时期的 6.17 亿元，增加了 11.15 亿元，增长了 1.8 倍。

二是农民收入大幅上涨。全州农民人均纯收入从 2010 年的 2375 元增加到 2011 年的 2693 元，2012 年又增加到 3167 元，2013 年 3626 元，2014 年 4658 元，2015 年 5245 元，年均递增 11.65%。

三是贫困人口大幅下降。全州贫困人口从 2011 年年底的 90.02 万人下降到 2015 年的 32.73 万人，贫困发生率从 2011 年的 52.04% 下降到 2015 年的 18.74%，下降了 33.3 个百分点，5 年间累计减贫 57.29 万人，成为临夏州扶贫开发历程中减贫速度最快的时期。

六、"十三五"扶贫攻坚决胜冲刺阶段（2016—2020）

2016 年，临夏州扶贫工作进入攻坚冲刺阶段，距离 2020 年实现贫困人口全部脱贫和全面建成小康社会只有 5 年时间。这最后的 5 年，是全国精准扶贫、精准脱贫攻坚收官的 5 年，也是临夏州加紧工作，追补短板，推动精准扶贫、精准脱贫更深更细的 5 年。5 年间，临夏州经济综合实力显著提升，生产总值达 331.3 亿元，相比于"十二五"期末增长 32.6 个百分点，年均增长率达到 5.8%；一般公共预算收入达到 19.2 亿元，相比于"十二五"末上涨了 15.6 个百分点；社会消费品零售总额达到 106.7 亿元，是"十二五"末的 1.39 倍；规模以上工业增加值达到 24.8 亿元，相比于"十二五"末上涨了 30.9%；农业增加值达到 56.3 亿元，是"十二五"末的 1.28 倍。

5 年来，临夏州多点发力、多方借力，因地制宜，细致谋划，制定了《临夏州"十三五"脱贫攻坚规划》，从产业发展、转移就业、易地扶贫搬迁、发展教育、医疗救助、生态补偿、社会兜底保障 7 方面发力，逐个突破贫困堡垒，取得脱贫攻坚的胜利（见表 3-5）。"十三五"期间，整合投入各类扶贫资金 593.3 亿元，是"十二五"时期的 25.6 倍；5 年间累计减贫 32.7 万人。

表 3-5　"十三五"期间临夏州脱贫成效

脱贫方式	脱贫成效
产业发展脱贫	实现 4.52 万户 20.68 万名贫困人口稳定脱贫
转移就业脱贫	实现 7.12 万名贫困劳动力稳定脱贫

续表

脱贫方式	脱贫成效
易地搬迁脱贫	"十三五"期间投入 43.38 亿元，1.47 万户 7.51 万贫困群众挪穷窝、换穷业、拔穷根
发展教育脱贫	提高贫困乡村基础教育水平，完善职业教育体系，实现 5.06 万贫困人口脱贫，义务教育巩固率达 97.2%
医疗救助脱贫	医疗帮扶实现全州 1.88 万贫困人口脱贫
生态保护脱贫	贯彻落实生态保护修复、生态脱贫补偿等政策，实现 2.2 万贫困人口脱贫
兜底保障脱贫	对无法依靠产业扶持和就业帮助脱贫的 1.38 万贫困人口实行政策性兜底保障脱贫

数据来源：根据调研资料整理而来。

"十三五"以来，尤其是 2017 年国家出台《关于支持深度贫困地区脱贫攻坚的实施意见》以后，临夏州实施挂牌督战，进一步明确作战方案，在各方面加大工作力度和支持力度，贫困发生率环比下降速度明显高于甘肃省、民族地区和全国平均水平（见表 3-6）。义务教育巩固率达到 97.2%，贫困人口医疗保险参保率达到 100%，农村自来水入户率达到 99.5%，农户生活水平和生活质量得到稳步提升，社会公共服务水平不断提高。

表 3-6 "十三五"期间临夏州贫困情况对比分析

年份	临夏州		甘肃省		全国	
	贫困人口（万人）	贫困发生率（%）	贫困人口（万人）	贫困发生率（%）	贫困人口（万人）	贫困发生率（%）
2015	32.73	18.74	325	15.70	5575	5.70
2016	29.94	16.40	262	12.60	4335	4.50
2017	26.01	14.24	200	9.70	3046	3.10
2018	16.38	8.97	121	5.80	1660	1.70
2019	3.25	1.78	46	2.20	551	0.60

注："十三五"期间贫困人口起始数以 2015 年年底即 2016 年年初的贫困数据为起点。

数据来源：各类统计公报和农村监测报告。

第二节 临夏回族自治州扶贫开发成效

一、区域性绝对贫困历史性消除

临夏州委、州政府团结带领全州 240 多万各族干部群众全力攻坚，在投入专项资金、带动发展产业、激发内生动力、保障社会民生等多方面做出无数努力。临夏州的贫困发生率从 2013 年的 32.5%到 2020 年全部清零，56.32 万建档立卡贫困人口全部脱贫，困扰临夏人民千百年的绝对贫困问题得到了历史性的消除。

从表 3-7 中我们就可以看出，2013 年临夏州建档立卡贫困户为 56.32 万人，贫困发生率高达 32.5%；下属 8 个县市，贫困发生率均在 27%以上，尤其是东乡县和积石山县贫困发生率高达 38%左右，明显高于甘肃省全省 28.5%的水平，是民族地区当时贫困发生率的 1.56 倍，是全国贫困发生率的 3 倍之多，可见贫困程度之深、贫困治理难度之大。从表 3-8 和表 3-9 来看，2014—2020 年间，临夏州下属 8 县市贫困人口呈现逐年下降态势，尤其是 2017 年冲刺阶段后，下降速度明显增快。

表 3-7 临夏州各县市 2013 年贫困情况分布及脱贫摘帽时间

地区	2013 年建档立卡		贫困村数量（个）	脱贫摘帽时间
	贫困人口（万人）	贫困发生率（%）		
临夏市	2.54	27.99	20	2017 年 09 月
康乐县	7.66	31.00	89	2019 年 11 月
永靖县	4.40	27.22	67	2019 年 11 月
广河县	5.76	27.22	51	2019 年 11 月
和政县	4.95	31.56	57	2019 年 11 月
积石山县	8.68	37.25	90	2019 年 11 月
临夏县	11.42	32.64	116	2020 年 11 月

续表

地区	2013 年建档立卡		贫困村数量（个）	脱贫摘帽时间
	贫困人口（万人）	贫困发生率（%）		
东乡县	10.91	38.69	159	2020 年 11 月
临夏州合计	56.32	32.50	649	2020 年 11 月
甘肃省	596	28.50	—	—
民族地区	3121	20.80	—	—
全国	9899	10.20	—	—

数据来源：根据调研资料整理而来。

表 3-8　临夏州各县市 2014—2019 年建档立卡人口　　单位：万人

县市	2014 年	2015 年	2016 年	2017 年	2018 年	2019 年
临夏州	42.76	32.73	29.94	26.01	16.38	3.25
临夏市	1.95	0.20	0.29	0.14	0.11	0.06
康乐县	5.70	4.53	3.91	3.28	2.34	0.34
永靖县	3.72	2.84	2.20	2.12	1.45	0.04
广河县	4.31	3.38	3.49	3.23	2.10	0.26
和政县	3.78	2.95	2.56	1.72	0.94	0.19
积石山县	6.57	5.61	4.58	3.20	1.59	0.28
临夏县	8.27	6.38	5.50	4.91	2.92	0.80
东乡县	8.47	6.84	7.42	7.40	4.93	1.28

数据来源：根据调研资料整理而来。

表 3-9　临夏州各县市 2014—2019 年贫困发生率　　单位：%

县市	2014 年	2015 年	2016 年	2017 年	2018 年	2019 年
临夏州	24.55	18.74	16.40	14.24	8.97	1.78
临夏市	21.38	2.23	3.35	1.64	1.22	0.68

续表

县市	2014 年	2015 年	2016 年	2017 年	2018 年	2019 年
康乐县	23.00	18.14	15.16	12.72	9.08	1.33
永靖县	23.04	17.57	13.92	13.40	9.14	0.25
广河县	20.24	15.79	14.34	13.28	8.63	1.06
和政县	23.84	18.49	14.28	9.63	5.23	1.09
积石山县	27.74	23.71	18.58	12.98	6.47	1.15
临夏县	23.65	18.29	15.53	13.86	8.25	2.26
东乡县	29.90	23.98	24.64	24.61	16.39	4.25

数据来源：根据调研资料整理而来。

精准扶贫实施的 8 年来，临夏州把脱贫攻坚作为最大的政治任务和第一民生工程来抓，坚持一切决策、一切工作、一切项目、一切资源和力量都围绕脱贫攻坚来谋划、开展和集聚。在临夏州脱贫攻坚主战场上，有数以万计的党员干部和帮扶干部，与群众一起苦、一起干，在实践中充分体现了以人民为中心的发展思想，为打赢打好脱贫攻坚决胜战付出了艰辛努力，用"辛苦指数"换取了群众的"幸福指数"。尤其从 2019 年开始，临夏州以敢死拼命的精神发起了总攻冲刺。州委先后召开 4 次全会、18 次州委常委会会议、15 次州脱贫攻坚领导小组会议，全面加强对脱贫攻坚的研究谋划和部署推动，推动脱贫攻坚重点任务落实，"日排查、周调度、月总结、季分析"工作推进机制逐步形成。州县乡村四级书记层层立下军令状，县级以上干部、乡镇党政主要负责人、县直单位主要领导人全都包抓贫困村，开展"三个遍访"。所有专责部门每月列出清单、压茬推进任务，构建起了横向到边、纵向到底、条块结合、到点到人的责任体系。如此规模、行动、举措在自治州历史上是空前的。

二、经济社会全面发展

（一）综合实力显著增强，第三产业拉动明显

2020 年，全州完成生产总值 331.28 亿元，是 1950 年的 1089.74 倍、2010 年的 29.77 倍；一、二、三产业结构由 2010 年的 18.57∶30.68∶50.75

调整为 2020 年的 16.21∶18.50∶65.29，第一、二产业比重明显下降，第三产业比重快速提升。2020 年全州实现财政总收入 19.18 亿元，是 1950 年的 319.66 倍、2010 年的 1.74 倍；社会消费品零售总额由 2010 年的 34.29 亿元上涨到 106.7 亿元，翻了 2 倍多。

尤其是从 2011—2020 年这近 10 年来看，临夏州三次产业生产总值呈现稳定增长趋势，说明近 10 年临夏州经济发展态势良好，较为顺利地完成了从"十二五"到"十三五"的过渡，为"十四五"时期的经济发展打下一个良好的基础，这也充分说明了国家对临夏州等深度贫困地区实施的精准帮扶政策和措施有效促进了当地经济增长。从三次产业看，2020 年第一产业、第二产业、第三产业的产值分别较 2011 年增加了 26.77 亿元、21.34 亿元以及 154.38 亿元，三次产业比为 16.21∶18.50∶65.29，其中，第二、第三产业比重分别高出第一产业 2.29、49.08 个百分点，第三产业比重高出第二产业 46.79 个百分点，临夏州"三二一"的产业结构初步形成，第三产业的优势逐步凸显，主导产业地位愈加突出。详见表 3-10。

表 3-10　临夏州 2011—2020 年三次产业产值及比重情况

年份	生产总产值（亿元）	第一产业		第二产业		第三产业	
		产值（亿元）	比重（%）	产值（亿元）	比重（%）	产值（亿元）	比重（%）
2011	128.78	26.93	20.91	39.95	31.02	61.91	48.07
2012	151.88	31.71	20.88	46.44	30.58	73.73	48.54
2013	167.32	32.70	19.55	44.98	26.88	89.64	53.57
2014	202.97	34.67	17.08	49.64	24.46	118.66	58.46
2015	211.41	36.14	17.09	44.83	21.21	130.44	61.70
2016	230.11	38.37	16.68	46.33	20.13	145.41	63.19
2017	232.23	30.89	13.30	43.18	18.59	158.16	68.11
2018	255.35	32.76	12.83	49.25	19.29	173.35	67.88
2019	303.52	40.60	13.38	58.58	19.30	204.34	67.32
2020	331.28	53.70	16.21	61.29	18.50	216.29	65.29

数据来源：历年甘肃发展年鉴和临夏回族自治州统计公报。

图 3-3 显示了 2011—2020 年 10 年间临夏州生产总产值及增长率变化趋势，增长率计算按剔除物价变动因素后计算得出。从生产总产值变化情况看，基本上是逐年递增，说明临夏州经济稳步增长，但是 10 年间，增长率呈现出"M"形波动，表现出两次先增后减再增再减的变化趋势。其中有 4 年经济增长率超过 10%，分别是 2011 年比 2010 年增长 13.10%，2012 年比 2011 年增长 14.80%，2013 年比 2012 年增长 14.50%，2014 年比 2013 年增长 10.90%。从 2015 年开始，生产总产值的增长速度逐年放缓，说明在国家经济产业转型升级的大背景下，临夏州也在不断调整结构，寻找新的经济增长点。尤其是2020 年由于新冠疫情的影响，2020 年相比于 2019 年仅上涨了 5.20%，说明疫情对于临夏州地区总体经济状况还是存在较大影响。

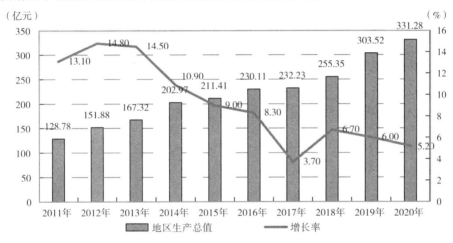

图 3-3 临夏州 2011—2020 年地区生产总产值及增长率情况

由图 3-4 可以看出，10 年间临夏州三次产业产值比重的变化趋势不同，其中第一产业表现为先降后升，第二产业先降后升再降，而第三产业则表现出持续上升后 2020 年小有回落的趋势。而从产业结构看，2011—2020 年临夏州一直保持着第三产业比重明显高于第一产业和第二产业，呈现出典型"三二一"产业结构。虽然这种类似于人体"梨型身材"的"三二一"产业结构被公认为是一种较为理想的产业经济结构，一般只有经济较发达地区才能呈现这种结局，但临夏州这种产业结构的出现并不代表其发达的经济水平，而是反映出其由于农业资源缺乏导致的农业产业落后，以及工业产业发展的低层次水平导致其贡献乏力，所以只能依托大力发展第三产业来实现产值的增加。

如图 3-5 所示，从临夏州 8 个县市产业结构数据来看，相比于 2011 年，

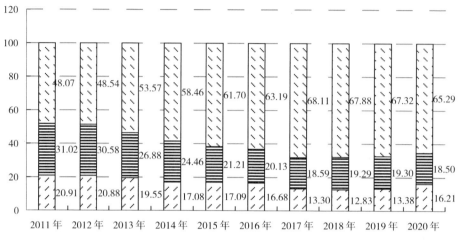

图 3-4 临夏州 2011—2020 年三次产业产值比重

10 年来，8 县市中除永靖县和广河县外，其他县市第一产业均出现不同程度的比重结构上升；从第二产业比重来看，除康乐县外，其他县市 2020 年相比于 2011 年比重都有所上升；第三产业比重除了康乐县以外的其他 7 县市，2020 年相比于 2011 年比重都呈现出不同程度的下降趋势，但是第三产业的比重仍是最大的。这说明，第三产业一直属于临夏州的支柱产业。近年来，临夏州也在大力发展农业等第一产业以及工业等第二产业，不断增强其工农业发展水平。

（二）农业经济稳步发展，粮食生产连年丰收

如图 3-6 所示，2020 年，全州实现农林牧渔业总产值 96.92 亿元。2020 年农业产值达到 56.70 亿元，比 1956 年的 0.49 亿元增加 56.21 亿元，增长 114.71 倍，比 2011 年的 28.56 亿元增加 28.14 亿元，增长 0.98 倍；林业产值为 1.28 亿元，相比于 2011 年的 0.74 亿元，增加了 0.54 亿元；牧业产值为 28.72 亿元，相比于 2011 年的 11.25 亿元，增长 1.55 倍；渔业产值为 0.30 亿元，相比于 2011 年的 0.19 亿元，增长 0.58 倍；农林牧渔服务业产值为 9.91 亿元，相比于 2011 年的 1.39 亿元，增长 6.13 倍，农业经济在 10 年间得到稳步发展。

临夏州 2020 年粮食产量 69.98 万吨，是 1956 年的 25 万吨的 2.80 倍，相比于 2011 年的 64.35 万吨，增加 5.63 万吨。2011—2020 年的 10 年间，在主要粮食作物中，小麦和薯类产量都出现较大幅度的下降，只有玉米 10 年间增

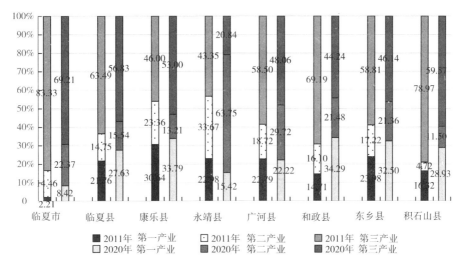

图 3-5　临夏州各县市 2011 年和 2020 年产业结构对比

图 3-6　临夏州 2011—2020 年农林渔牧业总产值及结构

加了 11.24 万吨；另外主要农产品产量上，蔬菜和中药材以及瓜果类产量出现较大幅度的增加，说明农户在农业产品的种植上更加趋于经济效益更强的作物，种植农作物不再是仅用于解决自身温饱问题，而是注重于收入的稳定增加。在主要农产品单位产量上，2020 年粮食单位产量为 5754 千克/公顷，相比于 2011 年的 4965 千克/公顷，增加了 15.9%；谷物单位产量由 2011 年的 5807.99 千克/公顷，增加至 2020 年的 6364 千克/公顷，另外中药材、水果、蔬菜单位产量大幅度增加，这得益于临夏州农业产业的发展和农业技术的不断改进。

（三）金融支持优势明显，工业产值稳步提升

2020 年，全州一般公共预算收入 19.18 亿元，相比于 2011 年的 6.84 亿元，增加了 12.34 亿元；一般公共预算支出 320.30 亿元，相比于 2011 年的 110.95 亿元，增加了 209.35 亿元。2020 年年末全州金融机构人民币各项存款余额 751.79 亿元，相比于 2011 年的 225.67 亿元，增加了 526.12 亿元；人民币各项贷款余额 540.17 亿元，相比于 2011 年的 127.68 亿元，增加了 412.49 亿元（见图 3-7）。住户贷款 341.75 亿元，是 2011 年的 4.65 倍，住户贷款当中，中长期消费贷款 208.38 亿元，是 2011 年的 6.37 倍。企（事）业单位贷款 198.42 亿元，是 2011 年的 3.68 倍，其中，中长期贷款 146.77 亿元，是 2011 年的 3.79 倍。

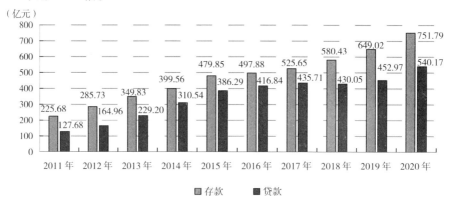

图 3-7　临夏州 2011—2020 年金融机构存、贷款余额情况

2020 年，全州规模以上工业增加值 24.80 亿元，是 2011 年 15.80 亿元的 1.57 倍。2020 年轻工业增加值 5.04 亿元，重工业增加值 19.76 亿元，均出现不同程度的增长。中央企业增加值 10.01 亿元，地方企业增加值 14.79 亿元，全年规模以上非公有制企业工业增加值 8.34 亿元，同比增速都达到 10 个点以上。

（四）文化旅游快速发展，"商旅活州"成效显著

2020 年，全州接待国内游客 1198.2 万人次，虽然由于新冠疫情影响比 2019 年出现下滑，但是相比于 2010 年 249.98 万人次增长了 3.79 倍；2020 年实现旅游综合收入 59.20 亿元，旅游综合收入比 2011 年的 8.78 亿元增长了 5.74 倍，增速居全省前列。建成了黄河三峡游客中心、自驾车房车营地、和政县法台山高空漂流、高空秋千、七彩滑道和积石山县大墩峡景区玻璃栈道、临夏县北塬玻璃栈道、和政大景区游客中心、大墩峡高空滑索等项目，全州

旅游项目已呈现出单体规模大、业态新、辐射带动效应明显的良好态势。近几年，临夏州承办了中华龙舟赛、第七届敦煌行·丝绸之路国际旅游节、全国滑翔伞定点联赛、全国"三区三州"深度贫困地区旅游大环线推介活动、全国徒步联动日（甘肃永靖站）等国际国内重大节会赛事活动；举办了三届河州牡丹月活动和油菜花艺术节、梨花节、杏花节、采摘节等活动，旅游产业保持"井喷式"发展态势。

三、公共服务和生产生活条件明显改善

（一）教育事业成效显著

相比于 2011 年，2020 年全州普通高中从 10 所增加到 20 所，翻了一番；在校高中生由 3.53 万人增加到 3.74 万人，增加了 5.95%；高中阶段毛入学率从 38.3% 提高为 81.24%，上升 42.94 个百分点；高考录取率从 56.5% 提高为 85.74%，上升 29.24 个百分点。10 年间，全州幼儿园数从 82 所增加到 821 所，增加了 739 所；在园幼儿从 1.24 万名增加到 11.77 万名，增加了 10.53 万名（见图 3-8），学前 3 年毛入园率从 12.8% 提高到 95.4%，提高了 82.6 个百分点；小学专任教师从 2011 年的 1.03 万人增加到 2020 年的 1.46 万人。可见，临夏州对于学前教育和义务教育越发重视，投入和支持力度逐步提高。临夏州历史上第一所大学临夏现代职业学院建成招生，教育体系趋于完备，各级各类教育协调发展，控辍保学攻坚战取得了全面胜利，教育扶贫成效卓著。

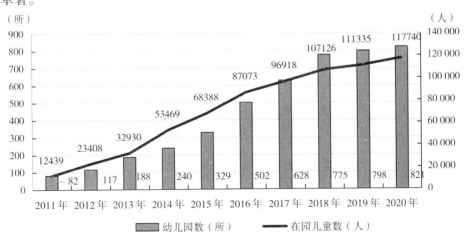

图 3-8 临夏州 2011—2020 年幼儿园及在园儿童数量统计

（二）医疗卫生条件大幅改善

如图 3-9 所示，2020 年全州卫生机构数达 1698 个，相比于 2011 年的 715 个，增加了 983 个；卫生床位张数为 12 109 张，比 2011 年翻了近一番；卫生机构人员数为 15 474 人，比 2011 年增加了 7971 人。可见，临夏州医疗卫生条件大幅改善，医药卫生体制改革进一步深化，州县乡村四级医疗服务体系建设基本形成，基本公共卫生服务全面开展，健康扶贫稳步推进，有效解决了群众看病难、看病贵问题，健康临夏建设成效显著。

图 3-9　临夏州 2011-2020 年卫生机构床位及人员数统计

（三）住房安全全面提升

自 2009 年实施农村危房改造工作以来，全州共实施农村危房改造 22.45 万户，落实补助资金 25.2 亿元，其中中央补助资金 16.3 亿元、省级补助资金 8.3 亿元、州县配套资金 0.6 亿元。2019 年改造 5039 户，其中省上下达任务 3488 户、县级排查改造 1551 户，落实资金 2.01 亿元。2020 年度"切块下达"农村危房补助资金 2.68 亿元，其中，中央资金 2.55 亿元，省级资金 0.13 亿元，全州实现了危旧房改造清零。

（四）社会就业实现历史新高

城镇新增就业数是反映就业工作状况和落实国家劳动就业政策的重要指标。2011—2020 年 10 年间总计实现城镇新增就业 29.01 万人，下岗失业人员实现再就业 3.87 万人，其中困难人员实现再就业 1.89 万人。说明临夏州在"六稳"之首的"稳就业"方面下了大力气、花了大功夫，尤其是精准扶贫实施头几年，每年新增就业人员数都在 4 万多接近 5 万人，这与临夏州深入落实就业优先战略，坚持发展经济拉动就业、鼓励创业带动就业、加强培训促进就业的政策实施是密不可分的。临夏州面向所有市场主体、各类就业形态、全体就业人员的政策服务体系已经初步形成。

表 3-11 临夏州 2011—2020 年新增就业和再就业情况

年份	城镇新增就业人数（人）	城镇下岗失业人员再就业人数（人）	城镇就业困难对象再就业人数（人）	城镇登记失业率（％）
2011	11 916	2856	1492	3.63
2012	20 657	3910	2343	3.57
2013	39 138	3626	2510	3.32
2014	51 780	3095	2047	3.31
2015	46 681	2180	1348	3.15
2016	44 835	2046	1149	3.15
2017	25 180	9238	1371	3.14
2018	23 038	2475	2203	3.12
2019	26 368	6125	3328	3.10
2020	23 548	5613	2524	3.20
总计	313 141	41 164	20 315	—

数据来源：根据调研资料整理而来。

（五）交通信息化快速发展

截至 2020 年年底，全州公路通车总里程 7859.24 公里。其中，等级公路里程达 7632.26 公里，达到 2011 年的 1.51 倍，高速公路里程达 140.17 公里，达到 2011 年的 2 倍左右。公路密度由"十二五"末的 82 公里每百平方公里增至 95 公里每百平方公里。民用汽车拥有量从 2011 年的 8.38 万辆增加到 2020 年的 27.98 万辆，翻了 2 倍多。邮政业务和电信业务迅猛发展，10 年间分别增加了 6.6 倍和 21 倍之多。移动电话用户数和互联网用户数快速提升，2020 年移动电话用户数是 2011 年的近 2 倍，互联网用户数，10 年间上涨了 10.38 倍。8 县市主城区实现有线、无线网络全覆盖，农村通信覆盖面达 98% 以上，国道、省道通信覆盖面达到 100%。

表 3-12　临夏州 2011—2020 年交通信息情况统计

年份	公路里程（公里）	等级公路里程（公里）	高速公路里程（公里）	民用汽车拥有量（万辆）	邮政业务总量（万元）	电信业务总量（万元）	移动电话用户（万户）	互联网用户数（万户）
2011	5675.90	5049.25	69.25	8.38	2404.04	93 281.00	93.80	4.09
2012	6404.80	5872.61	69.25	10.26	3010.46	90 435.00	108.14	5.02
2013	6624.23	6247.72	69.25	12.60	3674.02	102 117.00	120.40	6.02
2014	6681.08	6504.76	100.75	14.15	4457.41	138 570.00	130.01	6.81
2015	6749.12	6592.45	146.73	19.43	5553.50	193 559.00	128.55	6.64
2016	6781.12	6622.75	146.73	20.91	6704.34	132 375.47	139.64	14.82
2017	6817.37	6677.13	153.42	21.69	8729.00	359 012.00	163.80	23.86
2018	6790.23	6697.81	152.17	23.84	11 517.00	943 029.00	191.34	35.43
2019	7720.74	7507.52	140.26	24.69	13 824.00	1 504 450.00	185.53	43.20
2020	7859.24	7632.26	140.17	27.98	18 346.08	2 063 448.39	179.26	46.56

数据来源：根据调研资料整理而来。

四、地方治理水平不断提升

截至 2020 年年底，全州共有中共党组织 3910 个，其中基层党委 183 个、党工委 24 个、党总支 109 个、党支部 3594 个。中共党员 89 464 名，其中，农民党员 40 521 名，占总数的 45.29%；少数民族党员 36 329 名，占总数的 40.61%；女党员 21 799 名，占总数的 24.37%；全州大专以上学历党员有 43 906 名，占总数的 49.08%。2016 年，临夏州被国家民委命名为全国民族团结进步示范州，2019 年被评为"最美中国旅游城市"和"2019 中国最具魅力人气旅游城市"。临夏州是甘肃省唯一把所有县市均列入国家电商进农村综合示范县的市州，也是全国 59 个财政支持深化民营和小微企业金融服务综合改革试点城市之一。2020 年，临夏州被甘肃省政府连续三个季度授予高质量发展贡献奖、进步奖、"2019 年度省长金融奖"。截至 2020 年年底，临夏市、积石山县、和政县、永靖县、东乡族自治县被评为全国民族团结进步示范（区）。全州"城乡综合整顿整治十大行动"成效卓著，法治临夏、平安临夏、开放临夏、和谐临夏、书香临夏、美丽临夏、幸福临夏建设深入人心。

第三节 临夏回族自治州扶贫开发典型成果

一、扶贫开发典型模式与案例

所谓模式就是某种事物的标准形式或使人可以照着做的标准样式。在脱贫攻坚的探索中，临夏州人民立足地区实际，发挥智慧，探索和实施了出川进城以城代乡的达板崛起模式、送岗上门就近就业的扶贫车间模式、特色产业因地制宜的联动发展模式、"两户见面会""三说三抓"的精神扶贫模式、"东西部协作""定点帮扶"的组团帮扶模式以及村容村貌整治+生态旅游的"视觉扶贫模式"。

（一）出川进城以城代乡的达板崛起模式

临夏州部分地区自然条件极其恶劣，山高坡陡、土地贫瘠、自然灾害频发，农村基础设施落后，道路交通不便、日常生活不便，农村人居环境难以满足人们的基本生活需要，"一方水土养活不了一方人"。长此以往，区域资源禀赋与经济社会发展的相互作用、相互制约极易产生恶性循环，陷入"贫困陷阱"，要切实解决这一难题，易地搬迁这一重要举措应运而生。

临夏州在政府统筹、农户自愿的前提条件下，将原本生活在自然环境极度恶劣、生态环境极度脆弱、农业生产生活极度匮乏地区的建档立卡贫困户通过集中安置和分散安置的两大方式，即按楼房安置、行政村集中安置和插花安置的方式对农户进行搬迁，如东乡县的布楞沟村、东乡县达板镇的凤凰山小区等。临夏州各县市的搬迁农户户数及人数如表 3-13 所示。同时，为了保障搬迁户的后续发展，临夏州在搬迁地兴建产业园，鼓励搬迁户就近就地就业；还对有劳动技能的搬迁户进行劳动技能的培训，鼓励外出务工；开发公益性岗位，为特殊群体提供就业岗位，保证经济来源，解决了搬迁户的后顾之忧，真正实现了"搬得出、住得稳、能致富"。

表 3-13 临夏州"十三五"期间易地搬迁情况

地区	总户数（户）	总人数（人）
东乡县	5255	28 023

续表

地区	总户数（户）	总人数（人）
和政县	568	2716
积石山县	1148	5690
康乐县	813	3853
临夏县	2329	11 321
永靖县	3685	—
广河县	2820	14 828
临夏市	751	3400

数据来源：根据调研资料整理而来。

【案例】东乡县是我国唯一以东乡族为主体的少数民族自治县，行政面积有1510平方公里，是全国原深度贫困地区之一，被称为扶贫"硬仗中的硬仗"。县域内被1750条梁峁和3083条沟壑占领，土地贫瘠，干旱缺水，全县31.47万人口中东乡族占比88.2%，有27.76万人，分布在难以生存的恶劣气候与环境中，使得当时的脱贫攻坚工作难上加难。2013年2月，习近平总书记亲临东乡县视察，留下了"把水引来，把路修通，把新农村建设好"的指示。全国脱贫看甘肃，甘肃脱贫看临夏，临夏脱贫看东乡。在全力攻克深度贫困堡垒的关键时刻，中共临夏州委、东乡县委坚持"跳出东乡看东乡，跳出东乡谋发展"的超常规思路举措，大胆作出了一个超前、跨越，且一劳永逸的重大决策。义无反顾决定在全国贫困面最大、贫困度最深、自然条件最严酷、财政自给率不到10%的东乡族自治县达板镇，打造一个让全州各族干部群众为之振奋，也足以让全省乃至全国人民刮目相看的伟大工程。

达板模式：在东乡族自治县达板镇建成一个可容纳10多万人口的基础功能齐全、富有特色的新型城镇，通过棚户区改造、安居工程项目实施，将东乡县山区乡镇中社户数少于25户，且未纳入易地搬迁项目的困难群众，以及经排查有地质灾害隐患的851处群众搬入达板镇，让几万贫困群众一两年内"下山入川，出山进城"，集中到一个城镇，实现"农民变居民，居民变工人"的华丽蝶变，彻底解决东乡族自治县区域性整体贫困问题，同时要实现贫困人口搬得出、住得稳、能致富的目标，这就是达板模式。实践证明，这是一个集易地搬迁、产业、就业、教育、生态扶贫等于一体的精准扶贫精准脱贫新模式，也是世代居住在最不宜人类生存的深沟大山的东乡族人民彻底拔掉穷根的超常规举措。

达板标准： 2019 年 4 月，临夏州委十二届九次全会召开。州委站在新的历史起点上，创造性地提出了以项目带动、产业支撑、民企发展、生态治理、区域联动、城乡融合、创新驱动、开放开发为主要内容的"八个突破"重大举措，作出了建设沿洮河经济带、环刘家峡库区经济带、沿太子山麓经济带和沿兰廊公路经济带的决策部署。在沿洮河经济带上东乡族自治县达板镇率先作为、强势发力，科学设计、系统规划，全方位实施了一个前所未有的惠民强农德政工程。这是一个集学校、医院、产业园区于一体，各种公共服务设施应有尽有的新兴现代化城镇。其工程质量是临夏州民生工程建设史上具有里程碑意义的品牌标杆，其中的各项工程都是精品工程，每个项目各个环节对接工作都是零失误，各级各类监督监管部门都是零差评，群众满意度是零上访。

达板速度： 4 个月时间征地 6300 多亩，未发生任何大的矛盾纠纷，仅仅用半年多时间，55 栋群众安置楼和 5 栋职校教学楼拔地而起。从高站位设计，到高标准实施，再到高质量建设施工，最后到下山入川、出山进城的贫困户拎包入住，总时长不到一年。这就是在临夏州各级党组织的坚强领导下，抢抓一切有利机遇，借助一切有用之力，聚全州各族干部群众智慧创造的"达板模式、达板标准、达板速度"。

图 3-10　达板镇凤凰山扶贫车间

图 3-11　达板镇扶贫车间内

图 3-12　达板镇凤凰山易地搬迁安置小区简介　　图 3-13　达板镇易地扶贫搬迁后续产业园

（二）送岗上门就近就业的扶贫车间模式

作为具有"造血"功能的主要扶贫方式，产业扶贫通过将贫困人口纳入产业转移布局和产业链分工，充分发挥贫困人口的劳动力要素资源，从而实现贫困人口稳定创收。但是随着精准扶贫工作的不断深入，在需要增加产业扶贫资源供给的同时，越来越需要扶贫资源更贴近贫困户的家庭情况和贫困人口的个人情况，以便使扶贫工作更加精准至家庭，更加精准至个人。"扶贫车间"的思想就是产业扶贫思想与贫困户闲置劳动力实际情况相结合的有益尝试，是帮助贫困户稳定增收的一项行之有效的扶贫举措。就业、务农顾家两不误，实实在在激发了农户的内生动力；该举措对于临夏州扶贫车间还有更多层面的意义，就是解决了贫困群众特别是留守妇女就地就近就业，对于提高妇女家庭地位、推动妇女思想观念发生深刻变化起到了积极作用。

临夏州在扶贫车间的基础上，探索出了四种符合当地发展的扶贫车间模式，即厂房式、居家式、合作社式以及"互联网+"式。厂房式是指采用"企业+车间+贫困劳动力"方式，引进企业，通过政府提供厂房以及培训、企业提供资金技术和寻找市场等形式，带动贫困人群进行农产品初加工、来料加工制造等劳动密集型工作。居家式是采用"企业+贫困户"的方式，企业对农户下达订单任务，然后农户利用自身农闲时间和自家闲置民房，将订单任务领回家居家分散加工，再由企业进行统一的包装和销售，居家式生产不受限于固定时间地点，更加灵活，切合部分农户需求。合作社式是指依托"三变改革"，采用"村集体+合作社+贫困户"的方式，鼓励和引导村集体、合作社以及贫困户参与，形式多样，可以以流转土地、资金等形式入股，引导农户加入种养殖等专业合作社，增加固定收入。"互联网+"式是采用"电子商务+扶贫车间+贫困户"的扶贫新模式，依托电商扶贫就业车间，由农户

74

提供农副产品，并吸纳贫困劳动力进行简单的粗加工，最后在电商平台线上销售产品。

图 3-14　布楞沟村巾帼扶贫车间　　　　图 3-15　小庄村诚福祥布鞋巾帼扶贫车间

【案例】广河县是连接临夏州与甘肃省省会兰州市的高速路上距离兰州最近的县。由于这一地理位置的优势，广河县在改革开放的大潮中，最先感受到了改革春风的吹拂和创新发展的律动，广河人在改革发展中展示出脑子活络、敢试敢闯、务实上进的优点，在创业致富的路上一直走在前列。自 20 世纪 80 年代以来，广河县以经营羊毛、皮革、茶叶等为主的商贸民营经济十分活跃，特别是广河县三甲集镇，已是西部地区大型的羊毛、皮革和茶叶的集散地，声名远播，都说"三甲集不种茶树，却有全国品种最齐全的茶叶；三甲集不是牧区，却有着西北最多的羊毛和皮革"。从商贸业到加工业，广河县民营企业的发展壮大不仅为当地税收财政做出了贡献，也为当地群众就业提供了岗位。进入脱贫攻坚后，在民营经济充分发展积累的基础上，广河县借助新型电商扶贫车间带动贫困群众走出脱贫的一片新天地。

2017 年，广河县为进一步促进企业发展和农户就业，将占地 108 亩的三甲集皮毛物流中心免费让与入驻企业使用，吸引了西裕工贸、聚鼎工贸、陈俊皮革等企业入驻。每户企业吸纳易地扶贫搬迁到当地的农村贫困户就业。西裕工贸主要从事皮毛裁制及面料加工，把加工好的产品通过网络销售出去，并施行工厂裁剪、农户分散加工的方法，解决了周边水家村、邓家湾村、上马家村等 11 个村子 200 多分散加工户的就业。广河三甲集群众有着悠久的经商传统，由此积聚了较好的经济基础。"广河县贫困户劳动力年龄大、没有知识、因病因残、贫困户留守妇女和老人较多，为了把有限的扶贫资金用在刀刃上，实现精准脱贫，我们把直接发钱发物变为集中建设扶贫车间，从扶贫车间生产出来的产品再通过网上进行销售，就形成了'电商+扶贫车间扶贫思路'，截至 2019 年年底，全县共建成电商扶贫车间 9 个。"2019 年，广河县电商企业有 200 余家，从业人员 6000 多人，入驻电商孵化区企业 37 家。其中，有 22 个电商扶贫车间是通过东西部扶贫协作厦门援助和中央台办定点帮扶方式引进企业建设的，带动就业达 3600 多人。

（三）特色产业因地制宜的联动发展模式

在脱贫攻坚实践中，临夏州始终围绕"扶贫抓产业、产业抓覆盖、覆盖抓达标、达标抓效益"的产业发展思路，因地制宜、因势利导、多措并举，大力发展到户产业，引导促进农户增收，为决胜脱贫攻坚和实现全面小康奠定了坚实的基础。先后出台了《临夏州牛、羊、蔬菜、林果、马铃薯、中药材、油菜、百合八大产业精准扶贫三年行动实施方案》《关于支持贫困户发展"五小"产业实施意见》等 36 项产业扶贫政策文件，构建起了覆盖所有有意愿、有能力的贫困户的产业扶贫政策体系。

注重真种真养，按照人均安排 5000 元、户均安排 2 万元、每户最多不超过 3 万元的到户产业扶持资金标准，精准落实到人到户。积极引导调整种植结构，引导农民广种"铁杆庄稼"，大力推进"粮改菜""粮改药""粮改油""粮改果""粮改饲"，着力打造食用菌、中药材、高原夏菜、百合、经济林果等新型产业带，近 3 年累计投资 27.59 亿元，扶持 11.96 万户发展养殖业，扶持 2.54 万户贫困户发展特色种植，投资 5936 万元扶持 1.6 万农户发展"五小"产业。

着力提升牛羊产业，想方设法夯实脱贫基础。组织实施牛羊产业达标工程。为了进一步激发贫困户发展牛羊养殖的积极性和巩固到户产业发展成果，州上出台《临夏州深度贫困村实施牛羊产业发展达标提升工程指导意见》，对 2 万元到户养殖项目实施较好的贫困户和有一定养殖基础的非贫困户，扩大养殖规模；对牛存栏 5 头以上（其中能繁母牛 3 头）或者羊存栏 30 只以上（其中能繁母羊 20 只）的，采取多种方式进行差异化奖补。2019 年投资 1.78 亿元，奖补牛 74 845 头、羊 334 561 只，惠及 625 个村、39 608 户农户（其中贫困户 29 360 户）。

2018—2020 年累计投资 27.59 亿元，扶持 11.96 万户贫困户通过自繁自育、托养、入股等方式发展养殖业，扶持 2.54 万户贫困户重点发展中药材、百合、高原夏菜等特色种植 10.5 万亩；投资 5936 万元，扶持 1.59 万户发展小家禽、小庭院、小买卖、小作坊、小手工"五小"产业 18 221 处（个）。如今，走遍临夏的山山沟沟家家户户，牛羊满圈谷满仓，收获了"发展生产脱贫一批"的丰硕成果。

【案例】和政县松鸣镇狼土泉村的夏润赤松茸基地带动了当地特色产业发展，实现地方、企业、农民的共同致富。"和政县赤松茸基地涉及232户农户，其中建档立卡户86户。通过流转土地每年可增加农民土地流转收入50万元以上，户均2150元。用工量达6.2万人次，增加季节性务工收入500万元以上，人均1.5万元，有力带动了当地群众脱贫致富。"临夏州夏润高原农业有限公司负责人介绍说。

临夏县培育壮大花椒产业，实现生态扶贫双丰收。通过整区域、梯田化栽植花椒林，不仅有效解决了小流域水土流失的问题，又绿化美化了荒山荒坡，生态效益也十分明显。培育壮大花椒特色产业成为促农增收的"钱袋子"和山沟的"绿被子"，全县花椒种植面积达到30.12万亩，占到全州花椒种植总面积的40%以上，进入丰产期的面积达到12.36万亩，年产量达到2000吨，创产值1.41亿元，种植户户均年收入达4000多元。

万亩高原夏菜激发产业脱贫新活力。据全国优秀共产党员、临夏县农业农村局郭占忠同志介绍，"临夏县深入推进农村'三变'改革，做好'一亩三分地'文章，依托甘肃临夏国家农业科技园区的品牌优势和科技支撑，大力发展高原夏菜产业，在中部川区和北部塬区集中流转土地7266亩，建成以先锋、北塬、新集等乡镇为中心的6个种植基地，全县高原夏菜种植面积超过1万亩，亩均产值都在2万元以上，动员引导2000多户农户参与合作经营。群众除了每年每亩700元流转费和每户1000元分红收入外，还可就近到合作社务工，月收入达2000~3000元，实现稳定增收，带贫益贫效果十分明显"。

图3-16　临夏县莲花镇花椒产业　　　　图3-17　临夏县南塬乡油桃产业

图 3-18　牛羊养殖业

图 3-19　高原夏菜产业

图 3-20　和政县松茸产业

图 3-21　康乐县香菇产业

（四）"两户见面会""三说三抓"的精神扶贫模式

脱贫攻坚战打响以来，临夏州把精神扶贫作为打赢脱贫攻坚战的一项重要举措，坚持扶贫与扶志扶智相结合，坚持群众观念、突出主体地位、激发内生动力是脱贫致富最根本的举措。积极发挥各级党组织牵头抓总、协调推动作用，整合各类资源，强化"造血"功能，帮助群众拔思想穷根、学致富技能，增强主体意识和自我发展能力。全州各级党委政府始终把人民群众对美好生活的向往转化成脱贫攻坚的强大动能，实行扶贫和扶志扶智相结合，教育引导广大贫困群众摒弃"等靠要"和"小富即安"的落后观念。先后创新提出了村民知情大会、"两户见面会"、"三说三抓"等有效做法，首创了以德扶贫新模式，积累了可复制可推广的好经验，为公开村务、透明政策、阳光操作落地各项精准扶贫政策落实提供了重要载体。

积石山县 2017 年推出的"两户见面会"模式，还得到了汪洋副总理（时任）批示，称之为好做法。临夏市制定印发了《关于进一步深化临夏市"以德扶贫"工作实施方案》，分步对"以德扶贫"户和所有农户开展物质和精神状态双评估。激励贫困群众树立"宁愿苦干、不愿苦熬"的观念，鼓足"只要有信心、黄土变成金"的干劲，增强"弱鸟先飞、滴水穿石"的韧性，鼓励贫困群众真正成为脱贫攻坚的主体，从思想根源上坚定了贫困群众依靠勤劳双手和顽强意志改变命运奔小康的信心力量，"我要脱贫""脱贫光荣"成为农村新风尚，"幸福是奋斗出来的"在干部群众心灵深处生根发芽，听党话、感党恩、跟党走成为全州上下的思想行动自觉。大力开展移风易俗教育。倡导尊老爱幼、邻里和睦、勤俭节约、自力更生新风尚，充分发挥"红白"理事会、道德评议会、村民议事会等群众自组织作用，对婚嫁彩礼、礼金、宴席等事宜制定具体的量化标准，持续整治农村高价彩礼、薄养厚葬等问题，防止因婚、因丧返贫。实践证明，思想意识上的贫困是最根本的贫困，精神斗志上的勇气是最根本的勇气，我们只有始终坚持为了人民、依靠人民，尊重人民群众主体地位和首创精神，把人民群众中蕴藏着的智慧、力量和勇气充分激发出来，正确处理外部帮扶和贫困群众自身努力的关系，把"扶志、扶智、扶德、扶勤"教育贯穿脱贫攻坚全过程，才能让贫困群众立志脱贫、乐于脱贫、学会脱贫、能够脱贫，使脱贫具有可持续的内生动力，才能创造美好生活和美好前景。

【案例】积石山县用身边的事身边的人教育引导身边的人，创新活动载体，开展社会引导教育活动，提振干群脱贫攻坚信心。推出"村民知情大会"，拓展"两户见面会"，开展"三说三抓"活动，进一步提升了社会引导教育活动水平，为提振干群脱贫攻坚信心掀起了高潮。

"村民知情大会"于 2016 年在积石山县推出后在全省推广。一是传递政策明措施，给群众吃好"定心丸"；二是阳光运行列清单，给群众算好"明白账"；三是畅所欲言听民意，给群众念好"致富经"；四是立志扶智激动力，给群众打好"强心剂"；五是盯人盯事盯项目，给群众办好"贴心事"；六是解开疙瘩化积怨，给群众奏好"和谐区"。一场村民会议，道出了脱贫致富的精神，不仅带动着乡风村风，而且倡导的是一股浓浓的好民风。

"两户见面会"

着眼部分贫困群众"等靠要"思想严重和"干部干、群众看"的现状，

2017年以来，在积石山县17个乡镇召开精准扶贫"两户"（脱贫户、贫困户）见面会，通过面对面交流，激发贫困群众脱贫致富内生动力，推动脱贫攻坚进程。

在"两户见面会"上，一是"两户"谈政策谈经验，全力搞好传帮带；二是因户因人开药方，精准滴灌瞄靶心；三是扶智扶德提信心，扬善弃恶扶民风；四是注重方式深推广，真帮实扶建机制。"两户"见面会上脱贫群众现身说法，以身边的人和事，可见可亲可信，可借鉴、可复制、可推广的模式，引导贫困户按需求虚心请教，以典型示范户为榜样，互留联系方式经常性沟通，转变观念，提升自身发展能力。"两户见面会"于2017年推出，得到汪洋副总理（时任）批示。

"三说三抓"活动

一是群众说问题，道出怨气理顺情绪，让群众能够充分晒问题、发积怨、说需求、说矛盾，相关部门进行现场解答，直面问题，消化怨气，理顺情绪；二是干部说政策，公开透明解疑释惑；三是法官说法律，教育群众知法守法；四是抓控辍保学，把扶贫扶到点上根上；五是抓政策落实，强化保障惠民利民；六是抓急难需怨，倾心尽力改善民生。

图3-22　临夏市"以德扶贫"展览　　图3-23　积石山县肖家村村民知情大会现场

（五）"东西部协作""定点帮扶"的组团帮扶模式

2020年3月6日，习近平总书记在决战决胜脱贫攻坚座谈会上的讲话中指出，"要深化东西部扶贫协作和中央单位定点扶贫"，形成大扶贫格局，汇聚全社会力量，借势借力促脱贫是攻坚克难最强大的外部力量。8年来，中央部门和企业、厦门市、甘肃省直帮扶单位以及临夏州内外民营企业、社会爱心人士、宗教界等纷纷投入临夏州脱贫攻坚的伟大实践中。中央统战部（国侨办）、国台办、中国地震局、国家医保局、中国石化等 8 家中央定点扶贫单位积极参与，累计投入帮扶资金达 8.9 亿元（见表 3-14），充分彰显了"国家队"作用。695 个各级社会组织捐赠帮扶资金 10.9 亿元，州外民营企业主动履行社会责任，参与到企业与地方协作中来，助力临夏州产业提档升级、做强做优做大。甘肃省委办公厅、省人民法院、省公安厅等 25 家省直机关事业单位，还有省电投集团公司、省铁投集团公司、金川公司等 9 家省属企业给予倾力帮扶和大力支持，为临夏州脱贫攻坚付出了诸多努力。实践证明，临夏州的脱贫攻坚不仅仅是一个州的"独角戏"，而是社会各界广泛参与、共同奏响的"交响乐"，更是社会主义制度优越性的集中展现。这些大爱所汇聚的磅礴力量给临夏州带来的不仅仅是实实在在的项目资金，更有其先进的技术手段以及先进的发展理念，这成为助推脱贫攻坚的强劲动力。只要坚持营造"安全、便捷、利民、友善"的新时代临夏环境，搭建助力脱贫、合作共赢的平台，利用一切可以利用的理念、资源、项目、人才和管理经验，我们定能汇聚起共建幸福美好新临夏、开创富民兴临新局面的磅礴伟力，携手走向共同富裕的发展道路。

表 3-14 中央定点帮扶临夏州扶贫单位 2011—2020 年帮扶资金统计

单位：万元

帮扶单位	帮扶县	帮扶开始时间	2011—2015 年累计帮扶资金	2016—2020 年累计帮扶资金
中央统战部（国侨办）	积石山县	1998 年	800.08	4348.23
国家医保局		2019 年	—	2041.80
南光公司	临夏县	2013 年	100.00	2230.80
国家银保监会	和政县	2010 年	2006.40	3642.20
国台办	广河县	1995 年	725.00	4061.40
中国建筑总公司	康乐县	2013 年	746.00	7722.92
中石化	东乡县	2013 年	15 782.35	30 169.53
中国地震局	永靖县	1992 年	97.50	14 563.18
帮扶资金合计	89 037.39		20 257.33	68 780.06

数据来源：根据调研资料整理而来。

【案例】加强东西协作，借势发力、借船出海是助推脱贫攻坚最直接的方式。自2010年6月起，国务院安排厦门市对口帮扶临夏州，两地正式开启了东西部扶贫协作工作。10年间，厦门临夏两地全面落实"六大任务"，按照"临夏所需、厦门所能、协作见效"的原则，各项工作都取得了丰硕成果，2017—2019年连续3年被国家评价为"好"的等次。尤其是自2015年以来，厦门市委、市政府高位谋划、强力推动，助推临夏州脱贫攻坚，双方不断创新和完善扶贫协作机制，协作帮扶领域从最初的产业、就业领域丰富拓展到了教育、医疗、人才、科技、文化等方方面面。10年来，厦门累计为临夏州投入各类援助资金38.98亿元，其中财政帮扶资金19.87亿元（见表3-15），实施帮扶项目1385个；累计引进59家厦门及周边地区企业落户临夏，吸纳8131名贫困人员就业；援建扶贫车间258家，吸纳10 790名贫困人员就业；先后输转9273名临夏州贫困人员到厦门稳定就业，人员稳岗率达85%；选派厦门专业技术人员奔赴临夏州开展帮扶工作，帮助培训党政干部4917人，培训专业技术人员81 712万人次，培训创业致富带头人2771人，厦门元素已植入临夏州发展的"肌体"，深入临夏州社会经济中的方方面面。厦门市和临夏州协作的成功实践充分说明，东西部扶贫协作这一重大决策部署是英明正确的，是深得两地人民衷心拥护的，东西部扶贫协作推动了两地产业互补、人员互动、技术互学、观念互通、作风互鉴、发展互进，并为今后济南市和临夏州开展协作提供了经验模式。

表3-15　2010—2020年东西部扶贫协作中厦门市投入临夏州财政帮扶资金统计

单位：万元

部门	2010—2015年累计投入资金	2016—2020年累计投入资金	小计
临夏市	400	7407.53	7807.53
临夏县	900	22 515.3	23 415.3
康乐县	500	21 813.95	22 313.95
永靖县	1200	22 997.13	24 197.13
广河县	750	20 928.89	21 678.89

续表

部门	2010—2015 年累计投入资金	2016—2020 年累计投入资金	小计
和政县	1050	23 242.71	24 292.71
东乡县	500	41 545.17	42 045.17
积石山县	1800	26 078.42	27 878.42
州直部门	3510	1561	5071
合计	10 610	188 090.1	198 700.1

数据来源：根据调研资料整理而来。

（六）村容村貌整治+生态旅游的"视觉扶贫模式"

"十三五"期间，临夏州深入开展以"改变农村面貌、提振乡村振兴精气神"为主题的拆旧排危专项行动，坚持把农村危房改造工作与提升农村人居环境和美丽乡村建设紧密结合，累计拆除各类危房6.3万户、110万平方米，清理"四烂""三堆"等18.7万处，有效解决了"视觉贫困"问题。清理破旧大门、废弃棚圈、破旧围墙、残城草房等187万处，切实做到了应拆尽拆、应改尽改。同时，"按造则造"原则，引导群众将拆后空地围起来造菜园、果园；按照"应清尽清"原则，引导群众清理房前屋后杂物，清除墙广告，清运村内存量垃圾；按照"宜建则建"原则，统一实施村公厕、小广场和绿化、亮化等公共配套设施；坚持"建管并重"原则，建立完善村规民约、村民议事、村务公开、门前三包、清卫保洁等长效管理机制，彻底解决环境卫生"脏、乱、差"问题，有效消除了农村"视觉贫困"，为助推决战决胜脱贫攻坚圆满收官打造了干净、整洁、有序的村容村貌环境。

农村环境面貌大变化、大改观，带动了星级农家乐、民宿客栈等乡村旅游业的发展。州上大力推进"玉米改花、主米改菜"，大力发展花海经济、节会经济和采摘观光农业，不断丰富乡村旅游文化内涵，形成了一批富有特色的乡村旅游节会品牌，"牡丹文化月"已成为叫得响的旅游品牌，依托60里牡丹长廊多年举办"牡丹文化月"，国内外旅游人数和经济收入连续多年实现井喷式增长。位于贫困山区的王坪村，打造百亩牡丹花海基地，开发牡丹系列产品，2019年"牡丹文化月"期间，共接待游客193万人次，实现旅游综合收入7.2亿元。河州金色草花节推动市民返乡观光热，探索"旅游+扶贫+乡村振兴"新模式，依托种植的上千亩向阳花、油菜花，在每个镇举办不同主题的"金色草花"节，成为周边群众和游客休闲观光的好去处，在宣传临夏州的同时，有力助推了脱贫攻坚，实现了经济效益和社会效益双丰收。

八坊十三巷，昔日城中村成为甘肃文旅新地标。它原是临夏市一片古老的瓦房区、城中村，贫困面高达 37%，临夏市改变以往盖楼大开发的传统思维，把文化传承保护、旅游产业培育、棚户区改造有机结合起来，在不拆一间房、不搬一户人的前提下，全力推进八坊十三巷综合保护开发，彻底改变了以往面貌，成功创建为国家 4A 级旅游景区，在极大改善周边贫困群众生产生活条件的同时，有力地促进了文化旅游产业发展，其典型经验做法受到国务院和省政府通报表扬。

【案例】康乐县八松乡纳沟村位于巍巍太子山脚下，那里曾是羌族部落繁衍生息的摇篮，后演变为汉藏两族人民茶马互市的交通要道，汉藏两族人民长期的交流融合孕育了包容和谐、淳朴善良的民风民俗；那里森林、草山覆盖率高达 95%，是国家 4A 级景区"草长沟"的所在地；那便是美丽的纳沟村。纳沟村位于康乐县八松乡西南部，距县城 30 公里，耕地面积 1789 亩，全村辖 9 个社，总人口 254 户、1130 人，是一个纯汉族村，有党员 39 名，村内幼儿园和小学、村卫生室一应俱全。纳沟村除了有传统的种养殖产业外，还有以草长沟风景区带动起来的乡村旅游产业和以香菇采摘园发展起来的香菇大棚两大特色产业。生态资源就是纳沟村最大的宝藏。

纳沟村是深度贫困村，2013 年年底，识别建档立卡贫困人口 97 户 446 人，贫困发生率为 39%，2018 年整村脱贫摘帽退出贫困村序列，到 2020 年年底，纳沟村累计脱贫建档立卡贫困人口 126 户 543 人，全面达到"两不愁三保障"目标，高标准实现稳定脱贫。在帮扶单位的帮助下，县委、县政府和乡党委的关心支持下，相继落实到村到户项目资金 2710 万元，全村动力电、自来水、4G网、水泥硬化路实现全覆盖，新建了村办公场所和小学，修建 3 处文化广场，彻底转变了以前基础设施落后的局面。近年来，纳沟村党支部结合康乐县"胭脂三川党旗红"党建品牌创建工作，深入推进"1163"党建工作思路，全面落实"一带一园三点"党建工作举措，高度聚焦"两不愁三保障"主要目标，以基层党建为引领，以美丽乡村为抓手，打赢脱贫攻坚战，开启乡村振兴新征程，持续优化产业结构，着力改善人居环境，村容村貌和群众生活水平发生了巨大变化。

在村党支部的带领下，纳沟村常态化开展环境卫生整治，拆除破旧围墙和杂物房，清理乱堆乱放，硬化村民庭院。现在村内环境优美，每到春夏两季、花香沁鼻、绿意盎然，仿佛换上了新衣服，大家建设家乡的主人翁意识、决心、信心相比以前增强了很多。2019 年，纳沟村荣获"全国森林乡村"称号。纳沟村党支部依托草长沟美丽的自然风光，着力发展以"吃农家饭、住农家院、干农家活、品农家乐"为主题的乡村旅游，先后投资 4000 万元，建成了农家乐 19 户、游客服务中心 1 处、停车场 3 处，还建成了人工湖、便民超市、儿童游乐场、木栈道、花海、采摘园等旅游配套设施，2020 年接待游客 15 万人次，旅游综合收入达 3450 万元。村党支部大力弘扬积极向上的传统乡村文化，制定完善了《村规民约》，培育真善美的淳朴民风，深入推进"三评一促"创建工作，评选表彰致富能手、好公婆、好儿媳等道德模范。纳沟村荣获"全省民族团结进步示范村""省级文明村""全国民主法治示范村"等称号。村民为了留住乡愁记忆、记录沧桑巨变、表达内心喜悦、感念党的恩情，专门修建了纳沟村村史馆，现在已成为红色文化教育基地。

2020 年 8 月 19 日，时任全国政协主席的汪洋到纳沟村考察调研时说道，"看了还是挺高兴的，大家干得很辛苦，我代表党中央、代表习近平总书记对大家的工作表示肯定，对你们表示慰问"，极大地鼓舞了全村党员群众的干劲。村民表示下一步，我们将牢记嘱托，以党建为引领，聚焦巩固脱贫攻坚成果同乡村振兴有效衔接，开发好"一项资源"、巩固好"一个基础"、培养好"三种人才"。开发好"一项资源"就是紧紧抓住县上推进八松乡生态旅游扶贫项目的重大机遇，依托美丽的自然风光，大力发展独具特色的乡村旅游，鼓励有条件的群众创办农家乐，完成纳沟村旅游二期项目建设，再发展民宿 15 户，预计今年接待游客 18 万人次，旅游综合收入达 4140 万元。巩固好"一个基础"就是在确保粮食作物种植面积的基础上，流转土地 260 亩，推进产业结构调整，扩大食用菌种植规模，种植高原夏菜 20 亩，种植经济作物 566 亩。继续动员劳动力外出务工，计划输出劳动力 480 人，劳务收入预计达到 1700 万元，争取年底人均纯收入达到 7100 元，多渠道增加群众收入，全力巩固脱贫基础。培养好"三种人才"就是全力做好村"两委"换届后续工作，持续优化党员队伍结构，积极从大中专毕业生等优秀青年中培养党员，壮大党员人才队伍，为组织振兴注入强劲动力；通过各类实用技术培训，让农民掌握一技之长，培养土专家田秀才，"让农民成为技工，让农家成为商家"，壮大农村人才队伍；号召本村外出的小老板等有致富带富能力的村民回村创业，为家乡发展献一份智、出一份力，壮大致富带头人队伍。全面盘活村内人才资源，从根本上激发全村发展的内生动力。

图 3-24　纳沟村村委会改造前

图 3-25　纳沟村村委会改造后

图 3-26　纳沟村村社道路改造前

图 3-27　纳沟村村社道路改造后

图 3-28　纳沟村村史馆

图 3-29　纳沟村草长沟风景区

二、扶贫开发经验与精神

(一) 临夏州扶贫开发的经验

"中国脱贫看甘肃,甘肃脱贫看临夏。"临夏州脱贫的胜利,是甘肃省脱贫的胜利,也是中国脱贫攻坚的胜利。回顾总结临夏州的脱贫历程,有以下四条经验值得我们借鉴。

一是坚持党的全面领导。临夏州扶贫开发之所以成效显著，有很多方面的原因，但最根本的一条就是坚持党的全面领导。临夏州全州各级党组织始终坚持党中央对脱贫攻坚的集中统一领导，按照市县抓落实、乡村抓具体的要求，坚决执行脱贫攻坚主要领导人负责制，各级党委政府主要负责人层层签订脱贫攻坚责任书、立下"军令状"，把脱贫攻坚作为最大的政治任务和第一民生工程来抓，一切决策围绕脱贫攻坚来谋划，一切项目围绕脱贫攻坚来布局，一切资源和力量围绕脱贫攻坚来聚集。不断加强以村党组织为核心的村级组织配套建设，高度重视村党支部书记各级各类帮扶干部的培训工作，把基层党组织建设成带领群众脱贫致富的坚强战斗堡垒。这是临夏州精准扶贫、精准脱贫取得决定性胜利的根本组织保证。党的坚强领导和集中力量办大事优势的发挥是临夏州脱贫攻坚取得胜利的重要原因。

二是坚持发展产业，实现稳定增收。临夏州始终走宜农则农、宜工则工、宜商则商、宜旅游则旅游的原则，因地制宜发展特色产业，创新思路，效益至上，把地区优势发挥到极致。始终坚持依托产业，摆脱贫困，奔向小康，长远增收。先后出台了《临夏州牛、羊、蔬菜、林果、马铃薯、中药材、油菜、百合八大产业精准扶贫三年行动实施方案》《关于支持贫困户发展"五小"产业实施意见》等36项产业扶贫政策文件构建起了覆盖所有有意愿、有能力的贫困户的产业扶贫政策体系，真正贯彻了因地制宜、因势利导，挖掘潜力，彰显优势，走规模化、标准化、精深化、品牌化路子的原则，使有限资源效用最大化，使群众收益最大化。

三是坚持"志智"双扶，激发内生动力。临夏州把精神扶贫作为打赢脱贫攻坚战的一项重要举措，坚持扶贫与扶志扶智相结合、坚持群众观念、突出主体地位、激发内生动力是脱贫致富最根本的举措。先后创新提出了村民知情大会、"两户见面会"、"三说三抓"等有效做法，首创了以德扶贫新模式，积累了可复制、可推广的好经验。在做好物质帮扶的同时，强调劳动脱贫、勤劳致富，增强农民群众脱贫致富的主动性；另外立足职业教育，开展"扶智"行动，增强贫困群众的谋生技能和致富本领。

四是坚持系统着手，长远规划。脱贫致富是系统工程，环环相扣，系统着手，才能形成联动效应。临夏州扶贫工作之所以能取得巨大成就，还有一个重要原因在于有序衔接各种帮扶模式，注重整体效益的发挥。例如，在产业扶贫中，"粮改饲"与牛羊养殖和加工相互衔接，形成订单式饲料种植、分散养殖与集中加工、统一销售相结合的种养加工销售一条龙产业链体系；将电商扶贫与"卫星工厂"有机结合，发挥现代化营销手段与传统手工制造的优势；等等。另外，长远规划、注重教育是临夏州致力于减贫致贫的重要举措。临夏州开创性地在全国较早实行 15 年免费教育，将 9 年免费义务教育延长至 12 年，避免孩子们因贫困而失去接受更多更高级教育的权利和机会。同时大力推进教育资源均等化，扩大幼儿园、小学、初中等学校建设，提高招生容量；从抓好基础教育、培养好下一代的战略高度，彻底斩断贫困的代际传递。

（二）扶贫脱贫实践中的临夏精神

有人曾这样描述临夏人的特质："临夏人就像黄土层出土的彩陶，他们身上既有昆仑山脉的骨质，又有黄土高原的质朴，还有黄河的奔放；他们既有农民的质朴，又有牧人的厚道，还有商人的智慧；既保持了自己传统，又吸纳了现代文明的精髓。他们就像小草一样，只要有生命存活的条件，就顽强地生根发芽。"

在这场精准扶贫、精准脱贫的伟大实践斗争中，临夏人，不管是扶贫干部还是脱贫群众，都彰显了这种特质，而且使这种特质浴火升华、淬火锻炼，凝聚成新时代的临夏精神。正是因为这种精神的支撑和引领，临夏州各级干部才能融入群众，忘我工作，带领贫困群众一起脱真贫、真脱贫；临夏州贫困群众才能默默坚守，守望相助，互通有无，踏实肯干，脱贫致富。

本章小结

回顾历史，是为了更好地把握现在，更是为了更好地面向未来；总结经验，才能有所发现、有所发明，才能有所创造、有所前进。本章对临夏回族自治州自 1978 年改革开放以来的扶贫开发历程进行了全面总结，按历史阶段，将临夏州扶贫开发划分为六个阶段（体制改革推动扶贫阶段、大规模开发式扶贫阶段、"八七"扶贫攻坚阶段、综合扶贫阶段、"十二五"扶贫攻坚关键阶段和"十三五"扶贫攻坚决胜冲刺阶段），在多方查阅资料、分析整理的基础上，对每一个阶段的重大政策变化和扶贫开发成效都做了归纳性的总结式的阐述，对临夏州的扶贫开发工作有了较全面的认识和了解。接着阐释了临夏州扶贫开发取得的主要成效，考虑到篇幅的原因，提炼总结归纳为四方面：区域性绝对贫困历史性消除；经济社会全面发展；公共服务和生产生活条件明显改善；地方治理水平不断提升。最后在此基础上对临夏州扶贫开发的典型模式和案例、扶贫开发的经验与精神进行了提炼。总结出六大具有临夏州特色的典型帮扶模式和案例，分别是出川进城以城代乡的达板崛起模式、送岗上门就近就业的扶贫车间模式、特色产业因地制宜的联动发展模式、"两户见面会""三说三抓"的精神扶贫模式、"东西部协作""定点帮扶"的组团帮扶模式以及村容村貌整治+生态旅游的"视觉扶贫模式"，案例的讲述使得典型模式更加鲜活生动、接地气。通过对前述扶贫成效和典型案例的总结分析，提炼了临夏州扶贫开发的经验和精神。

第四章

临夏回族自治州历史返贫状况和防治措施

　　短短 7 年时间，临夏州以超常规之力，行超常规之举，如期完成了脱贫攻坚目标，但是发展不平衡不充分的问题依然存在，巩固拓展脱贫攻坚成果的任务依然十分艰巨。在 2021 年公布的《甘肃省国家和省级乡村振兴重点帮扶县名单》中，临夏州列入国家乡村振兴重点帮扶县就有 3 个，分别是东乡族自治县、积石山保安族东乡族撒拉族自治县和永靖县，列入省级乡村振兴重点帮扶县有 1 个，为临夏县。据临夏州相关负责人介绍，2019 年和 2020 年临夏州纳入防止返贫监测对象进行动态监测的分别就有 3.74 万人和 3.91 万人。因此，通过面上数据分析和实地调研访谈了解临夏州近年返贫的状况和历史表现，再结合问卷调查通过农户和帮扶干部对未来可能存在的返贫风险感知来厘清临夏州返贫风险的类型和风险源很有必要。本章分析研究的思路如图 4-1 所示。

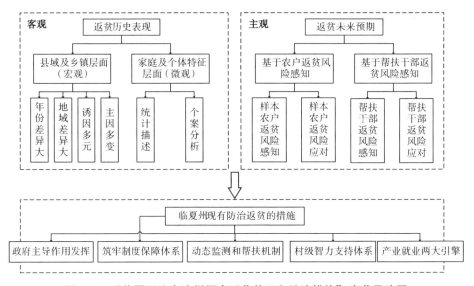

图 4-1　"临夏回族自治州历史返贫状况和防治措施"章节思路图

第一节　临夏回族自治州历史返贫状况

从第二章返贫现象的生成机理，我们已经明确，返贫的形成规模具有整体和部分的辩证关系，区域性的返贫与分散性的个体返贫状态不同，其同时表现为群体性和规模性的福利缺失状态。个体返贫现象的加成构成群体性返贫的总和，而返贫现象的群体性和规模性也构成个体返贫现象生成的主导因素。因此，了解一个地域的返贫发生情况，不仅要从县市、乡镇等宏观层面进行统计和数据分析了解其地域性的一般特点和表征，这对于针对这一地域做出一般性的解释说明、原因分析并提出具有普适性的对策措施很有必要；更需要从家庭和个人的微观层面去入手，对其进行精准分析，才能精准施策，真正做到"缺什么补什么，少什么帮什么"，最终达到让返贫家户稳定脱贫的目的。

考虑到 2013 年 11 月习近平总书记首次提出"精准扶贫"方略，2014 年关于精准扶贫工作模式的顶层设计和工作模式才正式推动落地，因此本书选取返贫相关统计数据起点时间为 2015 年。另外由于 2020 年是决胜全面建成小康社会、决战脱贫攻坚之年，全国所有贫困县脱贫摘帽，贫困人口动态清零，所以返贫相关统计数据截止时点为 2019 年年底。临夏州相关返贫历史表现将围绕 2015—2019 年这个时间段来展开。

一、县域、乡镇层面

根据调研整理，临夏州 2015—2019 年各县市返贫人口统计如表 4-1 所示。研究发现，临夏州在县域、乡镇层面的历史返贫状况呈现出以下特征。

表 4-1　临夏州 2015—2019 年各县市返贫人口统计　　　　单位：人

县市	2015 年	2016 年	2017 年	2018 年	2019 年
临夏州总计	2832	1409	8900	1020	6
积石山县	2364	30	939	21	0
永靖县	113	138	2887	3	0
临夏县	0	98	1827	240	0

续表

县市	2015 年	2016 年	2017 年	2018 年	2019 年
东乡县	110	143	1455	133	0
康乐县	234	67	949	116	0
临夏市	11	866	13	31	0
广河县	0	37	721	57	0
和政县	0	30	109	419	6

数据来源：根据临夏州乡村振兴局及临夏州县市乡村振兴局提供数据整理。

（一）返贫人口数据呈现较大年份差异性

从临夏州总体层面看，新识别返贫人口最多的年份是 2017 年，达到 8900 人（图 4-2）。从各个县市年度数据分布来看，除了积石山县、和政县和临夏市以外，其他 5 个县也基本符合这一特征；返贫人口从 2015 年开始出现，2017 年达到峰值，后面年份急剧减少（图 4-3）。因此可以看出临夏州当时贫困和返贫因素交织，深度贫困程度高，脱贫的稳定性较差，聚焦其返贫风险防控和稳定脱贫的机制构建问题具有重要的历史和现实意义。而且这一部分返贫群体多是脱贫标准较低的边缘群体，所以对这一部分群体进行精准分析、精准研判，对于精准识别返贫风险、有效构建防范机制具有重要作用。

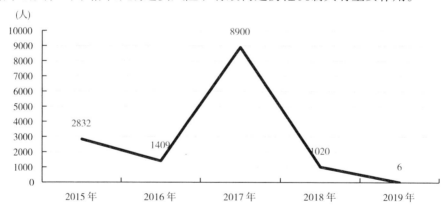

（人）

图 4-2 临夏州 2015—2019 年新识别返贫人口统计

根据对临夏州州县扶贫干部走访，调查发现 2017 年新识别返贫人口急剧增加，主要是由于贫困人口识别政策发生了变化。2017 年国家首次提出"应纳尽纳，应扶尽扶"，当时明确规定了应纳尽纳和应扶尽扶对象需要满足的条

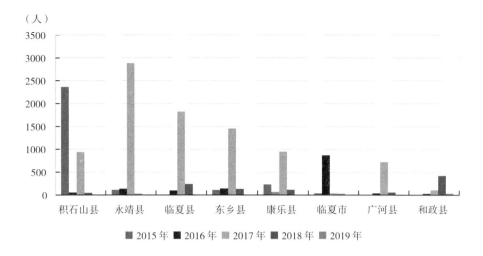

（人）

图 4-3　临夏州各县市 2015—2019 年新识别返贫人口分布图

件，非建档立卡农业户籍农村常住人口，2016 年家庭年人均纯收入低于 2952 元（相当于 2010 年 2300 元不变价），且满足以下任一条件的，按程序纳入建档立卡贫困对象管理：（1）实际居住 C 级、D 级危房且自身无力改造；（2）家庭因病致贫，且成员未参加城乡居民基本医疗保险；（3）家庭适龄成员因贫辍学或家庭因学致贫。符合低保条件并享受低保政策，但仍符合国家扶贫标准的，也应纳入建档立卡贫困对象管理。同时对 2014 年至 2016 年认定的脱贫户进行核查，凡是未实现"两不愁、三保障"的，标注为返贫人口，落实帮扶责任，继续采取帮扶措施，确保实现稳定脱贫。因此，全州上下按照此标准对农户进行了再次摸排，将按历史标准已经脱贫但达不到新脱贫标准的农户再次列入贫困户。

另外，其他县市基本都是 2017 年返贫人数最多，只有积石山县是 2015 年比较集中，有 2364 人。究其原因，根据该县乡村振兴局领导介绍："2015 年，按照省州精神，我县通过'倒排序法'，重新识别认定了一部分贫困户，当时还没有新识别的说法，系统操作时，是一般农户通过'返贫'进入建档立卡的。所以，2015 年返贫数据比较大。"该县按照习近平总书记"精准扶贫要扶到点上、根上"的要求，围绕贫困人口识别、管理、退出等关键环节，实行精准化建档立卡动态管理，实现了扶贫对象精准锁定、动态管理、有进有出。针对贫困村难以界定、贫困户难以识别的问题，采取乡镇、贫困村、贫困户"三级倒排序法"，即由各乡镇党委书记、乡镇长对全县 17 个乡镇按贫困程度进行倒排序，确定乡镇倒排序；由各乡镇对所辖村按贫困程度进行倒排序，确定本乡镇村倒排序；以村为单位，剔除五保户和一、二类低保户后，按"12345"贫困户识别标准，对剩余所有农户由穷到富进行倒排序，对贫困对象实行精准识别和认定。对倒排序名次中确定的贫困户，实行"三公示两评议一公告"，注重群众参与监督，让多数人决定少数人的事，做到了群众满意。

（二）返贫人口存在较大地域差异性

如图4-4所示，从县域层面看，临夏州8县市2015—2019年总计识别返贫人口数量呈现较大地域差异性。其中积石山县最多，有3354人；永靖县第二，为3141人；临夏县第三，为2165人；和政县最少只有564人，不到返贫人数最多的积石山县的17%。

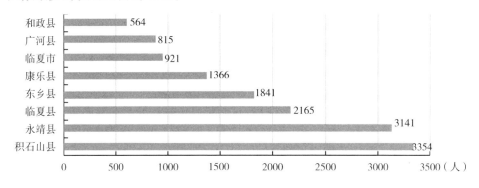

图4-4 临夏州各县市2015—2019年总计识别返贫人口

据干部访谈和数据比对了解到，临夏州返贫人口数量县城差异较大的原因有二。一是跟"家底薄弱"有关。返贫人口最多的积石山县，2013年年底贫困发生率为37.25%，仅次于贫困发生率为38.69%的东乡县，高居整个临夏州贫困发生率第二位，贫困程度较深。且积石山县2014—2016年GDP连续3年在整个临夏州8县市中排名垫底。二是可能跟人口老龄化程度有关，据第七次人口普查结果，返贫率第二高的永靖县，60岁及以上人口占比为17.92%，是临夏州人口老龄化程度最高的县市。由于人口老龄化严重，处于老年期的人口不仅身体机能逐渐衰退，劳动能力不足，内生动力也逐渐下降，所以，老龄化程度高的地区更容易陷入贫困。

从乡镇层面上看，本书选取了积石山县作为样本进行分析，同样存在这个特征。如图4-5所示，积石山县17个乡镇中，关家川乡累计返贫人口最多，高达535人，其次为安集镇472人、寨子沟乡448人、银川镇338人、大河家镇331人，这5个乡镇累计返贫人口占到整个县返贫人口的62.8%，呈现出乡镇集聚特征。居集镇累计返贫人口最少，仅为44人，还不到返贫人数最多的关家川乡的1/10。主要是由于关家川乡、安集镇、寨子沟乡是全县比较贫困的乡镇，贫困群众比较多，所以纳入返贫人口的也多一点。2015年年底，关家川乡、安集镇和寨子沟乡的贫困发生率分别为34.95%、27.97%和28.2%，位居全县17个乡镇返贫发生率的第一位、第五位和第四位。银川镇和大河家镇虽然贫困程度没那么深，但是是全县较大的乡镇，人口都有几万人，所以纳入的也比较多。郭干乡和小关乡，虽然也比较贫困，2015年年底贫困发生率分别排全县乡镇的第二位（29.89%）和第三位（28.27%），但是人口基数小，只有不到1万人，所以纳入的也相对少一点。

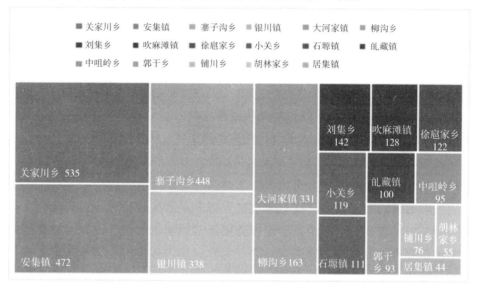

图4-5 积石山县2015—2019年返贫人口地域分布

（三）返贫人口返贫现实诱因存在多元性

根据州乡村振兴局提供数据分类统计，2015—2019年间全州累计返贫人数14 167人、3876户。通过聚类分析统计，3876户返贫户中主要返贫现实诱因累计达7576频次，也就是说1个返贫户至少有2个返贫现实诱因。返贫户返贫因素不是单一的，呈现出较强的交叉多元特征，返贫这一现象是多重因素的复合影响所造成的。详见表4-2。

表4-2 临夏州不同返贫现实诱因的返贫户数统计

指标年份	返贫户数	原因总计	返贫现实诱因						
			缺资金	缺技术	缺劳力	缺土地	交通落后	因病因残	发展动力不足
2015	608	1325	495	498	82	12	43	84	111

续表

指标年份	返贫户数	原因总计	返贫现实诱因						
			缺资金	缺技术	缺劳力	缺土地	交通落后	因病因残	发展动力不足
2016	358	723	228	211	56	3	12	189	24
2017	2650	4947	1274	1184	820	38	142	1179	310
2018	258	579	95	123	53	123	12	124	49
2019	2	2	0	1	0	0	0	1	0

数据来源：根据调研资料整理而来。

走访发现，一些返贫户通过易地扶贫搬迁改善了交通和人居环境，但是自身的生计能力并没有得到很大提升，缺少技术手段，无法获得持续稳定的收入来源，加之家庭成员突发大病，家庭支出急剧上升，多重原因导致其返贫。

（四）返贫人口返贫主要原因多变性

影响返贫的因素很多，从上述返贫人口多重因素分析看，多为复合性影响，但其中必然有一主导因素。根据首要返贫现实诱因统计发现，总样本中返贫的首要原因最多的是缺资金、缺技术和因病因残，但也呈现一定的变化特征：2015—2017 年间，缺资金、缺技术导致返贫的人口占比多，2018 年以后主要返贫原因为因病因残，返贫现实诱因呈现多变性和不均衡性。从康乐县 2018 年返贫数据统计看，因缺资金、缺技术导致的返贫占总的返贫人口比例从 2017 年的 67.12%下降到 55.17%，因病因残导致的返贫人口占总的返贫人口比例从 2017 年的 19.81%上升至 2018 年的 37.07%。

原因在于，随着脱贫攻坚工作的深入开展，各地基础设施不断改善、经济水平不断提升，农户整体资金实力增强。另外随着各地"大培训、大输转、大就业"活动的逐步开展，按照"村不漏户、户不漏人"的方式，大规模开展订单式、定向式、精准式培训，农户的技能水平得到了有效提升。因此，缺资金、缺技术导致的返贫现象逐渐减少。

二、家庭及个体特征层面

返贫的防治不仅需要从县域和乡镇层面了解返贫现状的面上特征，要达到精准防治，还需要瞄准返贫家户的基本特征。要从微观家庭和人口特征入手，对其进行精准分析，才能精准施策，最终达到让返贫家户稳定脱贫的目的。家庭是社会的基本细胞，"在市场不完善和市场缺失的发展中国家，家庭便替代市场在其内部担负起配置资源的作用"[①]。不少学者将新家庭经济学理论研究运用到脱贫攻坚过程中的贫困研究范畴，认为家庭结构不仅会影响农户决策，如储蓄行为、金融资产配置、就业选择等，进而影响其收益水平、家庭健康层次，也会对家庭相对贫困程度产生重要影响，另外，家庭人力资本结构差异更是会影响当代甚至是下一代的经济社会地位。因此，本书从微观入手，以家庭为观测单元，考察临夏回族自治州返贫家户的特征。

（一）返贫家庭层面描述性统计分析

在样本地选择上，本书选取东乡县返贫家户进行人口学特征分析。主要原因在于东乡县 2013 年年底贫困率为临夏州最高，坊间相传"临夏脱贫看东乡"，东乡县是临夏州脱贫攻坚的"难中之难，艰中之艰"，最具代表性。年份选择 2017 年，据当时的"全国扶贫开发信息系统"记录，2015—2018 年间，东乡县 2017 年新识别返贫人口数最多，达 1455 人，当时在系统库的返贫人口数也最多，为 384 户、1717 人，因此对该年数据进行统计分析最能反映出东乡县脱贫家户的实际情况。统计分析发现，东乡县 2017 年在库的返贫家庭呈现出以下总体特征。

1. 东乡县 2017 年返贫户家庭主要特征

如表 4-3 所示，在这 384 户返贫家庭中，从农户属性上看，一般贫困为 136 户，占比 35.4%；低保户 246 户，占比 64.1%；特困供养户 2 户，占比 0.5%。可见低保户、特困供养户这种自身造血能力不强，或完全没有造血能力，只能靠输血维持生计的家户最容易发生返贫。

从返贫户的原脱贫年份占比看，2014 年度、2015 年度、2016 年度数量分别为 250 户、103 户和 31 户，占比分别为 65.11%、26.82%、8.07%，可见脱贫时间越早越容易返贫。

从总体健康状况上看，384 户中，家庭成员全部健康的只有 200 户，有 184 户家庭存在残疾或患有长期慢性病抑或患有大病的家庭成员。在这 184 户家庭中，家庭成员中有 1 人残疾或患病的为 57 户，有 2 人残疾或患病的为 60 户，有 3 人残疾或患病的为 64 户，有 4 人残疾或患病的为 3 户。可见在当地残疾和慢性病呈现出较强的家庭集聚特征。

---

① 马颖，秦永. 发展经济学视角中的家庭经济理论研究进展［J］. 经济学动态，2008（5）：79.

从户主的民族成分上看，384 位户主中，东乡族有 333 位，占比 86.72%；回族 4 位，占比 1.04%；汉族 47 位，占比 12.24%。这也符合东乡县是全国唯一的以东乡族为主体的少数民族自治县的实际。

表 4-3 东乡县 2017 年返贫户家庭主要特征

家庭特征	类别	户数（户）	占比（%）	户主特征	类别	人数（人）	占比（%）
农户属性	一般贫困	136	35.40	民族成分	东乡族	333	86.72
	低保	246	64.10		回族	4	1.04
	特困供养	2	0.50		汉族	47	12.24
原脱贫年份	2014	250	65.11	健康状况	健康	283	73.70
	2015	103	26.82		患有大病	19	4.95
	2016	31	8.07		长期慢性病	50	13.02
总体健康状况	全部健康	200	52.08		残疾	32	8.33
	1 人残疾或患病	57	14.84	劳动能力	技能劳动力	1	0.26
	2 人残疾或患病	60	15.63		普通劳动力	277	72.14
	3 人残疾或患病	64	16.67		半劳动力	4	1.04
	4 人残疾或患病	3	0.78		丧失劳动力	102	26.56
家庭人数	2 口及以下	36	9.38	文化程度	高中	3	0.78
	3 口	78	20.31		初中	21	5.47
	4 口	99	25.78		小学	201	52.34
	5 口及以上	171	44.53		文盲半文盲	159	41.41

从户主的健康状况和劳动能力上看，384 位户主中有 283 位是身体健康的，占比 73.7%；患病或残疾人数为 101 人，占比 26.3%。户主中只有 1 人属于技能劳动力，有一技之长，占比仅为 0.26%；普通劳动力有 277 人，占比 72.14%，其余户主属于弱劳动力或者无劳动能力的情况。整体上，2017 年东乡县原返贫家户户主健康状况和劳动能力情况都不是很理想。

从户主的文化程度上看，高中文化程度的有 3 人，初中文化程度 21 人，小学文化程度 201 人，文盲半文盲 159 人，依次占比 0.78%、5.47%、52.34%、41.41%。小学及以下文化程度占比高达 93.75%。可见东乡县原返贫农户户主文化程度较低。

从家庭人数看，基本都是在一户 3 人及以上，其中，一家 4 口最为常见，为 99 户，占比 25.78%，5 口及以上之家占比达到 44.53%，说明返贫户三代同堂集中居住的现象比较明显（见图 4-6）。另一方面可以看出家户劳动力负担较重，抚养或赡养压力大。

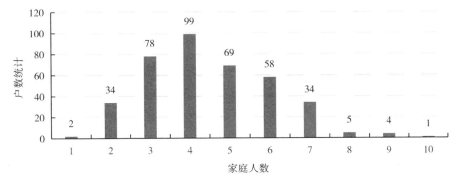

图 4-6　东乡县 2017 年返贫户家庭人口数分布

2. 东乡县 2017 年返贫户家庭人口特征

如表 4-4 所示，从家庭所有人口文化程度上统计，384 户 1717 人中除 418 名在校生以外，1299 名文化程度基本确定的人口中，文盲半文盲 515 人，小学文化程度 654 人，初中文化程度 114 人，高中或大专文化程度 16 人。可见返贫人口多数都是文化程度较低的，多为文盲半文盲或小学文化水平。由此推断，文化程度越低，返贫概率越大。

从家庭人口整体劳动力看，1717 人中，技能劳动力只有 3 人，普通劳动力 965 人，无劳动能力或弱劳动能力的有 749 人，占比 43.62%，可见家庭劳动力的缺乏是农户收入来源不足导致返贫的重要因素之一。并且，家庭人口整体劳动力中，技能劳动力占比极低，可见光有劳动能力还不够，还需要关注劳动能力质量，得有劳动技能才能降低返贫风险概率。进一步统计分析发现，968 位有劳动能力的人口中只有 370 人选择外出务工，通过获得工资性收入来拓展家庭收入来源，占比 38.22%，并且这 370 人中，一年在外务工 6 个月及以上的只有 189 人，只占有劳动能力人数的 19.52%，可见这些返贫户当中外出务工的不多且务工劳动时间较短，务工只是其谋生的辅助手段之一。

从致贫主要现实诱因上看，1717 人中，有 695 人是由于缺资金导致，占比达到 40.48%，说明当时农户家底过于薄弱导致稍微遇到一点内外部风险因素变动就容易导致返贫；缺技术返贫 321 人，占比 18.69%；自身发展动力不足导致返贫有 203 人，交通条件落后导致返贫 131 人，因病返贫 126 人，因缺劳动力返贫 109 人，其余 132 人为因学、缺水、因灾、缺土地、因残等情况导致。

表 4-4 东乡县 2017 年返贫户家庭人口特征

家庭总人口特征	类别	人数（人）	占比（%）	致贫原因	类别	人数（人）	占比（%）
文化程度	高中或大专	16	0.93	致贫诱因	缺资金	695	40.48
	初中	114	6.64		缺技术	321	18.69
	小学	654	38.09		自身动力	203	11.82
	文盲半文盲	515	29.99		交通条件	131	7.63
	在校生	418	24.35		因病	126	7.34
劳动力	技能	3	0.18		缺劳动力	109	6.35
	普通	965	56.20		其他情况	132	7.69
	无或弱	749	43.62				

（二）返贫家庭个案描述及分析

1. 文化程度低，就业技能差

【案例一】受访对象：积石山县石塬乡沈家坪村肖某（撒拉族，现脱贫监测户，贫困识别年度为 2013 年，2014 年脱贫，2017 年重新认定为贫困户，原致贫原因：缺劳力）

受访内容：我家一共 5 口人，三个孩子都在村子里上小学，家庭主要收入就是我外出新疆打工。但是我是文盲，小学都没读过，就是跟着村上兄弟一起去干给瓜打顶等农活杂活。一年出去四五个月，除去开销能有一万四五的工资收入，其他时间就是上山挖虫草和妻子在家种地。妻子也是文盲，不识字，出去务工也不方便，何况家里还有小孩要照顾。但是种地收入不高，家中耕地倒是多，有 9.42 亩，主要种植油菜、小麦、土豆还有大豆、小豆，但是收不到几个钱，一年大概也就是 2000 块钱。村上让我学习一起养牛，但是我担心买牛成本高，出现病害损失也大，不想弄。

从当地村干部口中了解到，"全村辖6个社，户籍人口277户1151人，常住人口236户1062人。全村居住着汉族、撒拉族、保安族、东乡族、回族、土族6个民族，少数民族人口216户917人，占总人口的79.7%。其中，撒拉族104户411人，保安族26户159人，土族29户99人，东乡族12户59人，回族45户189人。沈家坪村是全县撒拉族人口居住最为集中的一个行政村，撒拉族人口占全村总人口的35.7%。全村耕地面积1668亩，人均1.57亩。我们建档立卡深度贫困村，2013年年底建档立卡贫困户159户676人，贫困发生率是63.7%"。针对肖某个人情况，帮扶干部说："现在国家政策好得很，务工也方便，镇上就能打工，旁边集镇雨伞雨具招工的多得很，我们也开展过各种技能培训，他就是自己思想上放不开，不愿意接受新生事物，不愿与人交流去工厂打工，非要跟着熟人去新疆。另外，他的文化程度也低，来听了两次养殖技术培训，村里做他工作，让他养牛，增加点收入，但还是不愿意，自己主动增收致富的意愿还不是很强烈。"

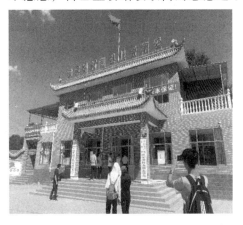 

图4-7　积石山县石塬乡沈家坪村村委会　　　　图4-8　受访农户家

2. 收入来源单一，抗击市场风险能力不足

【案例二】受访对象：积石山县大河家镇大墩村马某（保安族，贫困识别年度2013年，2014年脱贫，2015年重新认定为贫困户，原致贫原因：缺资金）

受访内容：我家一共有9口人，我和妻子还有父母，另外还有4个女儿和1个儿子。我家以前就穷，所以我娶媳妇也晚，现在孩子都还在上学，家里主要收入来源就是牛养殖。2014年，在帮扶干部的鼓励下，我开始尝试牛养殖。一开始买了4头，政府也给了补贴，但是养牛需要专门看，还要清扫放养，牛饮食还需要配合饲料，这些都需要花费成本。当时经验也不足，中

途还因病死了 1 头，那两年市场行情也不好，牛卖不起价，钱都被牛贩子赚取了，不养牛的比我们养牛的赚得还多。

据了解，积石山县大河家镇大墩村位于县西北部，是一个保安族聚居村，是有名的"保安三庄"之一，东邻康吊村，南邻梅坡村，西北与青海省循化县相邻。通村公路与临大公、循大路相连，交通便利，距大河家街道 3 公里。大墩村共有 8 个社，总户数 588 户，总人口数为 2610 人；2013 年年底建档立卡户 153 户 749 人，到 2020 年年底全村有脱贫监测户 6 户 42 人、边缘易致贫户 4 户 26 人。从知情人士中了解到，"马某家本身底子就薄，他因为家里穷开始都娶不起亲。后来村里鼓励搞养殖，很多人参加了养殖合作社，马某也开始养牛，他就把土地流转了，只养牛，开始经验不足、技术也不到位，正好碰到市场行情不好，养牛也没赚到什么钱，家里还那么多孩子要养。他觉得还是不应该把土地流转出去，应该让父母妻子种点地，自己就在附近工厂打工，也不耽误养牛，这样经济情况不至于太糟糕"。

图 4-9　牛养殖

图 4-10　受访农户家

3. 健康状况差，因病医疗费开支多

【案例三】受访对象：东乡县沿岭乡新星村马某（东乡族，贫困识别年度为 2013 年，2015 年脱贫，2017 年重新认定为贫困户，原致贫原因：因病）

受访内容：我家一共有 9 口人，家里就我和二儿子有收入，大儿子自己已经独立出去了，3 个孙子孙女 1 个上小学，2 个在幼儿园。我老伴儿和儿媳一直患有神经性疾病，母亲患有肺部慢性病，一直都在吃药花钱。我在家喂牛羊、种洋芋，一年能有八九千的收入，儿子外出打工，一年有 2 万多，加上政府给的低保和残疾补助有 8000 多，但是孩子们要开销，还有家里几个病患常年吃药，生活过得还是困难。去年老伴儿病情严重了去州上医院住院，报销完了，住院费加上陪护开销还花了 4000 多。

针对此类情况我们跟村干部了解，"新星村深度贫困程度深，全村 292 户 1381 人，2013 年年底精准扶贫建档立卡 178 户 781 人，贫困发生率 56.6%。原先村上居住分散，通水通电都困难，现在条件改善了，易地扶贫搬迁也安置了 21 户，但是有些家庭还是有一些特殊困难，比如，现在看病虽然方便了，但是一些重大疾病，村里镇上医疗水平有限，只能去州上或省城，州上、省城医院报销比例就相对低些，还要面临陪护和饮食方面的开销，花费不少，一些家庭压力还是不小。临夏州执行的新型农村合作医疗住院补偿标准包含以下三方面内容。（1）住院起付线：省、州、县、乡（镇）四级医疗机构住院补偿起付线分别为 3000 元、800 元、500 元和 150 元；（2）补偿比例：省、州、县、乡（镇）四级医疗机构住院补偿比例分别为 60%、65%、75%、85%；（3）大病保险：城乡居民医疗费用经基本医保报销后剩余合规费用年内累计在 5000 元以上的纳入大病医疗保险，由大病保险经办机构根据相关规定报销；农村建档立卡贫困人口、城乡低保、特困供养人员大病保险报销起付线降为 2000 元。

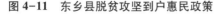

图 4-11　东乡县脱贫攻坚到户惠民政策

图 4-12　受访农户家

4. 人口老龄化严重，家庭劳动力不足

【案例四】受访对象：临夏县土桥镇辛付村辛某（汉族，贫困户原属性是特困供养户，贫困识别年度为 2013 年，2016 年脱贫，2019 年 9 月纳入防返贫

监测中脱贫不稳定户，原致贫原因：因残）

　　受访内容：现在我家里只有4口人。我80岁，小学文化，患有痛风；老伴儿75岁，也是小学文化，患有脑血栓。两个人都这么大年纪了，干活也干不动。家里有个儿子，55岁，小时候害病医治不及时，现在脑子不太好，有智力残疾；儿媳是个半文盲，手脚不太灵便，有肢体四级残疾。儿子儿媳都是半文盲，又都有残疾，只能干点儿轻松的农活。两个孙女都已经出嫁了，家里没有正常的劳动力，在政府帮助下，我们靠低保和残疾人补贴过活，还有两个孙女经常回家探望，一年也能给个几千块的生活费。就怕害病，去年我就在县中医院住了半个多月，害得孙女辛苦不说，还耽误了厂子里的工作。

　　据了解，土桥镇位于临夏县东北部，是全州最大川塬区——万顷塬区域核心，是临夏县的次中心城镇。辛付村位于土桥镇西南部，总面积2.6平方公里，全村共辖11个社481户1815人，共有耕地1743亩，人均0.96亩。2020年年底农村居民人均可支配收入10 920元，现有小学、幼儿园、卫生所各一所。从村干部了解到，"针对辛某家的情况，主要就是落实兜底保障，除了继续落实其二类低保补助和残疾人补贴外，还要想办法增加其收入，把不能种植的土地流转出去，让与村上其他人种地和搞蔬菜大棚，增加他家的收入，另外动员家庭签约服务医生多关照，时常到家里去了解和检查老人们的身体状况，讲一讲健康小常识，防止因病返贫。还应经常入户去了解辛某一家的思想动态，帮助其树立生活的信心，鼓励他们在房前屋后闲置地种植一些时令蔬菜，降低本身的生活开支，吃不完的还可以拿到集市上去卖，也是补贴家用的一种手段"。

图4-13　临夏县脱贫攻坚到户惠民政策　　　　图4-14　受访农户家

5. 易地扶贫"搬迁上楼"，后续适应性不够

【案例五】受访对象：东乡县达板镇易地扶贫搬迁社区×嘉园马某（东乡族，贫困识别年度为2013年，2020年脱贫，同年纳入防返贫监测系统，原致贫原因：交通落后）

受访内容：我家原住在东乡县车家湾乡，交通条件落后，出来办个事看个病非常不方便。加之村里自然条件差，十年九旱，家里虽然有7亩山地，但由于缺水，农作物收成也不太好。现在家里孩子都到了上学年龄，村里上学也不方便，大家居住得都很分散，一个山头零星几家。在政府帮助下，我们住进了镇上集中搬迁小区，房子敞亮了，居住环境好了，孩子们上学也方便，小区里面就有幼儿园。但是在这里生活压力也大，现在我家12口人都在我这个户上，我跟老伴儿还有3个儿子3个儿媳妇，孙子孙女4个，开支多，要支付取暖费、水电费、物业费，买菜也要花钱，我们家还有精准扶贫贷款5万块没还。家里儿子都是山里长大的，没有什么技术，出来了务工都不适应，在达板的拉面馆打工一年也没什么收入，加之疫情的影响，生意不好，工资也少了。

据相关负责人介绍："达板镇凤凰山社区易地搬迁安置小区有住宅楼17栋，占地面积51亩，规划搬迁安置12个乡镇686户3836名原贫困群众，主要是车家湾乡、大树乡这些自然环境恶劣的乡村居民。我们建立了搬迁群众户情台账迅速摸排搬迁户的情况，也通过社区便民服务大厅帮助搬迁户尽快适应新的生活环境，主要是通过劳动力培训输转就业方式，增加搬迁户收入。我们社区旁边就是联合扶贫车间，只要居民有意愿，我们就想方设法促进其就业。走访的这户马某主要是思想上转变不够，对出川进城这一生活模式还不太适应，一家劳动力有五六个，但都不太愿意务工劳作。当时给他们安排了社区、物业公益性岗位，但他们没干多长时间就不干了。家里精准扶贫贷款还是2015年贷的，现在好像也就还上了5000元，还有45 000元没还。我们还是要多动员多鼓励，让他们树立信心、增加技能，尽快适应城镇生活，厘清发展思路，通过务工增加收入，实现稳定脱贫。"

图 4-15　东乡县达板镇凤凰山社区　　　图 4-16　易地搬迁安置小区受访农户家

6. 自然灾害损失，应对灾害风险能力不足

【案例六】受访对象：东乡县达板镇崔家村陈某（东乡族，贫困识别年度 2013 年，2015 年脱贫，2017 年重新纳入贫困户，原致贫原因：缺资金）

受访内容：我本来是和同乡一起在厦门打工，后来听说国家支持贫困户发展种养殖，多种多补、多养多补，达标的还有奖励金，我就回乡参加了村里的养殖合作社。2016 年合作社成立时有 15 名社员，都是当时的建档立卡贫困户。我们养殖社主要是养鸡，开始大家都很有信心，但是 2017 年因为禽流感合作社发生亏损，2018 年我们又遭受了"7·18"暴洪灾害，虽然我们合作社的场地没有被冲倒，但是洪灾过后鸡又出现鸡瘟，合作社连年亏损。虽然有一些保险和灾害补助，但我的收入还是受到很大影响。

据调研了解，崔家村共有 12 个社 818 户 3810 人，其中建档立卡户 608 户 2965 人，贫困发生率为 77.8%。近年通过逐户逐社找准短板弱项，脱贫攻坚取得了一定的效果，但是村上很多都是精神贫困户，为此村里也做了大量工作，成立了合作社来帮助大家一起致富增收。村上 8 个合作社，只有 2 个正常运营，6 个都是空壳社，陈某所在的养殖合作社就是 2 个正常运营的合作社之一，但是因为自然灾害和病害，也是一直处于亏损状态。因自然灾害受损的不止崔家村，上次大暴雨造成的山洪灾害，果园乡损失还重些，听说还有人员死亡。

7. 思想观念转变较慢，内生动力不足

【案例七】受访对象：和政县梁家寺乡赵家沟村赵某（回族，贫困识别年度为 2013 年，2014 年脱贫，2017 年重新认定为贫困户，原致贫原因：缺资金）

受访内容：我家里 10 口人，父母都 70 岁了，健康状况也不好，我和老伴儿 50 多，长子一家跟我们同住，长子和儿媳妇，还有 4 个孙子孙女，其中 2 个上小学。2016 年家里房子政府给了补助整修了，2017 年村上鼓励养羊，给我 1 万块钱买了 15 只羊。2018 年，通过入股，每年可以分几百块钱。家里靠种地还有儿子儿媳出去打工赚钱维持生活，但还是很困难啊。

据调研了解，和政县梁家寺乡赵家沟村地处山区，以前道路、饮水、教育基础条件较差，全村耕地总面积 1668 亩，人均 0.85 亩，主要种植玉米。全村共有 10 个社 343 户 1948 人。2013 年年底，全村共有建档立卡户 161 户 683 人，贫困发生率为 35.1%，现有脱贫不稳定户 10 户 54 人，边缘易致贫户 6 户 30 人。村干部介绍："赵某这一家就是内生动力不足，我们根据他家情况，能帮扶的都帮了能给的政策都给了，2016 年危房改造补贴了 11 500 元，2017 年基础性产业扶助资金 10 000 元，2018 年、2019 年都享受'1+3+5'奖励扶持资金，获得入股配股分红，孩子上小学给了'两免一补'政策，累计享受 6800 元。他们自家不太愿意干活，儿子儿媳一年出去打工 3~4 个月，赚点钱就回来了，能解决生活困难就不继续劳作了，我们要继续做他们的思想工作。要真脱贫、稳定脱贫还是得靠自己多努力、肯上进，家里还这么多娃咧。"

图 4-17　和政县到户到人惠民政策一览表　　图 4-18　通过上墙表了解农户情况

8. 子女教育负担较重，存在因学返贫风险

【案例八】 受访对象：积石山县刘集乡肖家村樊某（汉族，贫困识别年度为 2013 年，2015 年脱贫，2019 年作为边缘户认定纳入监测系统，原致贫原因：缺资金）

受访内容： 家里 6 口人，我和妻子还有 4 个孩子，其中 2 个孩子上高中，2 个上大学。我家收入主要是靠我和妻子务工所得。我在兰州打工，一年收入就 3 万块钱左右，妻子担任过一阵村里的乡村保洁员，一年收入 6000 多。政府对我家很照顾，孩子上大学不仅给了奖励还主动帮忙办理了助学贷款，学费暂时是解决了，妻子的保洁员工作也是村里的公益性岗位，我们都很是感激。但是 4 个孩子同时上学，2 个大学生学费暂时是贷款解决，2 个高中生学杂费也不少，还有 4 个孩子的生活开销，现在家里没有存款不说，跟亲戚朋友借的款和银行贷款负担就有 6 万多。

据调研了解，刘集乡肖家村共有 14 个社 586 户 2965 人，2013 年精准扶贫精准脱贫工作开展之初，全村建档立卡 289 户 1358 人，贫困发生率 45.8%。2019 年 10 月，村上召开由驻村工作队、村"两委"成员参加的研判会议，把收入低于 5000 元且存在因病、因学、因灾等潜在致贫风险的一般农户，纳入边缘户；把人均纯收入低于 5000 元且存在因病、因学、因灾、产业失败、就业不稳等潜在风险脱贫户标识为脱贫监测户，进行动态监测，针对性采取帮扶措施。2020 年系统共标注脱贫监测户 9 户 51 人，其中因学致贫 3 户，因病致贫 6 户。共纳入边缘户 20 户 97 人，其中因灾致贫 2 户，因学致贫 3 户，因病致贫 15 户。针对樊某家因学重新纳入扶贫监测的情况，村干部如是说："樊某家的困难是暂时的，等孩子们毕业参加工作了，返贫风险自然都解除了，这个我们都不担心，只是现在我们都在想办法帮他家渡过这个暂时性的难关。"

第二节　基于农户和帮扶干部的返贫风险感知

"风险感知"这个词最早源自心理学，早在 1960 年左右就被学者提出，指的是人们对外界客观存在的某个特定风险的主观认知和感受，基于个人的直观判断和主观感受。这一词从一提出就受到国外理论和实践界的高度关注，

比较有代表性的是美国俄勒冈州大学保罗·斯洛维奇（Paul Slovic）教授，他对风险感知测度量化方法进行了研究，建立了风险感知测量路径模型。他认为，风险感知会受个人心理、所处环境、制度、文化等多方面影响。[1] 后来，"风险感知"在社会学、经济学等领域也得到广泛运用。笔者认为，衡量地区返贫风险不仅需要从客观实际出发，结合地域特点分析返贫风险的历史状况，查找具有普遍特征的风险源；更应该从农户个体入手，了解他们对于未来返贫风险的态度和看法。个体基于风险的主观判断和认知也会影响其决策，通过了解个体的态度从而精准掌握各家户未来可能的返贫风险来源，做好风险预警和防范，为决策者更好地做好脱贫攻坚巩固工作提供一定的参考。因此，笔者认为，有必要将风险感知引入返贫治理当中，对农户返贫风险感知进行研究。

一、基于农户的返贫风险感知

返贫风险感知是农户对于返贫状况的自我判断和认知，受个人因素的影响，不可避免地带有很大的主观性，而且随着家户状况的现实变化也会呈现很强的动态变化性，并且主观感知也会对客观行为决策产生影响。例如，当农户觉得个体返贫风险较高时，一般就会对此做出回应，来解决或降低这一风险，通过寻求政府或亲友帮助、减少支出、及时就医等方式来避免返贫现象的发生。因此，返贫风险感知是通过主观判断来影响客观决策，研究农户返贫风险感知，可以从这一微观视角，分析出农户最关注的返贫因素，精准、快速地制定出相应帮扶对策，这对有效阻断返贫现象具有十分重要的现实意义。

笔者在对临夏州农户进行问卷调研时，除了涉及农户基本情况和生产生活情况等方面，还就农户返贫风险认知和应对策略进行了调研。共计发放问卷346份，有效回收322份，问卷有效回收率93.06%。问卷内容详见附录1。

（一）样本农户返贫风险感知

为了解农户在信息不完全对称的情况下，从自身角度出发，基于家庭成员身体状况、受教育程度、现有家庭财产水平等现有的生计资本，来判断自身是否会面临返贫风险以及风险的程度（等级），我们在问卷中设计关于返贫认知和风险程度相关的问题。同时，为了了解以往发生过返贫的农户往期返

---

[1] 斯洛维奇.风险的感知［M］.赵延东，林垚，冯欣，等译.北京：北京出版社，2007：356.

贫诱因与其预计返贫诱因是否存在差异，我们针对以往发生过返贫的农户返贫因素进行了设计。

经统计，322 份样本中，有 82 户农户以前曾发生过返贫，对其返贫主要因素和次要因素进行分析发现：主要返贫因素中因病、因残占了较大比重；导致当时返贫的次要因素主要是缺劳动力和能力不足（表 4-5）。

表 4-5　82 户原返贫农户返贫原因统计

返贫主要因素	频次	返贫次要因素	频次
因病	23	因缺劳动力	32
因残	20	因能力不足	23
因务工不稳定	12	因学	9
因缺劳动力	11	无次要因素	8
因意外事故	9	因残	3
因学	3	因务工不稳定	3
因自然灾害	2	因病	2
因能力不足	1	因自然灾害	1
其他	1	因意外事故	1

对于"您是否担心会返贫？"这一问题，被调研农户中有 281 户表示担心，只有 41 农户在这个问题上选择了"否"。针对这 281 户担心往后会返贫的农户进行进一步调查发现，担心 1~2 年内返贫的农户最多，有 105 户；担心 2~3 年之间返贫的，有 89 户。在返贫风险大小的感知上，认为"非常小"的农户数有 47 户，占比 16.73%；选择"较小"的农户数有 76 户，占比 27.05%；选择"一般"的农户数有 59 户，占比 20.99%；选择"较大"的农户数有 73 户，占比 25.98%；选择"很大"的农户数有 26 户，占比 9.25%。根据李克特量表从小到大依次赋值 1~5，计算出加权风险为 2.83，介于较小和一般水平之间。

对了方便农户快速理解，我们就返贫的主要现实诱因进行了列示和描述，如表 4-6 所示。这些风险对返贫的影响程度，分布在 5 个等级，分别为很小、较小、一般、较大和很大，在后续做统计分析时这 5 个等级对应 1~5 分的分值。

表 4-6 农户返贫风险感知情况频次统计

风险类型	风险描述	对返贫影响程度				
		很小	较小	一般	较大	很大
健康风险	家庭医疗支出过高（因病返贫）	58	42	61	90	71
教育风险	子女教育费用较高（含非义务教育）（因学返贫）	95	89	66	50	22
就业风险	人力资本匮乏难就业或经济环境变化难就业（因技返贫、因残返贫）	64	68	71	61	58
政策风险	扶贫政策减少或社会保障乏力	98	82	73	41	28
产业风险	如产业选择失误，产品滞销或收益低；种养殖产品因病害减产或绝收	74	74	55	61	58
自然风险	泥石流、山体滑坡等地质灾害或干旱、洪涝等气象灾害	87	85	71	54	25
社会风险	社会因素造成的意外风险，如盗窃、意外交通事故	95	73	56	63	35
金融风险	外界金融风暴、个体理财或借贷失误导致家庭资产贬值	84	67	63	81	27

经数据统计分析，农户认为健康风险对返贫的影响是最大的，加权风险大小为 3.23，介于一般和较大之间，说明受访农户认为健康风险是造成返贫情况发生的重要原因，这也与样本农户家庭本身健康状况相符。统计分析发现，样本家庭中只有不到 75% 是家庭成员完全健康的。接下来依次是就业风险（人力资本匮乏难就业或经济环境变化难就业，因技返贫、因残返贫）和产业风险（如产业选择失误，产品滞销或收益低；种养殖产品因病害减产或绝收），加权风险指数分别为 2.94 和 2.86。走访了解到，主要是由于样本农户很多都劳动力不足，且家庭成员中缺乏技能劳动力，文化程度低、就业层次低，多是基础工种，加之新冠疫情的影响，很多工厂订单量减少，部分农户有下岗的隐忧。另外，产业风险可能与一些特色产业片区化种植有关。以啤特果为例，全州有 54 个乡镇种植，年总产量可达 7.43 万吨，但是啤特果销售半径小，销售时间短，都集中在每年 9—10 月上市，季节性的供大于求，

导致市场价格随之走低，部分农户无心采摘，出现主动滞销，缺乏有效的新市场和新渠道来消化多余的产量。

当然，前文提到风险感知带有很强的主观性，农户的返贫风险感知可能会受到家庭生产生活条件、近年所受到的帮扶政策的多寡、时间的长短、地区总体经济社会发展水平等的影响，但是它能从主观意志上较清楚地反映农户对于自身返贫可能性的判断。

（二）样本农户返贫风险应对

主观感知最重要的作用就是会影响客观行为决策，正如马克思主义哲学中说的"意识对物质具有能动作用，能够反作用于客观事物"。因此，了解样本农户对于返贫这一现象的风险感知情况，更重要的是了解其为应对返贫风险而做出的行动，以便政府决策者更好地发挥精准帮扶、对点辅助功能。

我们在调研问卷中设计了在应对可能出现的返贫风险时农户会采取的策略措施，共计10项：求助政府、求助亲友、金融借贷、购买保险、外出务工、动用储蓄、变卖资产、增强学习、减少消费、子女辍学。面对每一项返贫风险，农户可以选择多项应对措施。统计结果如表4-7所示。

表4-7 农户返贫风险措施应对频次统计

风险类型	风险应对措施									
	求助政府	求助亲友	金融借贷	购买保险	外出务工	动用储蓄	变卖资产	增强学习	减少消费	子女辍学
健康风险	211	129	56	97	105	151	56	10	98	21
教育风险	219	98	79	3	123	139	39	23	110	43
就业风险	197	121	14	15	1	117	13	176	76	37
政策风险	279	87	12	0	67	103	29	34	83	12
产业风险	183	112	43	229	157	129	54	198	102	11
自然风险	283	47	8	57	132	111	9	5	61	8
社会风险	132	78	49	3	98	96	29	11	54	0
金融风险	110	57	2	2	76	43	11	32	66	21

经计算，从各个应对措施出现的频次看，求助政府出现的频次最高，达

到了 1614 次，第二是动用储蓄，有 889 次，外出打工排在第三位，有 759 次。出现频次较低的后 3 项返贫风险应对措施分别是金融借贷 263 次、变卖资产 240 次和子女辍学 153 次。可以看出，样本农户在应对返贫风险时，首先考虑的是求助政府，主要是近年政府帮扶措施到位，在群众当中公信力高，另外也是由于政策风险、自然风险、社会风险等很多具有外部属性和不可抗力因素，农户自身应对的能力不足，只能通过求助政府来解决。其次是动用储蓄，统计发现这一应对措施分布最广，每项风险中都有涉及，并且频次较均衡，主要是由于家庭储蓄动用可以快速有效缓解绝大部分的返贫风险问题。外出务工也是农户应对返贫风险中选择较多的措施之一，主要由于现在扶贫车间、就业劳务输转都相当普及，很多农户也在务工中尝到了家庭收入增加的甜头，所以外出打工也是农户积极寻找出路、缓解风险的有效路径。出现频次倒数第三的应对措施是金融借贷，主要原因在于虽然近年金融扶贫政策普及，但是部分农户还是觉得相比于向亲友借款，银行借贷程序更加烦琐，并且大部分都需要支付利息。变卖资产和子女辍学频次出现少，一是由于农户家庭资产本身较为薄弱，耐用消费品不多；二是现在农户对于教育的重视程度也在上升；三是大部分农户家庭子女教育程度都在义务教育阶段水平，本身开支占比不高。

从具体单项风险应对策略上看，在针对产业风险的应对措施中，我们发现 322 户农户除了选择其他应对措施以外，有 229 户选择了购买保险这一措施，说明现在农业保险在农户中已经普及，大部分农户已经认识到了农业保险对于化解农业风险的重要性。应对自然风险和政策风险，选择最多的是寻求政府帮助，单项出现频次分别为 283 次和 279 次；应对健康风险和教育风险，除了求助政府外，动用储蓄出现的频次较高，分别达到 151 次和 139 次；应对就业风险和产业风险，很多农户选择了增强学习和亲友帮助，说明随着就业产业培训的深入和普及，农户的自我学习意识逐步增强，并且在协作发展中，形成了互帮互助的良好氛围。

总的来看，面对具体的现实风险诱因，农户的应对措施还具有一定的依赖性，但是也会通过增强学习、外出务工、动用储蓄等自身渠道来消化解决，还会通过寻求亲戚朋友帮助、购买保险抵御风险等外部措施来应对。

另外在问卷统计中，我们发现 100% 的农户都认为对已脱贫的村民制定防止返贫的措施十分必要。对于本村是否对已脱贫农户制定防止其返贫的有关措施，67% 的农户选择了"是"，有 21% 的农户表示"不了解"。同时，在样本农户角度，最能有效防止脱贫户返贫的措施是继续巩固"两不愁三保障"

以及落实低保、临时救助、反贫困保险等综合保障；对于 2021 年以后农户认为的巩固拓展脱贫成果的重点，完善产业发展、完善社会保障、完善基本医疗排在了前三位。

二、基于帮扶干部的返贫风险感知

考虑到扶贫干部长期从事贫困治理相关工作，对于当地情况非常了解并且有相当丰富的实践经验，相比于普通农户，他们的政策把握力更强，对经济形势、当地农户产业就业情况有更宏观的了解和认知，所以本书在充分了解返贫农户返贫风险认知的同时，对长期在扶贫工作岗位的帮扶干部，尤其是村镇一级的一线帮扶干部进行了现场和电话网络访谈调研（访谈提纲见附录 2）。总计接受访谈的干部有 33 位，初步统计，91% 的干部有了解过返贫现象或者接触过返贫农户或相关案例，大部分干部都认为返贫只是个体小概率事件，虽然客观存在但是规模性的返贫不太可能发生，历史上返贫现象发生严重的年份主要原因都在于外部政策的调整，如贫困线标准提高、"应纳尽纳"政策导致的识别范围扩大等。有 77% 的干部认为返贫虽然本质上也是贫困，但是比贫困的危害更大，负面影响更大。对于返贫现象是否应该进行专项记录研究，大部分干部都认为十分必要，现有返贫现象只有粗略数据统计，缺乏专项数据库和案例库建设，对于返贫问题的把控存在滞后性。

在对返贫风险的认知上，基层干部们认为"因病返贫"是最主要的返贫风险。"因劳动力缺乏"也是帮扶干部认为会导致返贫的重要因素。主要原因在于现有阶段，各项帮扶措施都相对全面，产业发展、就业技能培训各项举措都一应俱全，虽然可能存在一些不完善，但是因病开支过大、劳动力缺失、家庭赡养抚养支出成本高随时可能导致脱贫户重新陷入贫困的境地。在返贫风险应对措施上，83.1% 的干部认为主要应该持续发展产业和增加就业，依次增加农户稳定持续性收入，实现持续性减贫。另外加强教育，防止贫困代际传递，优化医疗保障政策和措施也是帮扶干部认为实现农户稳定脱贫的重要举措。

第三节　临夏回族自治州现有防止返贫的措施

消除区域性绝对贫困问题这一阶段性任务完成后，面对新时期新阶段新任务，临夏州认真贯彻党中央、国务院和省委省、政府巩固拓展脱贫攻坚成果同乡村振兴有效衔接的决策部署，聚焦防止返贫监测帮扶和乡村振兴"五大任务"，扎实推进防止返贫、产业发展、乡村建设、环境整治各项任务，着力巩固脱贫攻坚成果，接续开启乡村振兴新征程，采取了系列措施，稳步推进各项工作。

一、强化政府在返贫风险防控中的主体职能

为有效防控返贫风险，接续乡村振兴，临夏州成立了乡村振兴工作领导小组，由州委、州政府主要负责同志任双组长，原来的 15 个脱贫攻坚专责工作组优化调整为五大振兴专班，专班下面设有 21 个专职工作组，确保防范返贫、巩固脱贫成果与全面推进乡村振兴在体制机制上平滑过渡。州委、州政府与 17 名州级领导、州直 27 个部门、8 县市市委、政府签订了责任书，构建了横向到边、纵向到底的工作责任体系。截至 2021 年 6 月底，先后组织召开州委农村工作领导小组州实施乡村振兴战略战略领导小组会议 3 次，召开领导小组调度会议 5 次，对巩固拓展脱贫攻坚成果、接续推进乡村振兴进行了全面的安排部署和调度推动。州实施乡村振兴领导小组办公室先后围绕防止返贫动态监测、特困供养人员和无劳动能力户、示范县镇村建设开展了 5 轮次的核查，覆盖 8 县市 80 个镇 159 个村 1766 户，并对核查整改情况进行了回头看，督促各县市举一反三扎实开展问题整改。

二、出台系列措施筑牢制度保障体系

为有效防止规模性返贫现象发生，临夏州除了强化组织领导，全方位实施省级相关文件，还从制度上入手，同步制定了州级相关管理办法（表 4-8）。从宏观上的健全防止返贫动态机制，到微观的具体可操作性的监测对象家庭经济状况的评估；从涉农财政资金的整合、过渡期小额信贷支持、扶贫车间就业转型、以工代赈促就业，到健康帮扶拓展、医疗保障巩固，再到扩大消费帮扶、助力乡村振兴；从总体政策规划，到各部门细化政策的制定，再到监督考核政策的制定，全方位、层层制定防止返贫系列政策办法，筑牢防止返贫、巩固拓展脱贫攻坚成果的制度保障体系。

表4-8 甘肃省及临夏州防止返贫系列文件

序号	发文单位	发文字号	文件名称
1	中共甘肃省委、甘肃省人民政府	甘发〔2021〕1号	关于全面推进乡村振兴加快农业农村现代化的实施意见
2	中共甘肃省委、甘肃省人民政府	甘发〔2021〕3号	关于实现巩固拓展脱贫攻坚成果同乡村振兴有效衔接的实施意见
3	中共甘肃省委办公厅、甘肃省人民政府办公厅	甘办字〔2021〕10号	关于《统筹做好巩固拓展脱贫攻坚成果同乡村振兴有效衔接工作》的通知
4	甘肃省脱贫攻坚领导小组	甘脱贫领发〔2021〕1号	关于印发《甘肃省2021年巩固拓展脱贫攻坚成果有效衔接乡村振兴工作要点》的通知
5	甘肃省脱贫攻坚领导小组	甘脱贫领发〔2021〕5号	关于印发《甘肃省2021年东西部协作和中央单位定点帮扶助力巩固拓展脱贫攻坚成果同乡村振兴有效衔接工作方案》的通知
6	中共甘肃省委农村工作领导小组（甘肃省实施乡村振兴战略领导小组）	甘农领发〔2021〕7号	关于印发《甘肃省健全防止返贫动态监测和帮扶机制工作方案》的通知
7	甘肃省扶贫开发办公室等3部门	甘开办发〔2021〕60号	关于印发《甘肃省防止返贫监测对象家庭经济状况评估核查办法（试行）》的通知
8	甘肃省财政厅等12部门	甘财扶贫〔2021〕3号	关于印发《甘肃省统筹整合财政涉农资金管理办法》的通知
9	甘肃省财政厅等7部门	甘财扶贫〔2021〕4号	关于印发《甘肃省财政衔接推进乡村振兴补助资金管理实施办法》的通知
10	甘肃省财政厅	甘财办〔2021〕7号	关于《贯彻落实财政部实现巩固拓展脱贫攻坚成果同乡村振兴有效衔接实施方案》的通知
11	甘肃省乡村振兴局、甘肃省农业农村厅	甘乡振局发〔2021〕18号	关于《加强县级巩固拓展脱贫攻坚成果和乡村振兴项目库建设管理工作》的通知

续表

序号	发文单位	发文字号	文件名称
12	甘肃省发展和改革委员会等9部门	甘发改赈迁〔2021〕1号	关于在农业农村基础设施建设领域积极推广以工代赈方式的实施方案
13	甘肃省人力资源和社会保障厅、甘肃省乡村振兴局	甘人社通〔2021〕181号	关于《推动扶贫车间向乡村就业工厂转型持续发展有关事项》的通知
14	甘肃省卫生健康委员会等12部门	甘卫扶贫发〔2021〕51号	关于印发《甘肃省巩固拓展健康扶贫成果同乡村振兴有效衔接实施方案》的通知
15	甘肃省医疗保障局等7部门	甘医保发〔2021〕54号	关于印发《巩固拓展医疗保障脱贫攻坚成果有效衔接乡村振兴战略实施方案》的通知
16	甘肃省民政厅	甘民发〔2021〕38号	关于《巩固拓展民政领域脱贫攻坚成果同乡村振兴有效衔接》的通知
17	甘肃省残疾人联合会、甘肃省乡村振兴局	甘残联发〔2021〕5号	关于巩固拓展残疾人脱贫攻坚成果的实施意见
18	中国银保监会甘肃监管局等5部门	甘银保监发〔2021〕10号	关于转发深入扎实做好过渡期脱贫人口小额信贷工作的通知
19	临夏回族自治州人民政府	临州府发〔2021〕26号	关于《进一步加强和改进临时救助工作的实施意见》的通知
20	临夏州总工会	临州工发〔2021〕47号	关于印发《全州工会系统利用工会经费加大福利采购巩固脱贫攻坚成果工作意见》的通知
21	中共临夏州纪委办公室	临州纪办〔2021〕45号	关于《监督保障巩固拓展脱贫攻坚成果同乡村振兴有效衔接的实施意见》的通知

三、健全防止返贫动态监测和帮扶机制

临夏州制定印发了《临夏回族自治州关于建立防止返贫监测和帮扶机制的实施办法》，探索建立了"户申请、村申报、乡复查、县审核"的工作机

制，通过社级、村级、乡级三道防线，建立起了农户主动申请、部门信息比对、干部定期跟踪回访相结合的易返贫致贫人口发现、核查和帮扶机制。坚持一月一督查、一月一通报、一月一调度、一月一对比，全力推动防止返贫动态监测和帮扶工作落实见效。全州 2020 年识别纳入的 11 995 户 55 320 人"两类户"通过每户至少落实两项硬帮扶措施，返贫致贫风险已全面消除。2021 年全州新识别纳入"两类户"2204 户 10 642 人，全部制订上传了"一户一策"帮扶计划，并与行业部门进行了数据交换和措施对接。对特困供养、五保户、无劳动能力、重度残疾人家庭等弱势群体，指定专人落实关心关爱措施，帮助解决实际问题。同时，在全州探索建立面向所有农户的户情台账信息系统，健全完善防止返贫动态监测和帮扶机制，做到了底子清、情况明、措施准、实效显。

四、完善村级返贫风险防控的智力支持体系

临夏州严格落实驻村帮扶工作力量总体不减弱的要求，鼓励州县优秀干部到村任职，进一步充实加强基层工作力量。坚持推行领导包抓机制，让领导干部各个都有"责任田"。同时保持现有的州县乡村帮扶关系总体稳定，按照"调回一人、补充一人"的原则，实行动态调整，截至 2021 年 6 月底已调整 533 名（州级 98 名、县级 435 名），所有脱贫村、乡村振兴任务重的村驻村帮扶工作队员保持在 3~5 人，全州现有驻村帮扶工作队 1056 个、队员 3407 名，继续在村开展工作，每天落实钉钉打卡签到考勤制度，实现了驻村工作队伍稳定、工作不停、力量不减。有效发挥创业致富带头人在稳定脱贫中的引领作用，全州共选定脱贫村创业致富带头人 2886 人，开展培训 2529 人次，领办创办产业项目 2267 个、村均 3.49 个，带动脱贫户 11 686 户，人均带动 5.15 户，户均增收 1966 元。

五、用好产业、就业两大引擎实现农户持续稳定增收

临夏州全力打好农业产业结构调整攻坚战，紧紧聚焦产业发展这个根本举措，以农业产业结构调整为牵引，促动农业生产方式转型和农业提质增效，通过采取产业政策支持、产业资金奖补和致富能手示范带动，积极引导群众在农业生产上换脑筋、换思路、换方式，大力发展林果花卉、藜麦、食用菌、高原夏菜、中药材、百合等特色种植，变"草包庄稼"为设施农业、高效农业，推广特色种植 170 万亩。2021 年，落实 1690 万元资金扶持 4080 户农户

发展养殖业，其中241万元资金扶持287户监测户；落实2976万元资金扶持3.89万户农户发展种植业，其中36万元资金扶持285户监测户；完成农业保险参保13.6万户次，占省下任务16.88万户次的80.6%，全州共有农民专业合作社5134个。新引进培育龙头企业14家，新建果蔬保鲜库3座。

抢抓冬春农闲、部分务工人员返乡等有利时机，因人施策、精准发力，大规模、有计划、有针对性地开展职业技能培训。截至2021年6月30日，全州开展涉及食用菌种植、牛肉拉面、挖掘机操作、焊工、电工、中式烹调、美容美发等50个工种的培训班1384期，累计培训11.04万人（脱贫劳动力1.39万人），上半年就超额完成全年培训任务。支出各类培训资金3202.4万元，发放培训合格证书48 681份。坚持稳岗留工与输转就业"两手抓"。全州输转城乡劳动力54.44万人（脱贫劳动力22.14万人），创劳务收入86.67亿元。积极扶持创业带动就业，全州创业贷款担保基金总规模达到9.19亿元，新增注入担保基金1.55亿元，发放创业担保贷款1.68万笔16.18亿元，吸纳带动就业3.4万人。继续组织劳动力到厦门就业，截至2021年6月底已向厦门输转4984人，其中脱贫劳动力2688人。结合新调整的对口帮扶机制，与济南人社部门开展互访交流对接15次，举办专场招聘会8次，完成济南帮扶就业1137人。引导扶贫车间引入现代企业管理制度、生产运营、市场营销等先进理念，推动扶贫车间由粗放分散经营向集约增效发展、由扶贫车间向就业工厂转型升级。全州累计建成乡村就业帮扶车间333个，累计吸纳就业12 375人；建成乡村就业工厂8个，累计吸纳就业596人。

本章小结

本章主要是从客观方面对临夏回族自治州近年来返贫的现状进行了阐述，从主观方面对农户和帮扶干部未来返贫风险的感知进行了分析，然后考察了临夏州现有的防止返贫的政策措施。客观方面的返贫现状阐述主要从两个层面进行：一个是县域、乡镇层面，这个层面主要是对临夏州近年返贫数据进行描述性统计分析，得出临夏州返贫现象存在较大年份差异性，较大地域差异性、返贫的诱因存在多元性，返贫的主因存在多变性几个特征；另一个分析层面是从家庭和个体特征层面进行的，主要抽取了东乡县2017年返贫家户（384户1717人）进行人口学特征分析，考察其家庭人口数量、文化程度、健康程度、人口年龄分布、家庭劳动力数量和质量，试图以此探究家庭人口特征对返贫现象的影响。另外还通过调研走访的典型返贫个案剖析，探查了临夏回族自治州返贫现象的主要现实诱因。主观方面的返贫风险感知也是从两个维度进行的。一个是农户角度，在田野调查中本研究收集了临夏回族自治州 8 个县市 322 户农户的样本，对其现实可能存在的 8 项主要返贫风险（健康风险、教育风险、就业风险、政策风险、产业风险、自然风险、社会风险、金融风险）对返贫的影响程度进行感知考察，得出了样本农户现在最担忧的是健康风险、就业风险和产业风险的结论。另一个是从帮扶干部角度，考虑到其政策把握力更强，对经济形势、当地农户产业就业情况有更宏观的了解和认知，本研究对临夏州州级、市县级、乡镇级、村级干部共计 33 位帮扶干部进行了相关的现场和电话网络访谈，他们也普遍认为健康风险和劳动力不足是造成以后临夏州个体返贫的主因。客观的数据统计具有很强的说服力，但是有不能预测未来的局限；主观的风险感知可以对未来可能发生的返贫风险进行充分估计，便于事前防范，但是具有很强的个体性和变动性。本研究将二者结合分析，有利于互为补充。最后对临夏州现有的返贫风险政策措施进行了总结，以便认清现状，而后对应上述主客观分析来查找不足。

第五章

临夏回族自治州返贫风险测度

第一节　研究区域和数据获取

一、区域选择

要在较短的时间内进行大量的样本调查去清晰考量脱贫农户返贫风险的可能性，这也潜在加大了研究的工作量和难度。前期对研究区域总体特征和县域差异进行分析研判非常重要，这对于选取科学的、具有代表性的研究区域，并且节约调研人力物力，更加高效地抓住主要返贫因素和类型至关重要。考虑到临夏回族自治州隶属于国家特困连片地区六盘山区，全州8个县市2020年以前都属于国家扶贫开发重点县，脱贫基础薄弱，所以1市7县的情况都在调研范围内。2020年脱贫后，2021年临夏州列入国家乡村振兴重点帮扶县就有3个，分别是东乡族自治县、积石山保安族东乡族撒拉族自治县、永靖县，列入省级乡村振兴重点帮扶县1个，为临夏县。而且从2013年建档立卡贫困发生率和2015—2019年返贫发生率来看，积石山县、东乡县和临夏县都处于较高的水平，所以在调研选择时，我们对这3个县的农户进行了重点调查，获取的样本量也较大。而临夏市脱贫年限较早，在2017年脱贫，且县域发展水平相对较高，贫困人口和返贫人口较少，所以在调研时发放问卷相对较少。另外，考虑到交通的便捷性和数据调研的可获得性，广河县和永靖县发放和回收的问卷也相对较少。

二、问卷设计和数据获取

（一）问卷设计

笔者前期围绕选题查阅了大量的文献和临夏州相关资料，对临夏州州情和当前学界相关研究进展有了较清晰的掌握，为后续问卷设计奠定了一定基础。笔者在 2019 年参与国家社会科学基金重大项目"民族地区深度贫困大调查与贫困陷阱跨越研究"课题调研，深入新疆阿克苏地区和甘肃甘南州等地实地调研走访，初步掌握了一定的调研方法和技巧，对民族地区贫困和返贫现状也有了一定认识。结合课题调研问卷并与临夏州从事扶贫工作的一线干部请教学习，结合多方修改意见，初步形成了问卷样本（见附录）。

2019 年 7 月，在甘肃省临夏回族自治州积石山县和东乡县进行了第一轮小范围的预调研，调研效果不是特别理想。一是由于很多受访者需要在调研员的引导下理解问卷内容，并且觉得问卷调研信息量太大，时间过长。二是由于当时正处于脱贫攻坚的关键时点，地方政府对"返贫"类的调研具有高度的敏感性，帮扶干部对在场农户问题回答有一定的引导性，导致真实反映农户状况和意愿的信息获取困难。2020 年由于新冠疫情的影响且处于脱贫攻坚战的决胜时刻，调研停滞。2021 年 7 月围绕预调研结果对问卷内容重新调整后，笔者带领临夏州当地学生在临夏州开展了第二轮调研，相比于第一次调研，第二轮调研反馈情况良好，每份问卷调研时长都能有效控制在 30 分钟以内，且当地政府配合度更高，也一定程度上提高了调研效率和效果。随后 8—11 月之间，在临夏州当地学生和建立起友好关系的当地扶贫干部帮助下，问卷调研取得了突破性进展。

整个调研问卷一共分为三部分：第一部分是研究对象的基本情况，包括基本信息和生产生活情况两大部分，具体包括受访者个人信息、家庭成员基本信息、家庭收支情况、住房情况、生产条件情况、生活条件状况等，数据信息来源为入户访谈、一户一情监测上墙表和调研地部分"防返贫监测系统"农户信息；第二部分是农户返贫情况及认知，通过访谈初步了解农户对自身脱贫稳定性的判断，以及其对返贫风险的预计，包括农户层面对于返贫防治举措的理解，信息获取来源为入户访谈；第三部分是农户对于返贫风险的感知，测度其主观认知上各项现实风险对于返贫的影响，以及出现各项返贫现实诱因后农户的应对措施。

（二）数据获取

最终共计发放问卷 346 份，有效回收 322 份，问卷有效回收率 93.06%。针对农户的返贫风险测度，调研地域范围涵盖了临夏州 8 个县市中的 14 个乡镇 27 个行政村，其中积石山县参与调研的农户最多，达到 69 份，占比 21.43%，范围包括石塬镇、大河家镇、关家川乡 3 个乡镇中的 4 个行政村。东乡县、和政县和临夏县收集到的调研样本也较多，依次为 54 户、52 户和

49 户（表5-1）。

表5-1 调研样本地域分布

县市	积石山县	永靖县	临夏县	东乡县	康乐县	临夏市	广河县	和政县
份数	69	20	49	54	36	23	19	52

第二节 样本数据统计与基本特征分析

一、样本基本信息分析

（一）农户属性分析

如图5-1所示，在322户被调研农户中，有42%的农户属于边缘易致贫户，32%的农户属性为一般农户，脱贫不稳定户占被调研农户的23%，另外还有3%的农户属于突发严重困难户。这是由于在样本选择前，部分都是通过当地扶贫干部先了解情况，有针对性地选择了脱贫不稳定户和边缘易致贫户进行调研。

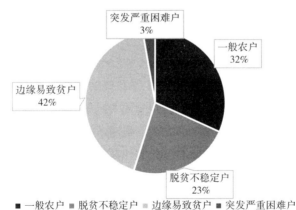

图5-1 调研样本户农户属性

（二）户主特征分析

1. 户主性别、民族及年龄

如图5-2所示，322户被调研农户中涵盖了汉族、撒拉族、回族、东乡族、保安族、土族、藏族和其他少数民族，其中回族占比最高，有98户，依次是汉族 77 户、东乡族 49 户、保安族 35 户、撒拉族 26 户、土族 12 户、藏族 8 户，其他少数民族总计 17 户。受访农户少数民族占比达到 76.09%，这也基本符合临夏州少数民族人口占比高的客观实际。

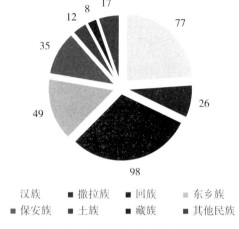

图 5-2　调研样本农户民族属性

由表 5-2 可知，322 位调查对象中户主为男性的有 297 人，占比 92.24%，女性 25 人，占比 7.76%。从户主年龄特征统计看，此次调研中，322 户家庭中，户主年龄主要是分布在 41 岁及以上这个阶段，有 262 人；30 岁及以下的户主只有 7 人，占样本量的 2.17%；户主年龄在 51~60 岁的占比 27.64%，61 岁及以上的占比 30.12%。51 岁以上的户主占比达到 57.76%，户主老龄化现象比较严重。

2. 户主身体状况及受教育情况

户主个人身体状况问题上，322 人中只有 81 人自认为健康，占比 25.16%；身体状况比较差经常生病的户主有 92 人，占比 28.57%；户主中长期慢性病患者有 78 人，占比为 24.22%；患有大病的有 29 人，占比 9.01%；还有 13.04% 的户主身体有残疾。① 由此看出样本户主总体健康状况较差。调研了解到，由于临夏州部分地区属于高寒阴湿区，常年平均温度在 8℃ 以下，高寒低氧导致大骨节病等患病概率高；另外由于临夏州人民特殊的饮食习惯，高血压、高血脂病等较为常见，患病人数的增加，加重了家庭看病就医负担，是影响脱贫家户稳定脱贫的重要因素之一。

---

① 户主身体健康状况统计为了不重复交叉，户主同时兼有两项指标时选择顺序如下：若户主残疾兼患有大病或长期慢性病等，只统计为残疾；当户主同时兼患有大病或长期慢性病时，只统计为患有大病。

对户主文化程度统计发现，户主文化程度为文盲或半文盲的有 125 人，占比 38.82%；小学文化程度的有 156 人，占比为 48.45%；初中文化程度的有 35 人，占比 10.87%；高中及以上文化程度的只有 6 人，只占整个调研样本的 1.86%，可见被调研农户户主普遍文化程度偏低，文盲或半文盲的情况比较普遍。在户主国家通用语言文字熟练程度上统计发现，只有 16 人认为自己完全掌握，能熟练说出国家通用语言，并且在写和认常规汉字上没有障碍；186 人认为自己基本掌握，但普通话不是很标准；但是还有 120 人认为自己国家通用语言文字运用很差，基本不认识，不会写也太不会说，占比达到 37.27%。在互联网快速普及以及电商、网购逐步崛起的今天，不会使用计算机或者智能设备进行交流、与社会互动的人都已经成为"新型文盲"，更不用说国家通用语言掌握不够。文化程度的低层次是影响临夏州原脱贫农户快速适应社会发展、实现稳步就业的主要障碍性因素。

3. 户主职业特征

在户主职业类型上看，务农的有 101 人，占比 31.37%；务工的有 171 人，占比 53.11%；有 3 人在企事业单位工作，占比 0.93%；从事个体经营的有 23 户，占比 7.14%；有 1 人为学生，占比 0.31%；另外 23 人是其他职业，占比 7.14%，受访户中没有在政府机关工作的人员。可见务工是临夏州农民获得收入来源的主要方式。从打工的整体状况上看，有 171 人，78.36% 的人员选择留在省内务工，务工人员中只有 21.64% 的人选择省外务工。（省外务工 37 人，除以 171，所以比例是 21.64%；县内务工 93 人加上县外省内务工 41 人一起 134 人都属于省内务工人员，占比 78.36%）说明虽然临夏州一直促进外地就业输转，尤其是在厦门市、济南市等对口帮扶城市之间，但由于语言和生活习惯的差异，以及务工人员文化的相对较低层次，临夏州省外务工比例还不是很高，当然这也跟受访农户户主基本年龄偏大、劳动能力不足有关。从是否担任干部来看，有 9 人担任干部职务，占比仅为 2.8%；从是否具备某项专业技能来看，仅有 79 户具备相关技能，而另外 243 户没有相关专业技能，基本只能从业简单的体力劳动，稳定持续获得收入的能力十分有限。

这些基本特征与前述东乡县 2017 年在当时的"全国扶贫开发信息系统"系统库的返贫家户户主和家庭人口特征呈现出很大的相似性，可见样本大致能反映临夏州脱贫不稳定农户或者边缘易致贫户的基本情况特征，具有比较强的代表性。

表 5-2 调研样本农户户主特征

特征	类别	人数	占比（%）	特征	类别	人数	占比（%）
性别	男	297	92.24	身体状况	健康	81	25.16
	女	25	7.76		体弱多病	92	28.57
年龄	30 岁及以下	7	2.18		长期慢性病	78	24.22
	31~40 岁	53	16.46		大病	29	9.01
	41~50 岁	76	23.60		残疾	42	13.04
	51~60 岁	89	27.64	职业类型	务农	101	31.37
	61 岁及以上	97	30.12		务工	171	53.11
民族	汉族	77	23.91		企事业单位	3	0.93
	撒拉族	26	8.07		政府机关	0	0.00
	回族	98	30.43		个体	23	7.14
	东乡族	49	15.22		学生	1	0.31
	保安族	35	10.87		其他	23	7.14
	藏族	8	2.49	是否担任干部	是	9	2.80
	其他民族	29	9.01		否	313	97.20
文化程度	文盲或半文盲	125	38.82	是否具备某项专业技能	是	79	24.53
	小学	156	48.45		否	243	75.47
	初中	35	10.87	打工状况	在家务农	101	31.37
	高中及以上	6	1.86		县内务工	93	28.88
国家通用语言文字熟练程度	熟练掌握	16	4.97		县外省内务工	41	12.73
	基本掌握	186	57.76		省外务工	37	11.49
	未掌握	120	37.27		其他	50	15.53
				是否参与新型合作医疗	是	322	100.00
					否	0	0.00

（三）农户家庭人口特征

如表5-3所示，在每户家庭人口上，样本家庭中，家庭人口为2人及以下的户数只有2户，占样本量总数的0.62%；家庭人口为3人的户数有56户，占比17.39%；家庭人口为4人的有43户，占比13.35%；家庭人口为5人的有91户，占比28.26%；家庭人口为6人及以上的达到130户，占样本总量的40.37%。家庭人口在6人及以上的家庭中，6人家庭有52户（占比16.15%），7人家庭有29户（占比9.01%），8人家庭有34户（占比10.56%），9人家庭12户（占比3.73%），10人家庭有3户（占比0.93%）。由此可见，临夏州家庭人口规模较大，受访农户户均人口5.35人，比第七次全国人口普查显示的平均每个家庭户的人口2.62人的2倍还多，这也一定程度反映出临夏州农村家庭尤其是脱贫不稳定家庭人口经济负担较重的现实状况。

表5-3　调研样本农户家庭人口特征

家庭人口	户数	占比（%）	家庭劳动力人数	户数	占比（%）
1	1	0.31	0	4	1.24
2	1	0.31	1	61	18.94
3	56	17.39	2	82	25.47
4	43	13.35	3	124	38.50
5	91	28.26	4	31	9.63
6	52	16.15	5	9	2.80
7	29	9.01	6	11	3.42
8	34	10.56			
9	12	3.73			
10	3	0.93			

从家庭劳动力人数来看，家庭劳动力人数集中在1~3人。具体来看，其中有4户（占比1.24%）家庭完全无劳动力，主要是一些残疾人或者独居老人，像调研走访的临夏县土桥镇辛付村就有一户是四个老人共同居住，但均年事已高或患有残疾，无劳动能力，除了依靠政府救济无任何收入来源，只

能依靠兜底保障政策的实施来维持其基本生活。另外一个家庭只有 1 位劳动力的有 61 户（占比 18.94%），有 2 位劳动力的有 82 户（占比 25.47%），这类家庭生活压力也较大，按上述分析的一户家庭平均 5.35 口人来看，一个劳动力得负担 2.6 个或者 5.35 个家庭成员的生活开支。劳动力缺乏，家庭人口负担较重是临夏州原脱贫家户实现稳定的又一障碍性因素。

二、样本农户收入及支出情况分析

（一）务工收入成为主要收入来源，收入外源依赖性较高

如图 5-3 所示，样本农户家庭收入主要来源分为四大类：家庭经营性收入（种养殖收入）、工资性收入（务工收入）、转移性收入（各类补贴）和财产性收入（资产扶贫收益等）。调查结果统计发现，样本户 2020 年家庭年收入最高的达到 295 245.15 元，最低的家户 2020 年家庭收入为 7073.38 元。样本户的家庭年纯收入最高的一家为 87 662.48 元，最低的一户还是 7073.38 元。从人均纯收入层面上看，家庭人均纯收入最高的有 17 827.53 元，最低的为 5288.25 元，中位数为 6916.13 元，平均值为 7112.98 元。这与临夏州 2020 年农村居民人均可支配收入 8113 元还是存在一定差距，主要原因可能在于样本农户多属于脱贫不稳定户或边缘易致贫户，本身生计资本相对较差。

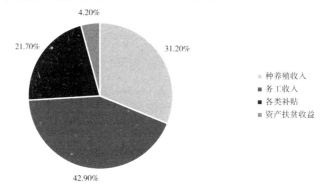

图 5-3 调研样本农户户均收入构成情况

从收入结构上看，根据农户家庭收入各收入来源占家庭总收入的比重进行统计，可以大致看出农户的生计策略的选择，并以此将农户划分为四大类，即务农主导型、务工主导型、补贴依赖型和多业兼营型。统计结果如表 5-4 所示。

表5-4 调研样本农户家庭收入来源占比统计表

农户类型	分类标准	样本数量	占比（%）
务农主导型	种养殖收入/家庭年收入>50%	73	22.67
务工主导型	工资性收入/家庭年收入>50%	166	51.55
补贴依赖型	转移性收入/家庭年收入>50%	61	18.94
多业兼营型	不属于以上三类的	22	6.83

可以看出，样本农户中，依靠务工取得的工资性收入是家庭收入的主要来源，大部分家户都是通过这一个生计策略来谋生，占比达到51.55%；通过种养殖务农取得收入次之，以这一生计为主要谋生手段的家庭占到22.67%；另一部分农户由于因病因残导致家庭劳动力缺失，只能依靠政府补贴和救济来生活，这部分农户占比有18.94%，相对较高，主要是由于样本农户中有很大部分就是原因病因残致贫的群体；还有6.83%的农户家庭是通过多样化谋生手段来获得生计资本。

（二）食物支出户均占比最高，生产、医疗及教育次之

从2020年调研样本农户支出数据统计来看，322户户均总支出为29 257元，其中户均食物支出为9420.75元，占比达到32.20%；户均生产支出为5705.11元，占比达到19.50%；户均医疗支出为4376.85元，占比14.96%；户均教育支出为3812.19元，占比13.03%；户均衣着支出为2995.92元，占总支出比为10.24%；户均人情送礼支出为1398.49元，占比为4.78%；户均文化娱乐支出为909.89元，占比为3.11%；户均宗教信仰支出为637.80元，占比2.18%。

322户每户人均支出为6236.42元，低于2020年临夏州农村居民人均消费支出的7252元，可见调研样本农户总体收入支出水平都不高，还未达到临夏州农村居民平均水平。调研农户食物支出占比较高，达到32.2%，相比于临夏州2020年农村居民恩格尔系数31.6%，高出0.6个百分点，比全国2020年居民恩格尔系数高出2个百分点。

三、样本农户生产生活情况分析

（一）生产资源比较有限，产业化效果不太理想

经统计，调研样本农户平均每户耕地规模为1.96亩，其中耕地面积最多的农户有13亩，耕地面积最小的农户仅0.4亩，农户的耕地资源十分有限。

耕地有效灌溉面积也是相当缺乏，走访了解到基本只有极小部分靠近沟渠的田地能便利灌溉，其他山旱地都得人工挑水浇灌，种植的条件比较有限。调研样本中82.4%的农户没有农机器械，剩余小部分有农机器械的农户家庭，也是只有拖拉机、水泵等简易设备，像开沟机、喷粉机等产业规模化种植器械基本没有。

如表5-5所示，322户样本农户中有76户参加了农业合作组织，参与率为23.60%，基本都是牛羊养殖和花椒、藜麦等种植合作社，有57户农户已从产业合作中受益，但从产业中获得收益均值只有1920.71元，相对较少。调研中，在增收情况好坏选择上，有37户选择了"差"这个等次，占76户参与农业合作组织农户的48.68%；只有7.89%的农户选择了"好"这个等次，可见调研农户中普遍反映产业组织带动的增收情况不是太好。可见，样本农户农业生产资源比较有限，且生产的组织化程度相对来说处于低水平状态。

表5-5 调研农户参与产业情况

参与产业情况	类别	户数	占比（%）	参与产业情况	类别	户数	占比（%）
参与农业合作组织	是	76	23.60	增收情况	好	6	7.89
	否	246	76.40		一般	33	43.42
产业收益	0元	265	82.30		差	37	48.6
	1000元以下	29	9.01	产业发展效果	好	9	11.84
	1000~3000元	17	5.28		一般	34	44.74
	3000~5000元	6	1.86		差	33	43.42
	5000元以上	5	1.55				

（二）生活条件明显改善，公共服务水平有效提升

从住房条件上看，322户调研样本农户住房面积户均有189.64平方米，但样本农户之间呈现较大差异，农户住房面积最大的有590平方米，最小的只有90平方米，差异较显著。从住房结构上看，如图5-4所示，砖混材料结构的最多，有159户，占比为49.38%；钢筋混凝土结构的次之，有87户，占比为27.02%；其他结构（调查了解到主要为木质结构）有39户，占比为

12.11%；砖瓦砖木、石窑洞结构有 37 户，占比为 11.49%；调研农户中已经没有住竹草土坯、土窑洞结构住房的。调研了解到很多农户都享受到了"危房改造"政策实惠，通过政府的帮助，他们从过去的破、旧、漏的竹草土坯房搬进了宽敞明亮的砖混材料、钢筋混凝土住房，居住条件大大改善，生活质量显著提升。另外从建房时间上看，82%的农户建房时间都在 2010 年之后，建房时间在 2016—2018 年间的农户占比最高，达到 69% 左右，可见主要是由于帮扶政策的影响和危房改造项目的全面实施，农户住房条件明显改善。

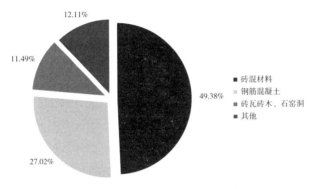

图 5-4　调研样本农户住房结构情况

从生活条件和农户对社会网络、帮扶政策认知和参与上看，根据调研农户主观感受，按便利程度、好坏程度和参与程度打分，总分是 5 分，得分越高代表越好。统计结果如表 5-6 所示。可以看出，受访农户普遍认为目前看病就医、交通条件、教育条件和社会信任互助程度较好，总体比较满意，认为自身对于帮扶政策的认知和参与程度均较高。

表 5-6　调研样本农户生活条件及政策感知

指标	得分	频次	占比（%）	指标	得分	频次	占比（%）
看病就医条件	1	46	14.28	社会信任互助程度	1	42	13.04
	2	29	9.01		2	64	19.88
	3	67	20.81		3	96	29.81
	4	74	22.98		4	87	27.02
	5	106	32.92		5	33	10.25

续表

指标	得分	频次	占比（%）	指标	得分	频次	占比（%）
交通便利程度	1	46	14.29	帮扶政策认知程度	1	28	8.70
	2	37	11.49		2	38	11.80
	3	77	23.91		3	96	29.81
	4	98	30.43		4	97	30.12
	5	64	19.88		5	63	19.57
教育条件	1	21	6.52	帮扶政策参与程度	1	2	0.62
	2	25	7.77		2	9	2.80
	3	56	17.39		3	89	27.64
	4	91	28.26		4	103	31.99
	5	129	40.06		5	119	36.95

第三节　临夏回族自治州返贫风险测度指标体系构建

通过对前期返贫风险测度资料进行梳理，且结合调研地实际情况，在遵循科学性、重要性、客观性、可操作性原则的基础上，构建了调研地返贫风险测度指标体系。同时运用专家打分法和CRITIC权重法相结合，共同确定返贫风险测度指标的权重，将主客观权重相结合，以期获得更符合调研地实际的测算结果，了解调研地目前可能存在的返贫风险。

一、临夏回族自治州返贫风险测度指标的选取原则

返贫现象的产生往往是多种因素共同影响的结果，如自然灾害、个人能力缺失、生产条件变化等，存在一定的地域和个体差异。因此，选取指标时，既要考虑综合评价也要兼顾地域特征，主要遵循以下四个原则。

（一）科学性原则

返贫风险测度指标选择必须以科学理论为指导，在充分调研、系统研究

的基础上，能准确反映返贫现象产生的机理，指标的意义必须明确，能规范统计。一方面，指标不宜过多或者过细，防止出现返贫风险信息重叠或导致计算烦琐；另一方面，也不宜过少或者过简，防止出现信息缺漏，不能真实反映情况。科学系统的指标体系以能全方位、多角度反映返贫人员的特征为宜。

（二）重要性原则

影响返贫发生的因素可能单一可能多元，还可能多重诱因交叉重叠，但由于数据的可获取性和返贫风险诱因的复杂性，我们不可能把所有可能导致返贫的因素一一列出，因此要注重理论知识的运用和调研地实际情况的梳理，选取最重要、最具有代表性的返贫风险测度指标，根据此指标参数的异动能迅速把握返贫风险的变化情况。

（三）客观性原则

返贫是一种综合的社会现象，其诱因不仅具有一定的普遍性，还会存在较大的地域差异。因此在选取时要避免大而化之、简单套用，必须结合调研当地的实际情况。这种特异性能更好更精准地反映当地返贫风险的异质特征，便于更好地"对症下药"。

（四）可操作性原则

返贫风险测度指标选取要避免一些笼统、不明确的指标，不能过于理论化或理想化，要具有一定的可测量性和可比性，易于量化、方便获得，便于数据的统计和处理。

二、临夏回族自治州返贫风险测度指标体系的构建思路

通过文献检索研究得知，目前关于返贫风险测度指标体系建设，国外研究文献相对较少，国内学者已经有了一定研究，但未有一套统一且被各界普遍认可的指标体系。综观已有相关研究文献，主要分为三大类别。

一是基于"暴露—敏感性—适应能力"返贫脆弱性分析框架或可持续生计分析框架，利用模糊综合评价法或者加权求和指数法对农户返贫风险进行评估。

二是基于阿玛蒂亚·森的多维贫困理论，采用 A-F 双临界值法从多维视角来测度农户的多维返贫的发生率。

三是利用 Logistic 回归分析方法（包括有序多分类 Logistic、二分类 Logistic 回归等）、蒙特卡洛模拟法等数理统计分析方法来预测农户未来的返

贫发生率，以及分析返贫发生率与其相关因变量之间的正负向逻辑联系。

本书在建立临夏回族自治州返贫风险测度指标体系时，主要参考的是第一类，即生计脆弱性分析框架，主要是基于以下两方面的考虑。一是因为通过文献梳理研究发现，返贫的根源在于农户生计的脆弱性，在第二章对返贫的定义进行界定时候我们也谈到，返贫实际上就是农户生计脆弱导致的贫困退出的不可持续，所以返贫和贫困在解决的切入点和思路上都有很大的相似性，其差异只是在于一些基本条件的变化，它们的本质还是同源相通的。二是因为在以往的研究中，大部分时候生计脆弱性框架的研究对象是贫困户，本书研究的返贫对象在第二章已经做了界定，是广义上的返贫，也就是现行"非贫困"状态的人口，当然重点是原建档立卡农户和现边缘易致贫农户，从根本上讲，这两个研究对象是有高度重合性的。区别在于，一个是研究处于绝对贫困状态的农户，一个是研究脱离绝对贫困后处于相对贫困状态的农户，很有可能是同一批人，是这同一批农户所处的两个不同的时期。因此，本书在构建返贫风险指标体系时，分析框架和思路是借鉴生计脆弱性框架的，但是考虑到临夏回族自治州的一些特殊实际，没有直接照搬这套框架展开研究，而是对其进行了一些贴近研究地区实际的改变和构建。

构建指标体系的主要目的是确定选取的指标与目标值之间的关系。对于返贫风险这一复杂的目标标的，要合理确定其诱因指标，既要运用扎实的相关理论知识，又要具备一定的实际经验。因此，笔者在选取指标时，首先充分查阅了返贫风险测度指标体系构建的文献资料，借鉴相关思路和方法，做好了相关理论准备。其次结合实地调查研究，开展脱贫户走访、驻村干部、各级帮扶干部访谈等，基本确定返贫的诱因。再次将初步构建的返贫风险测度指标体系交由帮扶干部、高校相关研究学者进行评价修正。最后总结修订完成了返贫风险测度指标体系构建。

（一）自然资本返贫风险

自然资本是指农户通过自然资源利用所带来的资本收益以及遭受自然灾害、重大不可抗病害所遭受的损失。考虑到临夏州地形复杂，河谷纵横，丘陵起伏，地域海拔差异高达 3000 米，而海拔高度对农作物产量有显著影响，故首先选择村海拔高度作为自然资本评价指标之一，其次选择耕地数量和质量、近两年遭受的自然灾害、重大病害数作为衡量指标。

（二）经济资本返贫风险

经济资本是指农户可支配的维持其生产生活的家庭存量资产和可预计增量资产。若家庭存量资产较少，且可预计增量资产不足，一旦发生各类外来风险，也可能再次陷入贫困。家庭存量资产主要用住房条件、家庭耐用消费品及农机器械价值来衡量。可预计增量资产拟用家庭年人均纯收入、转移性收入占比、产业发展带来的增收效果持续性来衡量。

（三）人力资本返贫风险

人力资本是指农户拥有的能维持其生产生活的知识技能、文化技术水平、健康状况等。可以想象，若一家农户总体文化程度低下，没有一技之长、劳动力质量差，加之有家庭成员身体健康状况不好，缺乏收入来源又有一定疾病等刚性成本支出，很可能再次陷入贫困状态。因此，考虑到部分基础技能有初中以上文化程度就可掌握，本书用初中以上文化程度人数占比、劳动力占比、有技能劳动力占比和家庭人口总体健康状况来衡量人力资本返贫风险的大小。

（四）社会资本返贫风险

本书所指社会资本是农户通过社会网络、互惠性规范、相互信任从社会结构中获取的资本以及通过国家政府社会保障制度等取得的资本，这种资本能使农户在面临疾病或其他困难时获得外界帮助而脱困。基于个人社会网络取得的资本，本书用社会网络关系、信任互助程度以及为维持这种网络和信任所支出的人情礼品3个指标来衡量；社会保障资本主要通过看病就医条件和保险救助程度来衡量。

（五）政治资本返贫风险

政治资本指农户通过政策认知、政策参与来了解并掌握可供使用的政治政策资源。调研了解到，部分返贫现象的产生，不是因为各种经济要素不足，而是因为政策认知不够、参与不足未能及时获得帮扶所产生，也就是一般意义上说的"社会权利贫困"。本书用政治身份（假定党员或干部比一般农户政策认知度和参与度高）、政策认知和政策参与来衡量。

（六）发展机会返贫风险

本书所指发展机会是农户利用现有资源、自身努力和外界支持获得的持续稳定增收机会的大小。农户若缺乏发展机会，没有持续增收的能力，那么随着贫困线提高，可能会再次陷入贫困，或者相比其他农户陷入相对贫困状态。考虑到指标的可获取性和代表性，本书选择交通便利程度、劳动技能培训效果、教育条件便利程度和政策性贷款支持帮扶效应作为发展机会返贫风险的衡量指标。

三、临夏回族自治州返贫风险测度指标体系的构建

（一）指标设计

综上，选择所在村平均海拔，人均耕地数量，耕地质量，自然灾害、重大病害数 4 个指标来衡量自然资本返贫风险；选择住房条件、家庭年人均纯收入、转移性收入占比、家庭其他资产价值、产业发展效果 5 个指标来衡量经济资本返贫风险；选择文化程度、劳动力占比、劳动力质量、健康状况 4 个指标来衡量人力资本返贫风险；选择看病就医条件、医疗保险及救助、社会网络、信任互助、人情礼品支出占比 5 个指标来衡量社会资本返贫风险；选择政治身份、政策认知、政策参与 3 个指标来衡量政治资本返贫风险；选择交通便利程度、劳动技能培训效果、教育条件、政策性贷款支持 4 个指标来衡量发展机会返贫风险。总计 6 个一级指标、25 个二级指标构成了返贫风险测度指标体系。详见表 5-7。

表 5-7　返贫风险测度指标体系

一级指标	二级指标	指标说明及赋值
自然资本返贫风险	平均海拔	村海拔
	人均耕地数量	耕地面积/家庭总人口
	耕地质量	有效灌溉耕地面积
	自然灾害、重大病害数	近两年遭遇灾害次数（滑坡、洪涝、干旱；瘟疫：猪瘟、羊瘟等），0 次=1；1~3 次=2；3 次及以上=3
经济资本返贫风险	住房条件	钢混/砖混房=1；砖瓦砖木房=2；竹草土坯房=3；没有自住房=4
	家庭年人均纯收入	家庭年纯收入/家庭总人口
	转移性收入占比	转移性收入/总收入
	家庭其他资产价值	家庭耐用消费品及农机器械价值
	产业发展效果	增收且可持续=1；增收但不可持续=2；未增收=3

续表

一级指标	二级指标	指标说明及赋值
人力资本返贫风险	文化程度	初中以上文化程度人数占比
	劳动力占比	有劳动能力人口/家庭总人口
	劳动力质量	有技能劳动力/家庭总人口
	健康状况	健康人口/家庭总人口
社会资本返贫风险	看病就医条件	看病就医方便程度，根据方便程度高低赋值 1～3
	医疗保险及救助	合作医疗＝1；大病保险＝2；大病或慢性病救助＝3；其他＝4
	社会网络	在村镇及以上机关任职亲朋好友人数，3 个及以上＝1；1～3 个＝2；无＝3
	信任互助	亲朋好友互帮互助意愿程度，按意愿程度高低赋值 1～3
	人情礼品支出占比	人情礼品支出/家庭总支出
政治资本返贫风险	政治身份	是否为党员或干部，是＝1；否＝2
	政策认知	对医疗、产业、教育、社会兜底保障等政策了解程度，按了解程度高低赋值 1～3
	政策参与	对村委会工作、帮扶资金使用、自身稳定脱贫方案等的关心程度，按了解程度高低赋值 1～3
发展机会返贫风险	交通便利程度	按便利程度赋值 1～3
	劳动技能培训	参与且有效＝1；参与但效果不明显＝2；参与但无效果或未参加＝3
	教育条件	按便利程度赋值 1～3
	政策性贷款支持	有且有明显帮助＝1；有但帮助不明显＝2；有但无帮助或无＝3

（二）指标权重赋值

考虑到在一线工作的扶贫工作人员的经验很重要，本书返贫风险测度一级指标采用专家打分法进行确定，二级指标同时采用专家打分法和 CRITIC 权重法结合确定。

一级指标确定，即自然资本、经济资本、人力资本、社会资本、政治资本、发展机会缺失所带来的返贫风险程度，采用专家赋权法来确定其权重。在咨询各州县扶贫干部、乡镇扶贫干部、驻村扶贫干部后，发现经济资本和人力资本缺失在返贫风险中所占比重较大，政治资本和社会资本所占比重较小。经打分进行均值测算，自然资本返贫风险指标权重为 0.14，经济资本返贫风险指标权重为 0.23，人力资本返贫风险指标权重为 0.24，社会资本返贫风险指标权重为 0.12，政治资本返贫风险指标权重为 0.12，发展机会返贫风险指标权重为 0.15（见表 5-8）。

表 5-8 返贫风险测度指标体系一级指标权重专家打分表

专家	自然资本	经济资本	人力资本	社会资本	政治资本	发展机会
专家 1	0.1	0.3	0.2	0.1	0.1	0.2
专家 2	0.2	0.3	0.2	0.1	0.1	0.1
专家 3	0.1	0.2	0.4	0.1	0.1	0.1
专家 4	0.1	0.2	0.2	0.1	0.2	0.2
专家 5	0.1	0.2	0.3	0.1	0.1	0.2
专家 6	0.1	0.2	0.2	0.1	0.2	0.2
专家 7	0.2	0.1	0.3	0.2	0.1	0.1
专家 8	0.1	0.3	0.2	0.1	0.1	0.2
专家 9	0.2	0.2	0.3	0.1	0.1	0.1
专家 10	0.2	0.2	0.2	0.2	0.1	0.1
专家 11	0.2	0.2	0.2	0.1	0.2	0.2
专家 12	0.1	0.2	0.4	0.1	0.1	0.1
专家 13	0.2	0.2	0.2	0.1	0.2	0.1
专家 14	0.2	0.1	0.4	0.1	0.1	0.1
专家 15	0.1	0.3	0.2	0.2	0.1	0.1
专家 16	0.2	0.3	0.1	0.1	0.1	0.2
专家 17	0.1	0.3	0.2	0.2	0.1	0.1

续表

专家	自然资本	经济资本	人力资本	社会资本	政治资本	发展机会
专家 18	0.1	0.2	0.2	0.1	0.1	0.3
专家 19	0.1	0.3	0.2	0.1	0.1	0.2
专家 20	0.2	0.3	0.2	0.1	0.1	0.1
均值	0.14	0.23	0.24	0.12	0.12	0.15

注：专家来自州扶贫干部、县市扶贫干部、乡镇扶贫干部、驻村扶贫干部，各 5 人。

二级指标确定，参考部分学者研究成果，综合使用专家打分法得出主观权重，使用 CRITIC 权重法确定客观权重，最终得出各二级指标的组合权重，通过主客观相结合以获取更符合实际情况的测算结果。二级指标主观权重赋值用专家打分法，步骤如一级指标专家打分，不再赘述。二级指标客观权重测算采用 CRITIC 权重法，主要基于以下考虑：一是由于相比于熵权法和标准离差法这两种常见的客观权重赋值法，CRITIC 权重法能兼具指标变异性和指标之间的相关性，它是基于对指标对比强度评价和指标冲突性大小来进行综合衡量的；二是因为 CRITIC 权重法能较好地解决指标多重共线性的问题，而这恰好是本书研究需要的，如上指标所见，指标体系中有客观数值还有主观的判断，且指标数量达到 25 个之多，难免存在多重共线性的问题。CRITIC 权重法具体测算方法如下：

量化处理数据。对各个指标数据进行无量纲化处理，来消除量纲对评价结果的影响。

预计方向为正的指标：

$$x'_{ij} = \frac{x_{ij} - x_{jmin}}{x_{jmax} - x_{jmin}} \tag{5-1}$$

预计方向为负的指标：

$$x'_{ij} = \frac{x_{jmax} - x_{ij}}{x_{jmax} - x_{jmin}} \tag{5-2}$$

公式中 x'_{ij} 和 x_{ij} 分别代表的是第 i 个农户第 j 个指标的量化处理值和初始值，x_{jmax} 表示的是农户第 j 个指标的最大值，x_{jmin} 表示的是农户第 j 个指标的最小值。

1. 计算指标变异性

$$\begin{cases} \bar{x}_j = \dfrac{1}{n}\sum_{i=1}^{n} x_{ij} \\ S_j = \sqrt{\dfrac{\sum_{i=1}^{n}(x_{ij} - \bar{x}_j)^2}{n-1}} \end{cases} \tag{5-3}$$

农户观测指标的变异性也就是这个指标取值差距的大小用标准差来衡量，也就是公式中的 S_j，即第 j 个指标的标准差。

2. 计算指标冲突性

$$R_j = \sum_{i=1}^{p}(1 - r_{ij}) \tag{5-4}$$

农户观测指标的冲突性也即指标之间的相关性，用相关系数来表示。

3. 求指标信息量

$$C_j = S_j \sum_{i=1}^{p}(1 - r_{ij}) = S_j \times R_j \tag{5-5}$$

指标信息量的取得即 C_j，用指标的变异性和指标的冲突性相乘进行计算，C_j 越大说明这个指标在该层次评价体系中的作用越大，分配的权重也应该越大。

4. 计算指标客观权重

$$W_j = \dfrac{C_j}{\sum_{j=1}^{p} C_j} \tag{5-6}$$

W_j 代表第 j 个指标通过 CRITIC 权重法具体测算取得的客观权重值。

将各二级指标按一级指标的类次分 6 次导入 SPSSAU 软件，通过 CRITIC 权重法进行测算，可以得出各个指标的客观权重值，如表 5-9 所示。

表 5-9　返贫风险测度二级指标 CRITIC 权重计算结果

一级指标	二级指标	代码	指标变异性	指标冲突性	信息量	客观权重（%）
自然资本返贫风险	平均海拔	X1	0.382	11.326	4.327	26.43
	人均耕地数量	X2	0.269	13.697	3.684	22.51
	耕地质量	X3	0.175	21.328	3.732	22.80
	自然灾害、重大病害数	X4	0.298	15.528	4.627	28.27

续表

一级指标	二级指标	代码	指标变异性	指标冲突性	信息量	客观权重（%）
经济资本返贫风险	住房条件	X5	0.242	14.639	3.543	20.61
	家庭年人均纯收入	X6	0.375	12.678	4.754	27.66
	转移性收入占比	X7	0.152	14.512	2.206	12.83
	家庭其他资产价值	X8	0.326	10.003	3.261	18.97
	产业发展效果	X9	0.145	23.625	3.426	19.93
人力资本返贫风险	文化程度	X10	0.254	15.829	4.021	25.32
	劳动力占比	X11	0.302	10.336	3.121	19.66
	劳动力质量	X12	0.361	12.627	4.558	28.71
	健康状况	X13	0.293	14.263	4.179	26.32
社会资本返贫风险	看病就医条件	X14	0.256	10.393	2.661	15.78
	医疗保险及救助	X15	0.293	15.932	4.668	27.68
	社会网络	X16	0.232	11.743	2.724	16.16
	信任互助	X17	0.221	15.321	3.386	20.08
	人情礼品支出占比	X18	0.339	10.101	3.424	20.31
政治资本返贫风险	政治身份	X19	0.292	20.516	5.991	30.92
	政策认知	X20	0.321	19.362	6.215	32.08
	政策参与	X21	0.336	21.336	7.169	37.00
发展机会返贫风险	交通便利程度	X22	0.259	11.312	2.930	21.36
	劳动技能培训	X23	0.251	18.697	4.693	34.21
	教育条件	X24	0.231	16.353	3.778	27.54
	政策性贷款支持	X25	0.191	12.132	2.317	16.89

二级指标主观权重赋值用专家打分法，步骤如一级指标专家打分法。综上计算可以得出，临夏州返贫风险测度指标体系各指标的综合权重值，如表5-10所示。

表5-10 返贫风险测度指标体系综合权重

一级指标	权重	二级指标	代码	预计方向	主观权重	客观权重	综合权重
自然资本返贫风险	0.14	所在村海拔	X1	+	0.27	0.26	0.26
		人均耕地数量	X2	−	0.23	0.23	0.23
		耕地质量	X3	−	0.24	0.23	0.24
		自然灾害、重大病害数	X4	+	0.26	0.28	0.27
经济资本返贫风险	0.23	住房条件	X5	−	0.20	0.21	0.20
		家庭年人均纯收入	X6	−	0.26	0.27	0.27
		转移性收入占比	X7	+	0.14	0.13	0.14
		家庭其他资产价值	X8	−	0.19	0.19	0.19
		产业发展效果	X9	−	0.21	0.20	0.20
人力资本返贫风险	0.24	文化程度	X10	−	0.26	0.25	0.26
		劳动力占比	X11	−	0.22	0.20	0.21
		劳动力质量	X12	−	0.27	0.29	0.28
		健康状况	X13	−	0.25	0.26	0.25
社会资本返贫风险	0.12	看病就医条件	X14	−	0.19	0.16	0.18
		医疗保险及救助	X15	−	0.25	0.28	0.27
		社会网络	X16	−	0.18	0.16	0.17
		信任互助	X17	−	0.19	0.20	0.19
		人情礼品支出占比	X18	+	0.19	0.20	0.19

续表

一级指标	权重	二级指标	代码	预计方向	主观权重	客观权重	综合权重
政治资本返贫风险	0.12	政治身份	X19	–	0.30	0.31	0.30
		政策认知	X20	–	0.32	0.32	0.32
		政策参与	X21	–	0.38	0.37	0.38
发展机会返贫风险	0.15	交通便利程度	X22	–	0.23	0.21	0.22
		劳动技能培训	X23	–	0.31	0.34	0.33
		教育条件	X24	–	0.27	0.28	0.27
		政策性贷款支持	X25	–	0.19	0.17	0.18

第四节 临夏回族自治州返贫风险测度

一、风险测度模型

在计算一级指标和二级指标的权重后，最后利用加权求和指数法来测算各个一级指标维度的返贫风险指数和加权总体的返贫风险指数，以此来反映样本农户返贫风险的相对大小。具体测算模型如下：

$$R_i = \sum_{j=1}^{n} 100 Y_{ij} w_{ij} \tag{5-7}$$

$$R = \sum_{i=1}^{n} R_i C_i \tag{5-8}$$

公式中，R_i 为样本农户的 6 类返贫风险中第 i 类风险指数，其中 Y_{ij} 表示样本农户第 i 类风险指标下第 j 项的量化处理值，w_{ij} 表示的是第 i 类风险指标第 j 项指标的权重，所有风险指数都乘以 100，以便于观测和分析。R 为样本农户的加权综合返贫风险指数，C_i 代表 6 类返贫风险中第 i 类的指标权重。

二、结果分析

(一) 总体情况分析

通过测算，得出每位样本农户各类返贫风险类型的风险指数和加权总体返贫风险指数。以样本农户的总体返贫风险指数作散点图，优化处理后，可以画出带平滑曲线的总体返贫风险指数散点图，结果如图 5-5 所示。

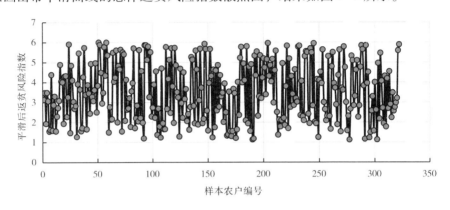

图 5-5　带平滑曲线的样本农户总体返贫风险指数

从图 5-5 中可以发现，大部分样本农户总体返贫风险指数分布在 2~5 这个区域，只有少部分游离在这个区间之外。样本农户总体返贫风险指数基本呈现正态分布，从整体频数分布上看，返贫风险指数最低的拐点在 1.892，返贫风险最高的拐点在 5.887，按照自然断点法，如果把 322 个样本农户总体返贫风险指数分为 5 个等级，则需要在 1.892~5.887 之间平均分 3 等份，可以得出，应将返贫风险指数在 1.892 以下的划分为低返贫风险户，返贫风险指数在 1.892~3.223 之间的划分为较低返贫风险户，中等返贫风险户返贫风险指数在 3.223~4.555 之间，返贫风险指数大于等于 4.555、小于 5.887 的应划分为较高返贫风险户，高返贫风险户风险指数则在 5.887 及以上。

表 5-11　返贫风险指数区间划分及区间农户频数统计

返贫风险类型	返贫风险指数区间值	农户频数
低返贫风险户	返贫风险指数<1.892	63
较低返贫风险户	1.892≤返贫风险指数<3.223	57
中等返贫风险户	3.223≤返贫风险指数<4.555	97

续表

返贫风险类型	返贫风险指数区间值	农户频数
较高返贫风险户	4.555≤返贫风险指数<5.887	66
高返贫风险户	返贫风险指数≥5.887	39

统计各维度返贫风险指数的最大值、最小值和平均值，结果如表5-12所示。

表5-12 样本农户总体和各类别返贫风险指数统计

风险类型	最大值	最小值	平均值
自然资本返贫风险	16.920	0.160	3.521
经济资本返贫风险	36.670	0.420	4.629
人力资本返贫风险	49.320	0.260	4.032
社会资本返贫风险	26.910	0.230	2.863
政治资本返贫风险	11.350	0.090	2.246
发展机会返贫风险	21.410	0.310	3.133
总体返贫风险	22.504	0.335	3.796

总体来看，样本农户加权综合返贫风险指数处于0.335~22.504之间，平均值为3.796，相对来说处于较低水平。6种类别返贫风险的平均值指数从高到低依次是经济资本返贫风险、人力资本返贫风险、自然资本返贫风险、发展机会返贫风险、社会资本返贫风险和政治资本返贫风险。

样本农户自然资本返贫风险在0.160~16.920之间，平均值为3.521，在6类返贫风险中处于中等水平，说明在临夏州自然灾害对于农户返贫仍有一定影响，加之临夏州很多地域山大沟深、山旱地多，农户人均可利用自然资源较少，这些都会影响到农户脱贫的稳定性。通过调研了解到，为有效防治干旱、山体滑坡、冰雹等临夏州常见自然灾害对于农户收入的影响，临夏州各地都采取了积极措施，像鼓励并普及用户购买农业保险、易地扶贫搬迁、发放受灾款补充农户受灾损失等手段，一定程度降低了自然灾害和可利用资源不足对农户家庭收入的影响。但自然灾害多发和可利用资源禀赋小的大环境无法改善，因此以种养殖为主的农户仍认为自然资本缺乏会造成一定的返贫风险。

样本农户经济资本返贫风险在 0.420~36.670 之间，平均值为 4.629，是 6 类返贫风险中得分最高的。说明家庭年均纯收入不足、家庭资产薄弱是导致农户返贫的首要威胁。入户调研中发现，很多样本农户家庭耐用消费品不多，家中仅有的耐用消费品为电视和电冰箱，拥有小汽车的基本没有。另外一些农户反映，由于新冠疫情对整体经济形势的影响，务工场所订单量大幅度减少，务工不像以前两班倒或者三班倒，现在经常一周只上三四天班，务工时间的缩短甚至失业对以工资性收入为主要来源的农户产生了较大冲击。

样本农户人力资本返贫风险在 0.260~49.320 之间，平均值为 4.032，是 6 类返贫风险中平均值得分仅次于经济资本返贫风险的，风险指数相对较高。说明样本农户文化程度不高导致就业质量不高，或者健康水平较差、家户劳动力不足导致家庭经济来源受限，造成一定的返贫风险。前述分析就发现样本农户文化程度普遍偏低，户主文化程度在小学及以下的占比高达 87.27%，导致就业层次较低，多为工地、工厂打零工，收入取得相对较少，并且不稳定。另外，样本农户家庭中，无劳动力或半劳动能力人口相对较多，劳动力的缺乏造成了家庭人均收入的下降。

样本农户社会资本返贫风险在 0.230~26.910 之间，平均值为 2.863，在 6 类返贫风险中平均值得分排在第五位，风险指数相对较低。主要是由于精准扶贫政策的实施，临夏州看病就医条件得到了很大的改善，农户基本都参加了新农村合作医疗，看病有保障，且大病伤残等有政府额外的救助和兜底保障；另外由于乡风文明建设的有效开展，因婚返贫、因丧返贫的现象基本消失，家庭人情礼品支出也出现一定幅度的下降，减少了农户的支出负担。同时，临夏州少数民族互帮互助的优良传统对于农户返贫也起到了一定的遏制作用。

样本用户政治资本返贫风险在 0.090~11.350 之间，平均值为 2.246，是 6 类返贫风险中得分最低的，说明在临夏州帮扶干部尽锐出战，坚持把群众的事当作自己的事、天大的事，在田间地头、农家院落解难题、办实事，用辛苦指数换取群众的幸福指数的工作模式下，农户对于医疗、产业、教育、社会兜底保障等帮扶政策都有了一定的认识和了解，对于自身稳定脱贫的政策和环境关注度得到了有效提升。

样本农户发展机会返贫风险在 0.310~21.410 之间，平均值为 3.113，在 6 类返贫风险中排名第四，属于中等水平。说明样本农户交通情况、受教育条件得到了一定改善和提升，参与劳动技能培训和获得政策性贷款支持的机会也较多。但通过走访了解到，虽然现在针对农户的各类职业技能和就业技能培训种类非常多也较频繁，但是培训的系统性和针对性不强，有些理论与实际脱节，农户难以有效吸收，培训收效慢或者差。

（二）返贫风险农户风险构成分析

通过前述统计（见表 5-11）我们可以看出，返贫风险指数大于等于 5.887 的样本农户有 39 位。分析其各类别返贫风险对于我们了解影响农户返贫的关键性因素具有典型意义。为此，我们对返贫风险指数最高的 20 位样本农户的主导返贫风险因素进行了分析（见表 5-13）。

其中有 9 户返贫风险的主导因素来自经济资本返贫风险，7 户返贫风险的主导因素在于人力资本返贫风险，2 户返贫风险的主导因素在于自然资本返贫风险，2 户返贫风险的主导因素在于发展机会返贫风险。究其原因，经济资本的薄弱性导致其抗风险能力较弱，家底没有积累，样本农户在风险面前暴露度高，脆弱性高；另外人力资本的缺失，劳动力不足或劳动力质量不高导致样本农户生计能力较差，而生计能力又直接影响其利用所有的生计资本的能力。

表 5-13 高返贫风险指数样本农户风险构成

样本编号	自然资本	经济资本	人力资本	社会资本	政治资本	发展机会	总体风险
18	3.20	20.03	35.20	5.20	6.90	4.61	15.65
39	1.61	22.69	16.36	10.77	4.17	3.60	11.70
52	1.84	28.46	11.23	6.12	4.80	4.96	11.55
69	16.00	11.32	3.20	6.90	3.45	8.93	8.19
73	1.89	21.03	11.58	19.69	11.34	15.71	13.96
79	2.68	11.23	9.65	8.31	9.38	20.09	10.41
99	9.93	25.81	21.60	4.39	5.88	19.11	16.61
115	6.21	16.23	46.56	13.17	7.73	18.60	21.07
123	8.96	21.31	29.83	14.69	8.89	15.12	18.41

续表

样本编号	自然资本	经济资本	人力资本	社会资本	政治资本	发展机会	总体风险
163	3.65	27.03	21.28	22.95	7.80	8.32	16.77
197	7.11	25.72	29.25	6.32	4.26	12.23	17.04
199	15.54	12.33	3.61	6.86	7.59	6.55	8.59
205	8.29	21.56	19.23	18.70	5.07	15.05	15.84
215	2.36	21.75	38.90	19.17	2.39	8.33	18.51
220	4.11	30.79	22.65	23.09	2.29	12.60	18.03
248	2.75	16.39	5.32	12.22	6.70	19.38	10.61
250	2.23	33.22	18.28	15.63	1.35	19.52	17.31
251	6.96	23.69	40.04	17.35	11.07	20.41	22.50
258	3.77	33.19	21.33	16.76	6.13	5.69	16.88
308	5.46	21.55	29.58	26.14	4.79	16.65	19.03

（三）不同生计策略样本农户返贫风险对比分析

1. 总体差异分析

从表5-14可以看出，不同生计策略样本农户在总体和6个类别返贫风险上均有一定差异。总体返贫风险上看，务农主导型农户均值最高，为4.385，第二位的是补贴依赖型农户，总体风险水平均值是3.964，第三位的是多业兼营型农户，均值为3.681，总体返贫风险均值水平最低的是务工主导型农户，为3.293。自然资本返贫风险方面，务农主导型农户均值最高，补贴依赖型农户均值最低；经济资本返贫风险方面，补贴依赖型农户均值最高，多业兼营型农户均值最低；人力资本返贫风险方面，补贴依赖型农户均值最高，多业兼营型农户均值最低；社会资本返贫风险方面，差异不是特别显著，最高的为多业兼营型农户，均值为3.013；政治资本返贫风险方面，务农主导型农户均值最高，达到2.669；发展机会返贫风险方面，补贴依赖型农户均值最高，务工主导型农户均值最低。

表 5-14　不同生计策略样本农户总体和各类别返贫风险均值统计

风险类型	务农主导型	务工主导型	补贴依赖型	多业兼营型
自然资本返贫风险	5.893	3.026	2.398	2.469
经济资本返贫风险	5.641	4.791	5.763	4.511
人力资本返贫风险	5.032	4.013	6.817	3.216
社会资本返贫风险	2.796	3.001	2.842	3.013
政治资本返贫风险	2.669	2.132	1.923	1.967
发展机会返贫风险	2.961	2.862	3.793	3.413
总体返贫风险	4.385	3.293	3.964	3.681

2. 两两对比分析

从表 5-15 可以看出，在总体返贫风险上，务农主导型农户显著高于务工主导型、补贴依赖型和多业兼营型样本农户，表明临夏州样本农户中务农主导型农户脱贫稳定性相对较低；在自然资本返贫风险上，务农主导型样本农户均值显著高于其他类型，说明其受地理环境制约和自然灾害影响，自然风险仍较高，而务工主导型样本农户自然资本返贫风险较小，说明外出务工、就地就近就业和参与转移就业等能有效降低自然资本返贫风险；在经济资本返贫风险上，补贴依赖型农户显著高于多业兼营型样本农户，说明拓展增收渠道、增加收入来源能有效增强经济资本积累，降低经济资本返贫风险；在人力资本返贫风险上，补贴依赖型农户显著高于其他生计策略类型样本农户，说明劳动力不足、劳动力质量不高是导致补贴依赖型返贫风险的主要风险因素；在社会资本返贫风险上，四类农户之间差异非常小，说明临夏州总体风俗习惯、社会网络等差异不大；在政治资本返贫风险上，补贴依赖型农户返贫风险最低，说明这类农户，对于帮扶政策的了解度和参与度最高；在发展机会返贫风险上，务工主导型农户的风险是最低的，说明这类农户一般来说，发展思路清晰、头脑灵活，有学习的欲望和能力，积极寻求持续增收的渠道和途径。

表 5-15　不同生计策略样本农户总体及各类别返贫风险两两对比结果

样本农户类型		自然资本	经济资本	人力资本	社会资本	政治资本	发展机会	总体风险
A	B	A-B	A-B	A-B	A-B	A-B	A-B	A-B
务农主导型	务工主导型	2.87	0.85	1.02	(0.21)	0.54	0.10	1.09
	补贴依赖型	3.50	(0.12)	(1.79)	(0.05)	0.75	(0.83)	0.42
	多业兼营型	3.42	1.13	1.82	(0.22)	0.70	(0.45)	0.70
务工主导型	补贴依赖型	0.63	(0.97)	(2.80)	0.16	0.21	(0.93)	(0.67)
	多业兼营型	0.56	0.28	0.80	(0.01)	0.17	(0.551)	(0.39)
补贴依赖型	多业兼营型	(0.07)	1.25	3.60	(0.17)	(0.04)	0.38	0.28

注：（）代表负数。

本章小结

　　本章主要是通过对临夏回族自治州农户进行调研走访，收集数据，建立返贫风险测度模型，对临夏州样本农户返贫风险进行预测和分析。在调研区域选择上，因为考虑到临夏回族自治州隶属于国家特困连片地区六盘山区，全州 8 县市 2020 年以前都属于国家扶贫开发重点县，脱贫基础薄弱，所以 1 市 7 县的情况都在调研范围内。问卷涉及方面，进行了两次预调研，结合多方修改意见形成了问卷样本，包括三部分：第一部分是研究对象的基本情况，包括基本信息和生产生活情况两大部分；第二部分是农户返贫情况及认知；第三部分是农户对于返贫风险的感知。总共取得 322 份完整信息样本。对样本进行粗略描述性统计分析后，综合考虑现有返贫风险测度模型优劣结合临夏州实际，参考生计脆弱性分析框架修订建立了临夏回族自治州返贫风险测度指标体系和模型。在对测度结果进行分析上，采用的是自然断点法，考察样本农户返贫风险的相对大小，同时对高返贫风险农户各分项风险指数进行了分析，最后结合不同生计策略（务农主导型、务工主导型、补贴依赖型、多业兼营型）对样本农户返贫风险进行了对比分析。研究发现，临夏州样本农户加权综合返贫风险指数处于 0.335～22.504 之间，平均值为 3.796，相对来说处于较低水平，发生规模性返贫现象可能性不大。总体样本中经济资本薄弱、人力资本缺失、健康状况较差成为其主要返贫风险因素。在高返贫风险农户中，除了经济资本薄弱和人力资本缺失，自然灾害风险和发展机会缺乏也是其返贫的主要因素。对于不同生计策略的样本农户来说，务农主导型、务工主导型、补贴依赖型、多业兼营型样本农户各类返贫风险均存在较大差异。第四章分析中通过对临夏州农户历史返贫风险因素的统计性描述和未来返贫风险感知已经精准识别出临夏州返贫风险因素，本章是对其各类返贫风险大小进行测度，这些都为后续深入挖掘其返贫风险成因打下基础。

第六章

临夏回族自治州返贫风险成因分析

　　绝对贫困的消除并不意味着贫困人口再也不会出现，贫困问题具有复杂性和系统性的特征，我们无法保证贫困群众和贫困地区脱贫摘帽后能一劳永逸地远离贫困，返贫致贫风险仍然存在。[①] 临夏回族自治州是原先贫困面积大、贫困程度深的地区，是贫困治理的"短板"跟"硬核"，是经过多轮攻坚才啃下来的"硬骨头"，防范返贫与巩固拓展跨越绝对贫困成果以及接续推进乡村振兴的任务同样艰巨。从宏观上说，防范返贫，尤其是规模性返贫，不仅是对临夏州全面建成小康社会建设质量的检验，也关系着国家总体乡村振兴战略的实施以及现代化进程的实现。从微观层面看，一些原深度贫困户在脱贫后，由于扶贫政策外部自然环境变化、经济社会环境的不确定性确实面临再次返贫的风险。据统计，2019 年和 2020 年临夏州纳入防止返贫监测对象进行动态监测的边缘人口分别有 3.74 万人和 3.91 万人。

　　前述通过对微观家户调研和返贫风险模型的建立，测度出临夏州样本农户返贫风险总体水平相对较低，但其中主要风险因素为经济资本返贫风险、人力资本返贫风险和自然资本返贫风险，风险因素已经精准识别，接下来就需要分项探讨其返贫风险形成的原因，这对于对症下药、制定举措，规避脱贫户生计风险，不断提高其可持续生计能力，实现巩固拓展脱贫攻坚成果，有效衔接乡村振兴十分必要。

---

　　① 中共中央国务院关于实现巩固拓展脱贫攻坚成果同乡村振兴有效衔接的意见［N］. 人民日报，2021-03-23（1）.

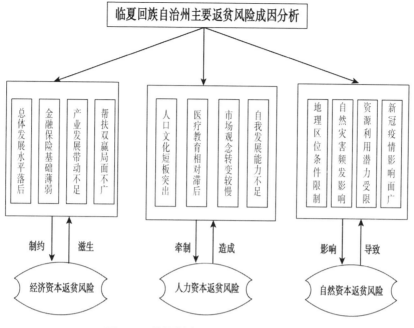

图 6-1 临夏州主要返贫风险成因分析

第一节 经济资本返贫风险成因分析

一、总体经济发展水平落后，收入结构层次低

从临夏回族自治州经济发展方面的数据指标来看，区域性整体贫困得到解决，绝对贫困现已消除，但相比我国其他地区，临夏州经济发展水平差距仍较大，且临夏州县域之间发展不均衡，主要体现在以下三方面。

一是从各项经济发展指标绝对数和相对数来看，临夏州均落后于全国平均水平，而甘肃省全省也排名靠后。区域发展劣势明显，发展位次较差。2020 年，全州生产总值 331.28 亿元，一般公共预算收入仅 19.2 亿元，一般公共预算支出高达 319.3 亿元，财政自给率仅为 6%。经济总量弱小、经济结构不优、经济动能不足，政策依赖性很强，支撑高质量发展的产业体系仍不完备，经济稳健增长的基础尚不牢固，巩固扩大良好发展势头还需付出更多努力。2020 年，生产总值仅占全省的 3.67%，居全省 14 个市州第 12 位，人均生产总值仅为全国的 30%。一般公共预算收入居全省 14 个市州第 12 位，社会消费品零售总额居全省 14 个市州第 11 位。从 2011—2020 年 10 年间的地区生产总值和人均生产总值情况来看，10 年间临夏州地区生产总值占甘肃省全省生产总值的比重在 2.57%~3.67% 之间，在全省 14 个市州中一直处于 10 名以后。从人均生产总值上看，10 年来一直是在省内排名垫底（见表 6-1）。

表 6-1　临夏州 2011-2020 年生产总值及人均生产总值省内占比及排名情况

年份	临夏州生产总值（亿元）	甘肃省生产总值（亿元）	占比（%）	省内排名	临夏州人均生产总值（元）	省内排名
2011	128.78	5020.37	2.57	13	6584	14
2012	151.89	5650.20	2.69	13	7712	14
2013	167.32	6268.01	2.67	13	8440	14
2014	202.97	6836.82	2.97	13	10 166	14
2015	211.41	6790.32	3.11	12	10 527	14
2016	230.11	7200.37	3.20	11	11 395	14
2017	232.23	7459.89	3.11	11	11 411	14
2018	255.35	8246.07	3.10	12	12 447	14
2019	303.52	8718.30	3.48	12	14 697	14
2020	331.28	9016.70	3.67	12	15 747	14

　　观测相对贫困地区的经济特征的一个重要指标就是人均居民可支配收入，它对地区经济发展水平有重要影响。如表 6-2 所示，从农村居民人均可支配收入数据看，临夏回族自治州 2013—2020 年间呈现逐年上涨的态势，从 2013 年的 3626 元/人增长到 2020 年的 8113 元/人，8 年时间增长率达到 123%。但是相比全国平均水平还是有较大差距，临夏回族自治州农村居民人均可支配收入只占到全国平均水平的不到 50%；相比于甘肃省平均水平也有差距，占全省平均水平的 70%~80%。

表 6-2 临夏州 2013—2020 年农村居民人均收入及占全国、甘肃比重

年份	全国（元）	甘肃（元）	临夏（元）	占全国（%）	占甘肃（%）
2013	8896	5108	3626	40.76	70.99
2014	10 489	5736	4127	39.35	71.95
2015	11 422	6936	5245	45.92	75.62
2016	12 363	7457	5680	45.94	76.17
2017	13 432	8076	6203	46.18	76.81
2018	14 617	8804	6817	46.64	77.43
2019	16 021	9629	7512	46.89	78.01
2020	17 131	10 344	8113	47.36	78.43

数据来源：历年中国农村贫困监测报告、甘肃统计年鉴、临夏州国民经济和社会发展统计公报。

二是从自身收入来源构成上看，居民收入持续提升后劲不足。如表 6-3 所示，2016—2019 年临夏州农村居民可支配收入中工资性收入一直在可支配收入中占比的 30% 左右，经营净收入近年平均占比 40%，转移净收入占比 27% 左右。工资性收入一直保持在 14% 左右的增速，但随着收入基数的逐步加大，增资政策对工资性收入增长的拉动作用逐渐弱化，在无新政策支持下，工资性收入持续增长后劲不足。转移净收入也是如此，随着人均转移性收入的基数加大，各种惠农政策性利好因素逐步被消化，农民收入快速增长难度加大。而且对比 2012 年精准扶贫政策开始实施前，临夏州农村居民可支配收入中转移性收入占比只有 12.2% 左右，2019 年这一指标上涨到 27.05%，不少农户每年可获得几百甚至上万元的"低保金""养老保险金""计划生育金""特困供养金""生态补偿金""春节慰问费"等。

表 6-3 临夏州精准扶贫实施前后农村居民可支配收入及构成 单位：元

指标	2012 年	2016 年	2017 年	2018 年	2019 年
可支配收入	3167	5680	6203	6817	7512
工资性收入	1197	1574	1821	2084	2283

指标	2012 年	2016 年	2017 年	2018 年	2019 年
经营净收入	1520	2386	2536	2769	3070
财产净收入	63	90	109	124	127
转移净收入	387	1630	1737	1840	2032

数据来源：历年甘肃统计年鉴。

三是从全州县域经济水平看，县域间、县城内、城乡间收入差距大，县域间发展不平衡。如表 6-4 所示，2020 年临夏州临夏市 GDP 总量达到 95.92 亿元，远高于广河县的 17.99 亿元。从各县市城镇居民人均可支配收入看，各县市差异并不明显，但是从各县市农村居民人均可支配收入数据来看，差距就非常大，排名最高的临夏市，农村居民人均可支配收入为 16 014 元，东乡县只有 6391 元，积石山县也只有 6859 元，其他县市在 7000~9000 元之间。另外，县域内发展不平衡的问题也比较突出。比如，临夏州永靖县川塬区是全省条件最好的地区，被称为甘肃的"小江南"，而永靖县的东山、西山，特别是西山区是全省最贫困的区域，西山区的贫困问题甚至比东乡族自治县还要严重。临夏县北塬片与西南片、广河的上川与下川、8 县市山区与川区等发展也不平衡。全州城乡居民收入比虽然从 2015 年的 3.15∶1 缩小到 2019 年的 2.97∶1，但城乡发展差距依然较大。

表 6-4　临夏州 2020 年各县市部分经济数据情况

县市	GDP（亿元）	城镇居民人均可支配收入（元）	农村居民人均可支配收入（元）
临夏市	95.92	23 962	16 014
永靖县	60.50	23 087	8033
临夏县	44.81	23 106	8546
东乡县	36.19	22 054	6391
和政县	27.10	22 594	7691
积石山县	26.36	22 512	6859
康乐县	22.37	23 035	8266

续表

县市	GDP（亿元）	城镇居民人均 可支配收入（元）	农村居民人均 可支配收入（元）
广河县	17.99	22 257	8914

数据来源：根据调研资料整理而来。

二、金融保险环境基础薄弱，支持体系不健全

2017 年，党中央强调要加快建设普惠金融体系，在"三农"领域加大金融服务支持。① 2020 年中央一号文件提出，要因地制宜拓宽农村普惠金融改革示范点，完善农村金融体系，建立适合农业农村发展特点的农村金融，推动农村金融包容性发展，为农村发展薄弱的环节提供资金需求。② 从中央实施脱贫攻坚以来，金融精准扶贫政策成效显著。截至 2019 年年末，全国贫困人口贷款余额 7139 亿元，产业精准扶贫贷款余额 1.41 万亿元，带动 730 万人次贫困人口增收，累计发放扶贫小额信贷 6043 亿元，惠及 1520 多万贫困户。③ 从临夏州情况看，为有效缓解贫困群众发展产业资金缺、贷款难的问题，临夏州按照"5 万元以下、3 年期以内、免抵押免担保、基准利率放贷、财政贴息、县建风险补偿金"政策要点，全面贯彻落实习近平总书记"要做好金融扶贫这篇文章"的重要讲话精神。④ 2015 年以来，6 年间全州累计为 12.5 万多户群众发放贷款 52.16 亿元，足额提取风险补偿金 7891 万元，累计落实财政贴息资金 7.8 亿元。面对 2020 年年初新冠疫情和大批临夏籍务工人员返乡待业的实际，临夏州抢抓中央和省上出台的一系列普惠金融政策机遇，全力助推创业担保贷款政策。州县市财政多方筹措资金 8.15 亿元，做大做强创业担保贷款基金平台，发挥担保平台杠杆作用，撬动金融资金，为创业就业人员和中小微企业提供金融信贷资金支持。通过扎实有效的工作，2020 年全年，全州新发放创业担保贷款达到 63.2 亿元，创业担保贷款政策已在临夏州落叶

---

① 习近平在全国金融工作会议上强调：服务实体经济防控金融风险深化金融改革　促进经济和金融良性循环健康发展［N］.人民日报，2017-07-16（1）.

② 中共中央国务院关于抓好"三农"领域重点工作确保如期实现全面小康的意见［N］.人民日报，2020-02-06（1）.

③ 中国银保监会，中国人民银行.2019 年中国普惠金融发展报告［R］.中国银保监会，中国人民银行，2019.

④ 在中央扶贫开发工作会议上的讲话［M］//中共中央党史和文献研究院.十八以来重要文献选编：下.北京：中央文献出版社，2018：49.

扎根、开花结果，有力支持了建档立卡贫困人口、失业就业人员、返乡农民工等十类就业群体。对小微企业创业就业、复工复产，城乡创业人员发展富民增收产业，起到了积极作用，释放了普惠金融政策红利，增加了群众收入。

但是，金融扶贫需要联动的部门多，包括地方政府、人民银行、证银保监会、担保公司、保险公司等，需要完善的金融扶贫政策体系，才能调动全金融系统集中力量攻坚，引导更多金融资源的投放，协调调动的难度很大。从实地调研的情况来看，金融扶贫主要还存在以下三方面的问题。

一是在各地方政府方面。政府部门发挥的总揽协调、统筹联动、整合资源的作用还不够，政策性引导基金优势未能有效发挥，涉及支持民营或者小微企业的相关配套制度和政策还不够完善或者不能完全落实。调研发现，临夏部分地区信用贷款风险承担机制还未建立，政府桥梁纽带作用不发挥，政府不搭台增信，直接影响了金融扶贫资金杠杆撬动作用的发挥。另外，部分临夏州地方政府只考虑当前扶贫需要，缺乏长远发展眼光，造成一些金融扶贫政策和产品无法有效落实，也为金融机构增加了一些不必要风险。

二是在商业银行方面。金融扶贫贷款的投放力度仍然偏低，调研发现主要存在以下原因。第一，由于金融供给成本较高，部分金融机构主观上存在"不想做""不爱做"的问题。比如，临夏州东乡县农户很多都处在位置偏远、山峻沟深的地方，农户的金融需求较为分散，且需求量不大，难以形成规模效应，导致金融扶贫的供给成本相对较高，银行方面需要投入大量的人力、财力、物力，造成"行为不经济"、收益和成本不匹配，仅仅是为了响应国家和上级政策要求，被动供给。另外，由于很多农户工作单位和收入来源都不固定，不能提供单位证明和固定银行流水，给金融机构客户信用评级和核查带来很大困难，收益和成本不匹配及风险问题都导致部分金融机构主观上形成"不想做""不爱做"的思想。第二，部分偏远地区出现了"不会做""做不懂"的问题。据中国建设银行康乐县分行某网点负责人介绍，由于偏远地区银行相关专业技术人员较少，当地现代化金融服务水平不高、信息化设备操作不熟练，甚至拿捏不清金融扶贫政策的具体要求，在手续、流程办理等方面服务水平较低，一定程度限制了金融扶贫的力度和效果。第三，金融扶贫工作出现了"做不好"问题。服务与需求相匹配才能达到良好的效果，但目前临夏州农户基本金融行为和其信贷需求之间联系还不紧密，导致很多时候金融机构无法准确定位目标客户。需求不清导致银行供给产品比较单一，无法有效推出符合农户需求的个性化金融产品。

三是在农村农业保险方面。保险扶贫是保障和防范致贫返贫风险的有力手段，由于宏观经济环境变化、自然灾害的发生、产业结构的调整、因病因意外等各种原因，各个风险因素一不留神就可能演变成"灭顶之灾"，使得脱贫户面临返贫的风险或非贫困户面临致贫的风险。推广"防贫保险"，能长期有效地发挥风险"防火墙""减震器"效用，增强相关人员的抗风险能力，具有"济贫"和"防贫"的重要功能。① 在脱贫攻坚中，临夏州实施了保险扶贫，但是整个体系仍需要完善。一方面，农户防范风险的意识不强，对保险的认知还不全面。保险是典型的"时间不一致"消费，需要先支付保险费，保险的好处要在未来某个时间点才会体现，所以尽管保险对农户抵御风险来说是非常有效的措施，但其主动购买保险的意愿不足。另外，对于临夏州一些新兴产业像食用菌产业，保险公司对产业风险点也不是很清楚，不同食用菌生产环节风险点摸排不清，导致保险条款和理赔都不是很明晰。另一方面，保险体系仍有待健全。现有政策性农业保险存在供需失衡、补贴方式单一和补贴范围较小等问题，要构建与脱贫产业配套的农业保险扶贫体系、与多层次健康保障相配套的健康保险体系、与普惠金融相适应的"保险+融资"体系。例如，一些特色产业没有做到农业保险全覆盖，2019 年临夏州啤特果等特色林果业农业保险就未列入农保补贴范围，影响了承保覆盖面。虽然临夏州一直致力于推行一县一品特色产业，保险也配套特色险种，但是大多数还是传统的成本保险，像市场波动影响的价格指数保险、自然灾害影响的气象指数保险都没有涉及，农业保险的产品还不是很健全。

三、产业发展带动效应不足，增长后劲略乏力

产业扶贫是脱贫攻坚的主力军，对于减贫和区域发展都很重要，产业发展是实现稳定脱贫，带动农户持续增收的主要途径和长久之策。脱贫攻坚项目库统计数据显示，2019 年，脱贫户中享受产业扶贫支持的占 72.3%。据农业农村部数据统计，截至 2019 年年底，全国有 92% 的贫困户参与产业发展，有 67% 脱贫人口是主要通过产业发展摆脱贫困，产业扶贫已经成为"五个一批"中带动人口最多、参与度最高的脱贫方式。实践证明，脱贫之本，在于产业；产业兴旺，致富有望。同样在巩固拓展脱贫攻坚阶段，虽然农户发家致富具有多元化路径选择，但最根本的还是产业发展。产业兴旺在 20 字总要求中居于首位，人们生活富裕是乡村振兴的根本。因此，不论是脱贫攻坚的"产业扶贫"，还是乡村振兴的"产业兴旺"，产业发展都具有基础性作用。

---

① 庹国柱，张峭. 论我国农业保险的政策目标 [J]. 保险研究，2018（7）：7-15.

临夏州一直秉承"产业发展是实现脱贫的根本之策"，先后出台了《临夏州牛、羊、蔬菜、林果、马铃薯、中药材、油菜、百合八大产业精准扶贫三年行动实施方案》《关于支持贫困户发展"五小"产业实施意见》等36项产业扶贫政策文件，构建了比较全面的产业扶贫政策体系。各县市也因地制宜、因户施策，创新产业帮扶发展模式：永靖县先后启动实施了到户、提升、稳固、持续、振兴、兴旺6轮次产业到户扶持项目；广河县探索出了一条"粮改饲"和基础母畜扶贫主导产业，"种养结合、以种带养、以养促加、增收脱贫"的产业扶贫新路子；和政县大力实施"135"产业扶持工程；临夏县探索建立了"338"产业发展模式；东乡县建立了"155""4343"到户产业扶持模式，收获了"发展生产脱贫一批"的丰硕成果。

习近平总书记指出，发展扶贫产业，重在群众受益，难在持续稳定。① 尤其是临夏回族自治州产业发展起步晚、基础还相对薄弱，产业发展带动效应的持续性和长效性还需不断探索。调研看到，临夏州部分地区产业项目存在短期化、单维化、同质化问题，产业的集聚带动效应不足；一些产业还主要由政府主导，市场化运作水平不够；有些地区发展产业不考虑自身资源禀赋以及市场需求，跟风推动乡村旅游民宿产业，导致大量耕地被摞荒，未发挥本地资源所长，产业可持续发展困难；有的地区片面追求规模扩张和数量增长，部分乡村产业出现了同质竞争问题。具体体现在以下四方面。

一是部分地区产业选择不够科学、缺乏特色。尤其是部分地区的休闲农业和乡村旅游。像康乐县某乡村，本身这个村庄离城市较远、客流量小、消费能力也较弱，尤其是受到疫情的影响，一些本就缺乏地方特色的乡村旅游产业、民宿产业都处于失败边缘。产业发展不科学，缺乏发展潜力，导致本应造血的产业还需要不断输血才能维持，这显然是不可持续的。发展产业必须坚持因地制宜的科学选择标准，既要考虑产业产出效益的周期性，能够有效带动农户增收，又要考虑长期可持续发展性，选择的产业必须具备能够成为支柱性产业的发展潜力。

二是产业发展同质化严重，加剧部分产业的同质竞争和产能过剩问题。比如，近年临夏州推广的食用菌种植，各县主要都是种植木耳、香菇、羊肚菌和赤松茸等，一县一品特色并不突出，没有按照临夏州各县市不同的地域特点，如高寒阴湿区、干旱半干旱区来优化布局。再比如，近年兴起的啤特

---

① 习近平在陕西考察时强调：扎实做好"六稳"工作落实"六保"任务 奋力谱写陕西新时代追赶超越新篇章 [N]. 人民日报，2020-04-24（1）.

果产业，由于市场竞争力不强、产业链条短，2019 年除去收购之外，全州剩余果品达 5.5 万吨，占果品总产量的 74.2%。临夏州的优势产业——肉牛养殖，同样存在着良种利用率不高、引种太过于频繁，肉牛销售市场、销售产品不能满足供给的问题。

三是一、二、三产业融合程度较低，产业链条短，造成产品附加值低，缺乏市场竞争力。临夏州产业发展多以种植业、养殖业等第一产业为主，缺乏产品加工和销售的链条，产业层次低端，产品附加值低，产品品种结构十分单一，产业竞争力不强。临夏州产业发展绝不能仅满足于种养殖为主的农业，要向产业的产前（如育种、育苗等）、产后（如加工、仓储保鲜、物流、销售）等环节延伸，打破固有产业的边界和壁垒，丰富乡村经济业态，拓展农民增收空间，形成新的产业发展模式和业态，实现从单维发展到多元融合的转变。像临夏传统的唐汪大接杏、永靖红枣、花椒、大河家蛋皮核桃这些优质经济林业三产融合效果还不够好。新型作物藜麦，现在仍停留在引种和初步生产阶段，还没有对其进行加工和商品化开发，产品附加值低，导致藜麦出售难，制约了藜麦再扩大生产；临夏各县市推广的食用菌产业，产业链条尚未完善，原材料供应企业、菌种生产企业、菌棒生产企业、种植企业、加工企业、保鲜储藏物流企业、平台营销企业等均未精细化分级。

四是文化产业发展相对落后，与丰富的文化资源不相匹配。临夏州文化资源丰厚，兼具多样性和独特性的特色，有以"河州花儿"为代表的民族口承艺术，手工地毯、保安腰刀、临夏砖雕、木雕葫芦等民族工艺，以古生物化石群为代表的物种演化文化遗存，以马家窑文化、齐家文化等为代表的历史文化遗存，等等。近年来，在国家和临夏州地方政策的有力推动下，临夏深入挖掘自身文化资源，建设了"八坊十三巷"回族历史街区、和政古动物化石博物馆、保安族民俗馆、保安腰刀工艺品生产基地等文化场所，打造了花儿艺术节、砖雕产业发展论坛等特色文化节会品牌。但是，当地文化产业发展路径相对单一、产业链条不够完整，离产业化要求还有一定差距。例如，全州砖雕雕刻生产和保安腰刀制作，基本处于小规模、小作坊式生产模式，且不同程度地存在从业人员素质偏低、对传统文化艺术情感不浓的状况，加之从业环境不佳、体力消耗大、收入低等客观因素，很多砖雕从业人员、刀匠另谋他业，一些优秀的砖雕技艺、腰刀锻造工艺传承出现问题。

四、外部帮扶双赢局面不广，资金撬动效应不足

一是东西部协作与对口支援模式待跟进。东西部协作工作孕育并形成于

我国改革开放的历史进程中，在具体实践中不断地调整完善，自 1978 年党中央提出对口支援和 1996 年提出东西部扶贫协作以来，从 1994 年的《国家八七扶贫攻坚计划》到 2016 年中共中央办公厅、国务院办公厅印发《关于进一步加强东西部扶贫协作工作的指导意见》，东西部协作的区域越来越广，协作程度越来越深，制度也越来越规范。在脱贫攻坚阶段，临夏州为了摆脱绝对贫困，与厦门市的东西部协作以及中央单位的对口支援更多表现为政府援助，行政强制性明显，帮扶双方的有效互动与反馈不是很充分。到了巩固拓展脱贫攻坚成果阶段，如何推动双边发展协作更加广泛，逐步形成双赢发展格局和长久的合作机制，成为需要思考的现实问题。探索如何实现产业互补、双利双赢，更好地激发内生动力，发挥市场在资源配置中的决定性作用，实现劳务输出输入地的供求对接，是临夏州巩固拓展脱贫攻坚成果的后续重要考量。如何既能深入挖掘临夏州地区特色种养殖产业优势，又能发挥帮扶单位、协作地区的产品加工技术专长、产品流通成熟产业链条，真正实现双边拓展，以帮扶单位、协作地区的先发优势促进临夏州的后发效应，以临夏州的资源优势、密集劳动力优势推动帮扶单位、协作地区的产业发展，是临夏州后续东西部协作和对点帮扶的重要问题。

二是撬动社会资本发挥杠杆作用功能待提升。实现共同富裕光靠政府主导是不行的，更重要的是发动社会各界广泛参与，只有做到人人参与、人人尽力，才能实现人人享有。在脱贫攻坚阶段，中央及省级政府每年向各贫困县投入了大量扶贫资金，具体表现为财政专项扶贫资金、扶贫贴息贷款、易地扶贫搬迁资金等形式。据《人类减贫的中国实践》白皮书统计，脱贫攻坚以来，中央、省、市、县各级财政专项扶贫资金累计投入额度达 1.6 万亿元，其中中央财政累计投入 6600 亿元（见图 6-2），减贫人口 9899 万人，也就是说，助力一个贫困人口脱贫仅一般转移支付投入额度就有 16 163 元。

从临夏州的情况来看，如表 6-5 所示，2015—2020 年临夏州累计投入脱贫攻坚资金 602.56 亿元，其中脱贫攻坚一般债券 56.17 亿元、东西部扶贫协作援建资金 19.19 亿元，捐赠扶贫资金却只有 1.36 亿元。可见，财政资金"四两拨千斤""小钱撬大钱"的杠杆作用还有待发挥。如何通过财政资金为社会资本进入涉农领域创造良好环境，使得资本效用成倍放大，是巩固拓展脱贫攻坚成果阶段的重要议题。

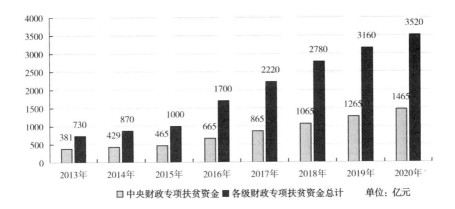

图 6-2 脱贫攻坚以来国家财政专项扶贫资金投入情况

数据来源：中华人民共和国国务院新闻办公室．人类减贫的中国实践［M］．北京：人民出版社，2021.

表 6-5 临夏州 2015—2020 年脱贫攻坚资金投入情况汇总 单位：万元

主要指标	2015 年	2016 年	2017 年	2018 年	2019 年	2020 年
脱贫攻坚资金投入	58 632	705 430	799 719	1 332 630	1 500 537	1 628 650
一、直接用于扶贫的资金投入	58 632	121 081	221 750	646 280	803 852	838 436
1. 财政专项扶贫资金	54 832	79 038	139 240	266 581	346 851	393 764
2. 除财专外的涉农统筹整合资金		37 402	65 032	49 198	105 127	87 313
3. 东西部扶贫协作资金	3800	4641	17 478	47 501	57 038	61 432
4. 政府一般债券资金				266 000	203 670	92 078
5. 中央财政"三区三州"教育相关转移支付资金				17 000	17 000	6000
6. 土地指标跨省域调剂收入安排的支出					74 166	123 000
7. 中央脱贫攻坚补短板综合财力补助资金						61 249

主要指标	2015 年	2016 年	2017 年	2018 年	2019 年	2020 年
8. 恒大集团捐赠扶贫资金						13 600
二、其他行业部门助力脱贫攻坚提升基本公共服务水平资金		584 348	577 969	686 350	696 685	790 214

数据来源：根据调研资料整理而来。

第二节　人力资本返贫风险成因分析

一、人口文化短板突出，人力资本保障不足

据 2020 年国务院新闻办公室发布的就业扶贫有关工作情况介绍，在脱贫攻坚中得到产业扶贫和就业扶贫支持的建档立卡贫困人口占比在 90% 以上，建设的 32 688 个扶贫车间吸纳贫困人口家门口就业 43.7 万人；培育贫困村创业致富带头人 41 万多人，创办领办各类经营主体 21.4 万个，带动 406 万贫困人口增收；开发保洁、保安、造林绿化、助残、托幼等各类公益性岗位，兜底安置贫困人口 496.3 万人。[①] 习近平总书记指出，一人就业，全家脱贫，增加就业是最有效最直接的脱贫方式。[②] 就业扶贫虽取得了巨大成就，但仍然存在受教育程度低导致脱贫人口就业能力不足、就业稳定不够，劳动力素质状况与就业需求不匹配等问题。

从全国第七次人口普查数据来看，如表 6-6 所示，临夏回族自治州每 10 万人口中受教育程度在大专及以上的 6.62% 左右，远远低于全国 15.4% 的平均水平，与北京、上海相比差距更是明显，不到其 1/5。就连全国受教育程度较低的西藏、贵州，这一指标也基本上是临夏州的 2 倍。受教育程度在小学比重更大，占比达 41.7% 左右，也就是说每 10 个人里面就有 4~5 个人只有

---

① 国务院新闻办公室. 国务院新闻办发布会介绍就业扶贫实施有关工作情况和主要成效 [EB/OL]. 中国政府网，2020-11-19.

② 中共中央党史和文献研究院. 习近平扶贫论述摘编 [M]. 北京：中央文献出版社，2018：104.

小学学历，小学以下的没有公布统计数据，再加上这一数据，临夏州10个人里面可能有6~7个是小学文化程度及以下的。尤其是受地区风俗习惯和传统观念影响，临夏州女童在普及九年义务教育中仍存在着"三低三高"的现象，即入学率、巩固率和完成率较低，留级率、辍学率和文盲率较高。女童入学率低于全省、全国的水平。

表6-6　临夏州每10万人口中拥有的各类受教育程度人数统计对比　单位：人

受教育程度	全国	北京	上海	西藏	贵州	甘肃	临夏州
大学（大专及以上）	15467	41980	33872	11019	10952	14506	6625
高中（含中专）	15088	17593	19025	7051	9951	12937	7268
初中	34507	23289	28935	15757	30464	27423	19020
小学	24767	10503	11929	32108	31921	29808	41781
小学以下	10171	6635	6239	34065	16712	15326	—

数据来源：国家统计局第七次人口普查公报及临夏州第七次全国人口普查公报。

脱贫人口总体存在着就业难、就业竞争力弱、就业不稳定的问题，虽有政策不完善、服务不到位和管理体制不健全等外部因素影响，但是脱贫人口受教育程度低、本身技能素质不高是主要原因。在调研中发现，临夏回族自治州脱贫人口劳动力无技能者或职业技能单一居多，因科技文化水平低，家庭劳动力转移就业少，在家务农的多。另外，调研发现脱贫人口劳动力培训意愿不强，有培训意愿的少，无培训意愿的居多，问卷结果显示有近67%的农户希望获得有效的农业技术培训，但实际参与培训不足半数。部分劳动力认为参加培训耗时耗力，又没有培训生活补贴，加之培训后效果没有立竿见影，导致参训热情不高。本身受教育程度低，接受后期培训的意愿又不强烈，导致部分农户走进了"就业创业不稳—参训不积极"的怪圈。

人力资本积累不够，人才"招不来、留不住、上不去"的问题突出。自然条件恶劣、基础设施相对不全、基层发展相对落后的地区，发展机会受限、持续发展空间不足等问题，让人才望而却步，造成基层人才短缺。同时，乡村基层工作繁复冗杂，虽现在政策已有倾斜但毕竟有限，使得人才选择"逃离乡村基层"，人才引进来了也留不住，另外，发展空间小、晋升渠道不够通畅，乡村基层人才学习深造机会较少、培训形式内容单一且基本只涉及操作层面，导致人才"上不去"。调研发现，临夏州某地方91名扶贫干部中，仅有 2 人为硕士研究生学历，其余均为本科及以下学历，其中大专学历的占到50% 以上。此外，一些村卫生室设备短缺，执行环境不好、没有辅助检查设备等，导致乡村医生执业风险很高，这都加剧了专业人才的流失。①

二、医疗教育相对滞后，社会供给保障不足

据国家卫健委发布会，2013 年以来，中央财政累计投入资金 1.4 万亿元，支持 25 个脱贫攻坚任务重省份卫生健康事业发展，资金投入同口径年均增长11.6%。累计安排 1700 多亿元，支持原贫困地区超 15 万个医疗卫生项目建设。医院结对帮扶上，组织了 1007 家三级医院与 1172 家原贫困县县级医院结对帮扶，做好医疗服务传、帮、带。② 在医疗方面，临夏州尽管按照脱贫验收标准做到了基本医疗有保障，但是对比城市和其他发展较好的乡村地区而言，医疗保障的水平相对较低。例如，虽然临夏州每个乡镇都设有卫生院，每个行政村都配备了村卫生室，但是村医水平参差不齐，卫生室只有一个医生而且还不是全科医生，合格医生的缺乏限制了紧急救治作用发挥。而且调研了解到，有些卫生室存在药品价格目录不公开、不透明且价格虚高的情况，但是村民们受制于镇卫生院路途遥远只能在村卫生室高价购买。还有的村卫生室功能主要是出售简单日常药品和慢性病管理，这样的医疗保障水平在一定程度上满足了人们日常的医疗需求，但是面对需要采取紧急医疗措施的急重症患者，显然还有很大的不足。对于环境相对恶劣、与城市距离较远的原贫困地区，能够得到最快速的急救治疗，也许能够充分提高治愈率。

教育扶贫是"拔穷根"的根本政策之一，在教育方面，原深度贫困地区控辍保学成效显著，义务教务均有保障。党的十八大以来，全国累计完成10.8 万所义务教育薄弱学校改造，组织了 800 多万名贫困家庭初高中毕业生接受职业教育培训，真正做到了"一人就业，全家脱贫"，有效阻断了贫困代际传递。但是，临夏州教育水平与发达地区相比还存在很大差距，尤其是在教师队伍学历层次和专业水平方面。根据教育部 2020 年教育统计数据，从学历层次上看，普通高中专任教师中北京地区研究生学历毕业的占 34.56%，上海这一比例为 28.04%。而临夏州和西藏、贵州等地一样，该项指标均在5% ~ 6% 之间，不到北京的两成。副高及以上职称教师人数北京地区占比达到

---

① 邓婷鹤，聂凤英. 后扶贫时代深度贫困地区脱贫攻坚与乡村振兴衔接的困境与政策调适研究：基于 H 省 4 县 17 村的调查 [J]. 兰州学刊，2020（8）：186-194.
② 贫困人口基本医疗有保障（权威发布）[N]. 人民日报，2020-11-21（3）.

40.03%，临夏州只有 20.99%（见表 6-7）。教师队伍学历层次相对较低，专业化水平也相对薄弱，使得临夏州教育水平相比其他地区长期处于洼地。此外，临夏州一些地区还存在教师结构性缺编的问题，尤其是音乐、美术、体育、计算机技术等学科教师短缺问题突出，严重影响了当地教育的全面发展。

表 6-7 临夏州普通高中专任教师学历、专业技术职务情况对比

教育水平指标		北京	上海	西藏	贵州	临夏
总教师人数（人）		21 013	19 042	6080	69 086	3945
研究生学历教师	人数（人）	7281	5340	406	4068	209
	占比（%）	34.65	28.04	6.68	5.89	5.29
副高及以上职称教师	人数（人）	8412	5679	927	15 502	828
	占比（%）	40.03	29.82	15.25	22.44	20.99

数据来源：中华人民共和国教育部 2020 年教育统计数据及临夏州调研数据。

三、市场观念转变较慢，多元增收困扰多

在临夏州，以往大多数贫困农民家庭的生活模式以务农为主。但受自然条件的限制，农业投入和产出并不成比例，大多数家庭只能维持在基本温饱、小康不足的状态。同时，相对封闭的自然环境，客观上造成了农民思想意识的保守，一方面觉得自身文化水平不高，担心外出务工被骗，另一方面很多人也不愿意被打工所约束。在改革开放之后，绝大多数东部地区和中西部地区逐渐转变了以务农为主的生计模式，依靠务工、经商、务农等获得多样化的收入，实现了家庭发展资源的有效积累。这种观念上的转变，客观上使得农民家庭的生计模式更加多样，增强了家庭的经济韧性。而在临夏州，由于各种外在条件的限制，这一转变过程相对缓慢。脱贫攻坚作为一项国家行动，通过外力的强烈干预，通过各级政府的资源投入就可以解决大部分问题，也容易在短时期内取得显著成效，客观上加速了农民思想观念的转变过程，但思想观念的转变是一个漫长的过程，其转变和提升很难一蹴而就。此外，当地仍普遍存在落后的婚育观念。调研发现临夏州早婚、早育和多胎生育的状况在农户中相当普遍，很多家庭都陷入"越穷越生、越生越穷"的贫困陷阱。

马克思主义认为，人是一切社会因素中最关键的因素。而人的因素的发挥很大一部分靠其主观能动性，因此，转变思想观念、提升人力资本质量，

是巩固脱贫攻坚成果、实现乡村振兴的重要途径。临夏州很多农户受历史文化因素的影响，思想固化，面对发展的不同阶段，需要重构与社会主义新发展相适应的现代思想观念体系。[①] 首先，要重视农户先进理念的培育。一方面，需要农户自身在市场中摸索、适应；另一方面，需要长期发展教育，开展专业知识技能培训，提高专业技能基础和文化程度，综合提升人力资本水平，长此以往量变带来质变。其次，农村干部的思想觉悟和知识技能提升也不容忽视。农村干部是带领群众脱贫致富、持续增收的主体，要通过去经济发达地区交流、干部政治思想培训、政策交流会等形式让农村干部打下坚实的思想基础和政策基础，才能做到"想干事、能干事、能干成事"。

另外，加强人力资本市场的交流，对于弱化淡化脱贫人口的"等、靠、要"思想具有积极作用。消除绝对贫困后，脱贫人口在过渡期所享受的各种扶贫政策不变，即所谓的脱贫不脱政策、不脱帮扶、不脱责任、不脱监管，在一定程度上有力保障了脱贫人口不因政策外力扶持中断而返贫，但也带来了一定程度的政策依赖心理，从而削弱脱贫人口自我发展能力提升的内生动力。

四、自我发展能力不足，稳定进项难度大

物质贫困极大缓解，能力贫困治理问题成为重要方面。能力建设是摆脱贫困的关键也是可持续长效脱贫致富的法宝，人的能力和素质是决定贫富的关键。在脱贫攻坚阶段，党中央统揽全局，广泛动员，发动全社会各界力量参与，形成了政府主导、市场引领、社会协同发力，专项扶贫、行业扶贫、社会扶贫互补的大扶贫格局。中央和地方财政的不断投入，东西部协助、对口支援、定点帮扶的有效实施，使得临夏州基础设施建设、基本公共服务、产业发展、区域性发展水平都得到了很大提升。换句话说，在临夏州一些地区，脱贫人口生计资本主要是借助外部和来自他力帮扶支援。这种外部嵌入式扶贫短期内可以快速实现脱贫致富，但是农户本身的"造血"功能还不强，自我发展能力较差，当外部帮扶政策中止或减少，就可能出现返贫的状况。

因此，2020 年我国基本实现"物质脱贫"后，针对脱贫人口的帮扶政策应从福利型政策向发展型政策转变，要以提高脱贫人口个人的发展能力为核心。个人能力提升相比短期物质贫困消除，是更复杂、更长期的系统工程。

[①] 刘成良. 转型性贫困、多维贫困问题与中国的扶贫能力转型 [J]. 东方学刊，2020（1）：10-20.

现阶段，劳务作为临夏州三大支柱产业之一，被誉为临夏州的"铁杆庄稼"，很多县市农户都是通过劳务输出、外出打工来增收致富的，但由于文化知识水平低、劳动技能单一、个人能力不足，临夏州的农民工打工就业较困难。很多临夏州外出务工人员从事的都是比较低端的服务业，主要集中在低端劳动市场，就业的低层次使得生计保障水平不高，这些现实状况都导致容易出现相对贫困问题。要进一步调动其学习热情，利用好线上线下资源，积极动员这类群体参与技能培训，实现多元化、可持续的增收。

第三节　自然资本返贫风险成因分析

一、地理区位条件制约，各项发展存在瓶颈

地理环境为人类提供赖以生存的各种必需品，是人类生存、发展不可缺少的物质保证和必要条件。自然地理环境的差异也在一定程度上影响了各地区经济社会发展的脚步。临夏州地处祖国大陆中心区域，不沿江、不沿海、不沿边，自然条件严酷，山大沟深，交通相对不便，信息比较闭塞，导致发展水平较低。临夏州8个县市大多位于山区地带，且自然条件恶劣。全州是以东乡、永靖、积山县部分乡镇为主的干旱半干旱山区，平均海拔1800米以上，年降雨量300毫米以下，年蒸发量1000毫米以上，沟壑纵横、环境恶劣，生存发展条件极差，被联合国教科文组织（UNESCO）认定为不适宜人类居住的地区；以康乐、和政、积石山、临夏县南部为主的高寒阴湿区，平均海拔2200米以上，常年平均温度低于8℃，碘缺乏病、地方性氟中毒病、大骨节病等地方病患病人口较多，人口素质和智力因素对农业农村高质量发展的制约非常明显。相关研究表明，自然环境表现的资源分布、气候气象、地质地貌、土壤性质、海拔梯度等都与农户的生计脆弱性直接相关。[1] 而农户的生计很大一部分来源于农产品收入，农产品收成极易受气候、海拔、地形、水源、土壤条件等因素影响。临夏回族自治州的这些不良自然地理因素，限制了农户持续稳定增收。

---

[1] 李立娜，何仁伟，李平，等. 典型山区农户生计脆弱性及其空间差异：以四川凉山彝族自治州为例 [J]. 山地学报，2018，36（5）：792-805.

二、自然灾害频发影响，稳定脱贫存在风险

临夏回族自治州巩固脱贫攻坚成果的另一自然障碍因素就是自然灾害较为频繁。受限于该地区的地理位置以及地质地貌的多样化，生态的刚性阈值很低，寒潮、冰雹、洪涝、泥石流、干旱等自然灾害频发。自然灾害频发甚至有时候多重并发，这些都给临夏州巩固拓展脱贫攻坚成果带来了很大困难。例如，东乡县 2011 年 3 月发生的特大滑坡地质灾害，近 2/3 的城区出现裂缝或塌陷，使得本就是"地无三尺平、路无三里直""七沟八梁满城坡"的县城满目疮痍。据当时初步估算，此次黄土滑坡使受灾人口达到 2.7 万人，造成直接经济损失约 2 亿多元。国家灾后投入 19.87 亿元资金进行灾后重建规划。2016 年 5 月，临夏州大部分地区出现雷暴天气，像广河县、康乐县、和政县部分乡镇甚至下了冰雹，使得 7 个乡（镇）31 个村 6284 户 28 162 人受灾，造成经济损失约 2276.25 万元。还有比较典型的临夏州 2018 年 7 月 18 日的暴洪灾害，造成死亡 12 人、失踪 4 人、受伤 39 人的惨剧。受灾最重的东乡族自治县大面积农田和基础设施被冲毁，交通主干道出现多处山体滑坡；广河县 8 个乡镇 92 个村农房、道路等基础设施受损严重，受灾群众达到 1875人，11.33 公顷农作物受灾，造成了直接经济损失约 3.2 亿元。在调研走访时，我们就发现东乡县有群众因为这次自然灾害的影响，出现"苦心帮扶好几年，瞬间回到扶贫前"的因灾返贫。

如表 6-8 所示，根据临夏回族自治州 2015—2020 年国民经济和社会发展统计公报统计整理，我们发现临夏州的自然灾害长期存在，并对地区经济社会发展产生诸多制约，频发的自然灾害给临夏州巩固拓展脱贫攻坚成果工作带来了一定困难。

表 6-8 临夏州 2015—2020 年自然灾害受灾情况

年度	农作物受灾面积	受灾人口	救灾资金或经济损失
2015	231 万亩，其中成灾面积 161.2 万亩	191.1 万	发放救灾款 5770 万元
2016	79.5 万亩，其中成灾面积 60 万亩	77.7 万	发放救灾款 4641 万元
2017	125.3 万亩，其中成灾面积 84 万亩	92.7 万	发放救灾款 4482 万元
2018	45 万亩，其中成灾面积 34.5 万亩	75.8 万	发放救灾款 9837 万元
2019	59.1 万亩，其中成灾面积 42.75 万亩	63.74 万	发放救灾款 5956 万元

年度	农作物受灾面积	受灾人口	救灾资金或经济损失
2020	14.78 万亩，其中绝收 0.44 万亩	—	直接经济损失 19 426 万元

数据来源：临夏回族自治州 2015—2020 年国民经济和社会发展统计公报。

三、资源利用潜力受限，持续增收存在阻碍

在临夏回族自治州很多地区，生态系统的生物包容量较小，或者土地等可利用资源较少，或者地多但是耕地基础地力相对较差、生产障碍因素突出，抑或是资源可利用但是资源转化难度大、潜力小，这些都很大程度影响了当地农户的生计发展和经济收入。临夏州资源禀赋条件较差，区域内既无油矿、煤矿、气矿，也无可开采的金、银、铜、铁、铅、锡等矿产资源。从临夏州各县市人均耕地情况看，最少的积石山县人均耕地面积只有 1.16 亩，最多的永靖县也只有 2.14 亩，还达不到甘肃省农村人口人均耕地的平均水平。且部分地区植被退化问题突出，耕地蓄水能力差，耕种困难。

表 6-9 临夏州各县市人均耕地情况

地区	临夏市	临夏县	东乡县	积石山县	临夏州
人均耕地面积	1.22	1.31	1.88	1.16	1.24
地区	康乐县	永靖县	广河县	和政县	甘肃省
人均耕地面积	1.82	2.14	1.71	1.55	2.74

数据来源：根据调研资料整理而来。

另外，如图 6-3 所示，根据国家农业农村部公布的《2019 年全国耕地质量等级情况公报》，全国耕地按质量等级划分为一至十等，等级越高代表耕地质量越差。临夏回族自治州所在的青藏区，总耕地面积 0.16 亿亩，平均等级为 7.35 等。这部分耕地海拔高、积温低，且土层较薄、土壤养分贫瘠，灌溉能力差，耕地生产能力较低。根据甘肃省地质调查院相关工作人员对临夏州农用地综合产能、土壤环境、耕作条件等进行综合评定，临夏州农用地大部分都属于单位亩产量较少的三等土地，占比达 49.06% 及以上。①

---

① 冯备战，吴永强，刘文辉，等. 临夏地区农用地等级综合评价方法 [J]. 物探与化探，2020，44 (6)：1455-1463.

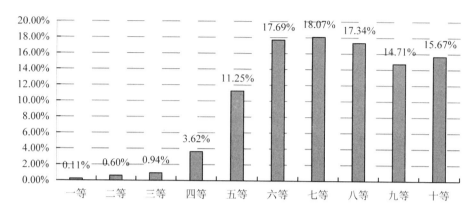

图6-3 青藏区耕地质量等级比例分布图

在临夏回族自治州的部分地区，除上述自然资源缺乏外，基础设施建设以及生产技术条件的落后，也导致地区可利用资源的潜力较低。在基础设施建设方面，像东乡县很多地区具有山高路远、坡陡谷深的自然特征，这也就导致了车辆的通行速度较慢，较窄的路面他也不能有足够的运载能力，运输成本较高。一些农产品，如临夏县南塬乡的油桃、水蜜桃等，虽然品质好，但因对外运输距离遥远、运输时间长、成本高而失去原有的竞争优势。且这些地区往往远离内地市场，信息传播滞后、接收延时，也容易造成生产的盲目性。

四、新冠疫情影响面广，引发新式风险挑战

自2020年以来，受突如其来的新冠疫情影响，临夏州各方面事业发展都受到不同程度的阻碍和不良影响。劳务是临夏州的支柱产业，而疫情使广大农民工外出务工受阻，使有些刚刚脱贫的贫困户又返贫；农牧产品无法及时卖出，农用物资运输困难，生产和消费下降，影响产业扶贫增收；易地扶贫搬迁配套、饮水安全工程、农村道路等项目无法正常开工，不能按计划推进；外地挂职干部和驻村工作队无法按时到岗，帮扶工作受到影响。尤其是对旅游业影响较大，2019年临夏州接待游客数量达到2711.49万人次，旅游综合收入总计133.18亿元。2020年疫情暴发后，接待游客数量环比下降了55.8%。综合旅游收入59.2亿元，环比下降55.6%。2021年相比2020年情况有所好转，但是游客接待数量只有1592.6万人次，旅游综合收入只有74.6亿元，与临夏州2017年的水平基本持平。

2019年，新冠疫情暴发前，临夏州获得州级、省级、国家级示范社称号

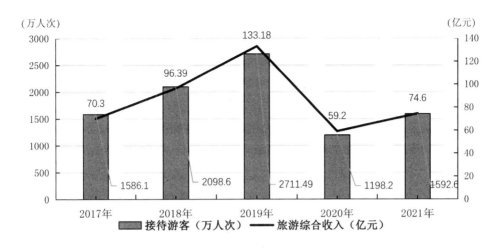

图6-4　疫情前后临夏州旅游情况对比

的只有327家，占比不到12%，① 本身发展水平较低。2020年以后加之新冠疫情影响，村集体经济名存实亡现象突出，村一级无集体经济组织、无收入来源、无经营性资产、无可持续性发展项目的"四无"现状或多或少均存在。很多村集体经济来源都是基于政府行政主导而非市场经济规律，例如将政府投入的发展村集体经济资金直接入股某个帮扶企业，由企业定期分红返还再作为村集体经济收入；有的地方村集体经济收入主要来源于征地拆迁收入，"靠地吃饭"成了最重要的村集体经济收入来源；这些都只能带来短期效益，很难持续。很多农村合作社的章程、分工和运行机制大都流于形式，调研时就发现东乡县达板镇崔家村就有"空壳社""家庭社""挂牌社"的情况，运营质量不高，管理制度不健全，利益联结不紧密。

本章小结

　　本章在对前述临夏回族自治州现有返贫风险政策措施梳理和对样本农户进行返贫风险测度的基础上，选择测度排名靠前的几个风险因素——经济资本返贫风险、人力资本返贫风险、自然资本返贫风险进行成因分析，厘清临夏回族自治州巩固拓展跨越成果的障碍因素。研究认为，临夏州由于经济发展水平的制约，持续增收的效力不足：地区经济发展水平与我国其他地区差

---

① 拜圣德，王海龙，马晓燕，等. 临夏州农民专业合作社调研报告 [J]. 农业科技通讯，2019（8）：19-21，37.

距较大，且自身县域之间发展不均衡；居民人均可支配收入偏低，且转移性收入占比过高；金融保险环境有待提升，体系不够健全；产业融合度较差，发展带动效应不足；外部帮扶互利双赢的局面还没有完全打开，财政资金的撬动效应不足。在人力资本返贫风险方面，主要是由于地区人口教育程度相对较低，人力资本积累不够；教育、卫生等公共服务保障水平偏低，阻碍农户综合素质提升；地区居民市场化观念转变较慢，多元增收的思路还不够开阔；部分农户还存在自我发展动力和能力不足的问题。自然资本返贫风险方面，主要是不良的地理环境制约，频发的自然灾害和潜力小的可利用资源，制约了农户增收致富，加之新冠疫情等新型因素的影响导致出现一些危机性突发性困难。厘清返贫风险发生的原因，对于提高农户可持续生计能力，有效巩固拓展脱贫攻坚成果，实现与乡村振兴有效衔接十分必要。

第七章

临夏回族自治州稳定脱贫的对策建议

  党的十九届四中全会提出，坚决打赢脱贫攻坚战，巩固脱贫攻坚成果，建立解决相对贫困的长效机制。2020年5月，习近平总书记在山西考察时指出："乡亲们脱贫后，我最关心的是如何巩固脱贫、防止返贫，确保乡亲们持续增收致富。"① 2017年10月，习近平在十九届中央政治局常委中外记者见面时强调，"全面建成小康社会，一个不能少；共同富裕路上，一个不能掉队"②。可见，确保脱贫农户稳定脱贫，实现脱贫成果持续稳定，既与我国精准扶贫政策方略一脉相承，是其逻辑延续，也是我们新时代实现"两步走"战略目标的有力保障和重要基础。目前民族地区经济发展处于精准脱贫和乡村振兴的重要接续期，经济增长逐渐由高速增长向高质量增长转变，经济社会发展的主要矛盾也将随之出现新的变化，巩固脱贫攻坚成果，防止返贫发生是一段时期内党的民族经济工作的重中之重。③

  后2020时代，建立起一套兼具"风险控制与返贫监测""外部帮扶与内部激励""多元共治与长效衔接"的稳定脱贫综合治理机制尤为重要，从根本上长远上遏制返贫现象，达到持续增收致富。长效机制的建立需要统筹好开发式扶贫与保障性扶贫举措：在微观层面上，要做好农户内生动力的激活和发展能力的有效配置；在中观层面上，要在基础设施持续改善、经济发展有效提升的益贫式环境营造上下功夫；在宏观层面上，要做好保障性的社会政策和多元化、长效化机制的稳步实施。本章节研究思路如图7-1所示。

---

 ① 邓鹏. 建立防止返贫机制，巩固脱贫攻坚成果 [EB/OL]. 光明网，2020-05-18.

 ② "共同富裕路上，一个不能掉队" [EB/OL]. 光明网，2022-03-07.

 ③ 李俊杰，马楠. 习近平关于加强和改进民族工作重要思想的时代价值与实践路径 [J]. 民族研究，2021（6）：1-11，134.

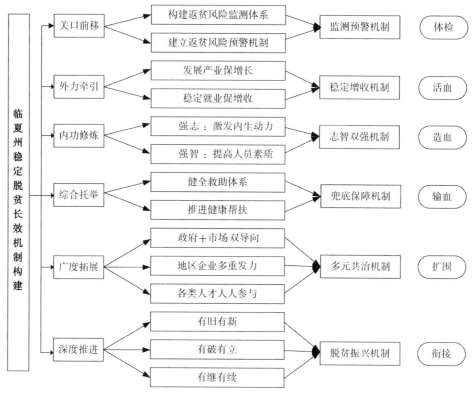

图 7-1 "临夏回族自治州稳定脱贫的对策建议"章节思路图

第一节 建立"监测预警"体检机制，
关口前移动态监测、防止返贫

2020 年后扶贫时代，绝对贫困，区域性、规模性贫困已经消除，农村返贫群体分布也从以往的"网状图"转变成分散性的"点状图"，使得以往以县域、村域为瞄准单元的减贫帮扶政策效率打折，返贫人口的识别难度加大。2021 年中央一号文件提出，要健全防止返贫动态监测和帮扶机制。后扶贫时代，必须坚决树牢防止规模性返贫的底线思维，按"全面监测、动态管理、未贫先防"的思路，不断健全防止返贫的科学机制。

国新办就决战决胜脱贫攻坚有关情况举行新闻发布会上就提出，"对已经脱贫的人口，要把存在返贫风险的人找出来，把边缘户中可能致贫的人找出来，事前对他进行帮助，不要等返贫了和发生了新的贫困再去帮助他"①。因此，如何关口前移，对农村可能存在的返贫人口进行提前预防与评估，从源头上预判，成为减少农村返贫治理成本的关键环节。② 监测和预警是治理返贫的源头和基础性工程。针对性强、行之有效的返贫监测预警"体检"机制，早发现、早干预，会大大减少返贫现象的发生，"先发制人"也会一定程度上降低后期的治理难度。

一、构建返贫风险监测体系

建立返贫风险动态识别监测机制，精准识别潜在返贫人口，是建立稳定脱贫长效机制的前提。当前，临夏州的返贫动态监测体系建设还处在探索期，要全面掌握脱贫人口、边缘人口等的信息状况，需要尽快完备返贫风险监测体系。返贫风险监测机制通过有效的制度安排、明确的责任分工、有力的信息技术支持、通达的信息共享机制，可以实现返贫风险现象的科学预判，具有很强的预设性和前瞻性，可以变事后管理为事前治理。跟踪脱贫人口脱贫成效，监测其脱贫稳固性，是防止脱贫人口又返贫的"第一道防线"。

第一，建立多维价值取向的返贫风险动态识别标准机制。

返贫现象是我国经济社会发展过程中不可避免的客观存在，随着时空背景的变化，它也是动态变化的，它不单是指收入不足的问题，还可能涉及教育、医疗、居住、生态环境等方面，这些因素互相作用导致了返贫现象的发生。返贫现象发生零星分散，具有更加明显的隐蔽性、复杂性和动态性，不能简单一刀切，认为只有收入水平在绝对贫困标准以下的才有返贫风险，要综合考虑，建立起一套既具有临夏州各县市普遍性，又能兼具其地方特点的返贫人口识别标准指标体系。要做到差异性和普适性的结合，需要充分考虑临夏州各个县市现阶段经济社会发展水平，还要侧重于识别标准的动态性、可调整性、可操作性以及区域差异性。一是要明确返贫监测对象。以家庭为单位，主要监测建档立卡已脱贫但不稳定户、收入略高于建档立卡贫困户的边缘户以及因疫情或者其他原因收入骤减或支出骤增户。二是明确返贫的监测范围。包括人均可支配收入低于国家扶贫标准 1.5 倍左右（这个标准也可

---

① 国务院新闻办就决战决胜脱贫攻坚有关情况举行新闻发布会［EB/OL］. 中国政府网，2020-03-12.
② 程明，吴波，潘琳. "后2020"时代我国农村返贫的生成机理、治理困境与优化路径［J］. 岭南学刊，2021（1）：63-70.

以各县市根据自身实际情况调整）的家庭，以及因病、因残、因灾、因新冠疫情影响等引发的刚性支出明显超过上年收入和收入大幅缩减的家庭。三是明确返贫的监测程序。严格执行村级定期摸排监测—乡镇实地复查研究—县级比对审核通知—部门整改落实反馈—系统标准销号的监测流程。

第二，强化返贫风险监测技术体系支撑。

伴随着信息技术和人工智能的飞速发展，各种定量化、标准化科学研究方式不断涌现，为诸多领域的突破和革新提供了强有力的技术支持。信息技术手段的有效运用和大数据分析常态化比对、动态化监测，持续迭代的神经网络建模、决策树以及智能算法是实现返贫风险动态监测的准确性、及时性的强有力保障。

要充分发挥信息技术优势，一是要运用多元化返贫风险监测手段。通过互联网信息技术和入户走访调研等线上线下相结合的方式，线上线下互动互补；通过现场申报、手机 APP 互相结合，实现近端、远程多向操作；通过多级联网、风险信息互通，实现全面、实时研判。例如，东乡县现有的农户信息填报手机 APP 系统就是对多元化返贫风险监测工具的有益探索。二是要配备各类风险信息监测的专业人才。基础信息的收集需要人来做，冰雹、干旱、洪涝等气象灾害监测信息传达需要人来完成，猪瘟、羊瘟、禽流感、虫害等种植物病害需要专业的防疫检疫和病害防治人员，对比监测系统也需要专门的技术人员来运营和维护，因此，气象监测员、灾害信息员、网格检测员、公共卫生安全员、畜牧兽医检疫员等专业技术人才对于返贫风险的专业把握，会有效提高监测信息质量。三是要做好信息监测传导基础设施的完善和维护。加大自然灾害监测的遥感卫星等技术投入，完善通信网络传输，引进地理信息系统、云计算平台、防雹增雨智能作业等新型技术手段，为信息技术优势的发挥提供基础支撑。

第三，打造返贫风险信息共享协作平台。

当下，信息互联互通已经是做好返贫风险工作的共识，但是，受到地方发展水平和治理水平的限制，信息孤岛、数据壁垒的现象还是大面积存在，很多贫困帮扶部门都实现了信息化，但是数据标准不统一、操作系统和用户界面都是自成体系，没有统一的标准和接口。数据五花八门，海量、繁杂、碎片化，无法有效快速识别，因此打造返贫风险信息的共享平台尤为重要。

一是要打破条块分割的信息管理模式。脱贫人口返贫风险信息的碎片化除了返贫风险信息本身比较繁杂的现实属性外，很重要的原因在于政府部门条块分割的管理模式，使得风险监测无法实现统筹管理，难以形成合力。在信息层面打破这种传统管理模式是开放信息交流、反馈、汇总的交互平台的首要一步。管理可以分类实施，各负其责，但是信息需要互联互享互通。二是要建立利益联结的风险分担体系。在脱贫攻坚中，压力层层传导，各种责任书、军令状使得各部门各干部疲于自身事务的管理，无暇外界其他事务的管辖，而返贫不仅危害性大，其风险运行演变也是多重联动的，需要各个部门的协同配合，需要返贫治理场域内各方主体积极参与，树立起利益联结、风险共担的责任意识，落实好人人共担、人人共治的统一行动。三是要构建各方主体长效协作机制。返贫监测场域内不同主体密切相关，哪一方信息的缺失都可能由于系统因果连锁反应导致返贫现象的发生，高效协作的返贫监测机制是监测体统发挥作用的必要条件。要提前谋划、高位布局、长远部署，确保风险监测实施方案合理有效，保证其有序高效运转。

第四，明确风险监测职责，完善考核监督机制。

返贫风险监测源于多元主体的参与，离不开政府的主导、干部的辛勤付出、农户的积极配合以及其他社会组织的通力协作，而且，风险判定不只是冷冰冰的数字和数据，更需要人为的综合分析研判，因此，监测过程中的责任担当和价值判断就显得尤为重要。责任担当、价值判断不仅需要源自参与主体的思想自觉，还需要依靠对其工作的考核和监督。

一是要宏观巡查政策落实，谨防"政策落空"。返贫风险监测的准确性，很有可能直接影响党和政府相关帮扶政策的制定和资源配置的倾斜，所以在宏观层面巡查，要注意部分地方为了政策倾斜和支持，为了帮扶资金的获取，擅自提高返贫风险监测标准，导致帮扶政策出现"帮富不帮贫"的走样落空。二是要中观督查工作落实，防止"工作跑偏"。监测工作重在落实，定期入户摸排是信息监测来源的重要渠道。要监督村级监测员、网格员是否按每月一次或半月一次进行常态化走访摸排，及时发现返贫致贫隐患；乡镇一级是否及时实地复查研究；县市一级是否快速审核、有效分解反馈，防止监测工作流于形式、疏于管理。三是要微观监督人员到位，避免"人员缺位"。要查看考核返贫风险监测场域内各系统各层级人员是否到位，防止由于监测人员的缺失导致的信息传导、报送、处理的不及时有效，信息更新频次不高，返贫信息动态管理不够的问题。

综合以上分析，临夏州返贫风险监测体系如图7-2所示。

二、建立返贫风险预警机制

返贫风险监测系统通过风险监测网格员定期入户走访、农户个人自主申

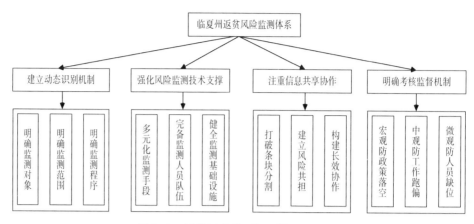

图 7-2　返贫风险监测机制的实现路径

报、多渠道风险信息汇总收集，已经形成了一套比较综合完整的风险信息数据，这为构建返贫风险预警机制打下了基础。信息的收集是第一步，信息的综合研判分类处理也很重要。对返贫风险监测系统发现的由于农户自身脱贫动力下降、外部灾害冲击或者社会负面影响造成的生计资源不足，需要按照一定的标准对其进行风险定级和风险分类，根据不同的风险等级和类别进行及时预警，从而采取精准有效的措施加以干预和阻断，熔断其存在返贫风险的关键节点，这就需要返贫预警机制来分析和研判。因此，建立返贫风险预警机制，跟踪监测脱贫成效，及时做出返贫风险预警研判，制定预案，是防止脱贫人口又返贫的"又一道防线"，是返贫治理的基础性工程。

目前，对于返贫风险预警机制构建与实施，很多地区都进行了有益探索。像广西贺州市的七步防返贫预警处置模式，"信息收集、数据比对、核实评估、集中会审、跟踪管理、预警干预、预警解除"全链条管理干预，及时有效化解返贫致贫风险。像新疆阿克苏地区的"红橙黄"三色灯光预警法，分类预警、动态帮扶，将返贫监测系统的信息进行综合研判，根据返贫的可能性大小，由大到小标注为红、橙、黄三色，适度干预、分类施策，引导农户调整和转化生计策略来斩断风险演化链条，有效规避返贫风险。返贫风险预警机制要有效发挥作用，本书认为，要做到以下三方面。

第一，合理确定风险系数的警戒线，确定警兆。

警兆也就是临界值或者警戒线，返贫风险系数达到多少才应该发出预警，显得尤为重要，警戒线过高使得预警机制无法发挥作用，很多应该在前期发现的返贫风险都被过滤掉，没法起到事前干预的作用；警戒线设置得过低则会导致误警，会误导政府和农户，导致一些资源的无效分配和生计策略的错误转换。因此，合理且切合地方实际的返贫风险临界值的确定尤为重要，是整个预警机制系统得以有效运行的首要一步。

预警标准是返贫预警系统判断农户返贫风险存在的依据，可以设置一些关键性或者说刚性指标。例如，家庭年均纯收入在绝对贫困线以下就立马报警，出现"两不愁三保障"关键性要素缺失的及时提示；但是不能把这个关键性指标作为唯一的警戒线，就像我们返贫风险监测一样，需要多元化的综合评价设定，家里是否有突发困难，是否存在因病、因学返贫的风险，需要通过多维贫困测度指数来综合确定。

第二，精准划分返贫风险类型，明确警度。

警度就是对风险程度进行度量和划分。在国内外很多领域都有相应的研究和应用。例如，我们听天气预报时候经常就有"高温橙色预警、暴雨黄色预警"等播报，气象灾害中蓝色、黄色、橙色和红色四个等级预示着这项气象灾害的严重程度，分别表示一般、较重、严重和特别严重。返贫警度预报就是对农户返贫风险的程度进行度量，是返贫风险预警的目的，对于后期按警度施策很有意义。

对于超过第一步返贫风险临界值的农户，不能眉毛胡子一把抓，都一股脑上各种帮扶举措，需要根据其返贫风险系数进行细分，区分不同的警度范畴，达到分类管理的目的。可以参照气象灾害预警将其划分为低返贫风险、较低返贫风险、中度返贫风险、较高返贫风险和高返贫风险几种类型，根据不同的风险程度给予不同程度的干预和帮扶。

第三，综合分析研判风险来源，识别警源。

预警是为了后期精准干预，不仅需要根据警度判定，还需要根据警源分析制定干预措施。临夏州各个县市经济发展程度不一、地域差异明显，地理特征差异也大，产业发展方式也有一些区别，返贫风险来源也定会是千差万别，有地区可能地质灾害较多，有地区可能产业发展风险较大，有地区可能脱贫基础本身就薄弱；各个农户之间差异就更大，家户特征也就更明显不同。因此，需要综合分析研判，从海量信息中抽丝剥茧，探寻出其中的共性和特性，才能有效制定帮扶措施。

要对超过返贫风险临界值的农户信息进行数据分析，通过信息横向、纵向互相比对，查找可能返贫的主要因素，掌握其关键因素，找出地域共性和个体差异，寻求富有解决共性风险问题的普惠性、一般性帮扶政策和阻断个性特殊性返贫风险的精准化措施。

综上临夏州返贫风险预警机制如图7-3所示。

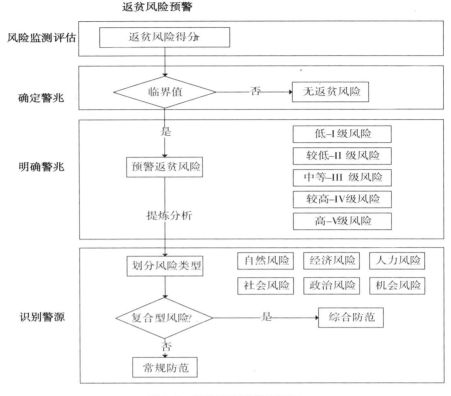

图7-3　返贫风险预警流程图

第二节　深化"稳定增收"活血机制，外力牵引多措并举、多管齐下

　　要实现脱贫人口不返贫，至关重要的一点是保证他们拥有稳定的收入来源，确保持续稳定增收。农户来源构成我们前述已经了解到，主要包括"工资性收入、经营性收入、财产性收入和转移性收入"四大类，而通过务工就业获得的工资性收入和通过种养殖等产业发展获得的经营性收入占了主要部分。因此，以"产业发展"和"就业帮扶"为抓手，是实现农户持续稳定增收的主要渠道，是确保农户收入"稳得住"的重要途径。国家乡村振兴局发布《应对新冠肺炎疫情影响持续巩固拓展脱贫攻坚成果的若干措施》提出，

各地要加强稳岗就业，发展产业，稳定增加脱贫户收入。①

一、发展产业，实现收入持续扩增

作为开发式扶贫主要方式，产业扶贫对于提高民族地区自我发展能力，增强少数民族群众增收致富能力，提升脱贫稳定性意义重大、作用显著。② 2018 年 10 月 23 日，习近平总书记在连樟村考察时也曾谈及，"产业扶贫是最直接、最有效的办法"。发展产业，既是巩固拓展脱贫攻坚成果的必要手段，也是脱贫人口实现稳定脱贫的重心所在。一方面，筑牢产业发展基础、推进产业优化升级，可以延长产业链条，增加产品附加值，提升产业发展减贫益贫效果；另一方面，产业发展和升级也是区域经济发展的重要引擎，产业发展了，区域经济提升了，个体收入和人民生活水平必然也会同步有所提升。双向影响，建立"产业促增收，增收促稳定脱贫，稳定脱贫促产业，产业促发展"的良性循环。临夏州在产业发展方面已经建立起了一套行之有效的做法，积累了很多成功经验，但是还得在产业发展过程中坚持和完善以下四点。

第一，坚持科学规划，合理布局。

选准适合当地发展的产业、选对符合当地特色的项目是产业发展的前提和关键。临夏州各县市产业发展要立足自身特点和资源禀赋、产业基础，在充分调研、科学论证的基础上，自上而下、自下而上地制定好、动态调整好各县市的产业发展的整体规划，做到产业发展有分工错位、有协同合作，防止产业的无序发展和资源的分散投入。按照"整区域、全覆盖、因地制宜"规划的总体思路，既要坚持传统的洋芋、金银花、藜麦、食用菌等农业产业发展，也要瞄准中医中药、物流仓储、数字经济、健康养生等新兴产业，像永靖县的养老产业就已成为县域经济发展的新动能，更要推进节能环保、信息技术等高科技产业，缩小与发达地区的产业发展差距。

第二，坚持完善设施，强化协同。

产业发展离不开必备的基础设施和相应的配套要素的共同支撑。临夏州现有产业要实现进一步的加速发展，首先，需要全方位地提升能源、交通、水利、物流、网络等基础设施建设，实现州内重要景区高等级公路互联互通，

---

① 国家乡村振兴局：加强就业产业帮扶稳定增加脱贫户收入［N］.澎湃新闻，2022-06-01.

② 李俊杰，吴宜财.民族地区产业扶贫的经验教训及发展对策［J］.中南民族大学学报（人文社会科学版），2019，39（5）：139-143.

实现农村信息服务和物流网络的通达高效，实现农村清洁能源的推广利用，实现水利基础设施的完善完备，让供水、灌溉、防洪、治涝不再成为临夏州发展的掣肘。其次，需要强化产业协同，促进一二三产业深度融合。引导一产往后延、二产两头连、三产走高端，打造全产业链条，既要保数量，又要保多样，更要保质量；让地方特色优势农业产业的研发、生产、加工、储存、冷藏、包装、运输、销售、电商等各个环节、各个主体紧密关联、协同一体，以此推动产业的提档升级、提质增效，让农户在分工优势、融合优势、加工增值、产业增收中同步获益、同步提升。①

第三，坚持差异发展，错位竞争。

市场是产业发展的试金石，产业能否立于不败之地关键在于产品是否有竞争力，是否是人无我有、人有我优。严格按照发展规划和"宜种则种、宜养则养、宜菜则菜、宜菌则菌"的原则，错位发展"牛、羊、菜、果、薯、药、菌"这七大临夏农业产业，精准解决"谁来种、种什么、如何卖"等关键问题。要加快农产品品牌的创建，大力推广"东乡贡羊""东乡手抓""和政啤特果""八坊清河源牌牛肉""燎原牌奶粉"等已有一定知名度的品牌。在村域经济方面，需彻底摸清村集体家底，建立起集体资产资源台账，采取多种方式积极盘活闲置集体资产资源，充分发挥当地拉面技术、油撒子、刻葫芦、砖雕、木雕等技艺资源，争取每个民族乡都有主导产业成气候，个个民族村均有拳头产品叫得响，户户少数民族家庭皆有致富品种拿得出手，切实做到差异化竞争、错位化发展。②

第四，坚持生态优先，文化引领。

产业发展必须与资源承载力相适应，才有持久生命力。首先，临夏州本身生态环境比较脆弱，全境又都属于黄河流域，是水源涵养区和水土流失区的交汇地带，发展产业要严守生态功能保障基线、环境质量安全底线和自然资源利用上线，实现产业链和生态链相互耦合。按照"适度有序、生态优先"的原则，引导支持与当地资源条件相符合、与当地环境容量相匹配的生态产业、循环经济的发展。其次，产业发展加入文化的镶嵌和渗透，才更会生生不息。可以打造具有地域特色的专业文化市场，集中陈列和展销雕刻葫芦、保安腰刀、民族刺绣、手工地毯等民族工艺品，形成规模效益；尤其是临夏

---

① 李俊杰，王平. 衔接期六盘山片区巩固拓展脱贫攻坚成果的难点与对策 [J]. 西北民族大学学报（哲学社会科学版），2022（4）：94-103.

② 李俊杰，罗如芳. 习近平关于少数民族和民族地区同步小康的重要论述研究 [J]. 民族研究，2019（1）：1-10，138.

州现在大力发展的旅游产业，要充分挖掘黄河文化、彩陶文化、民俗文化的厚重底蕴，打造"旅游+文化+非遗+采摘+研学"的文旅产业发展模式，让游客来了有看头、有玩头、有吃头、有带头。通过传统节会经济发展，继续举办临博会、牡丹文化节、花儿艺术节等，进一步打响文旅产业品牌，加快旅游景点串联，打造精品旅游路线，实现"春赏花、夏避暑、秋观景、冬玩雪"全域全季节旅游格局。

二、稳定就业，促进务工持续增收

习近平总书记早在 2014 年就说过，"就业是最大的民生"①。临夏州人民将外出务工形象地称为"铁杆庄稼"，正是因为务工收入好，稳定性也较高，也说明外出务工能够让农户劳动力在"铁杆庄稼"中，种起生活的奔头与致富的希望。因此，在巩固拓展脱贫攻坚成果，实现稳定脱贫的过程中要继续坚持就业优先，不断推进并优化稳就业、扩就业、活就业、无忧就业、就近就业、新业态就业等一系列政策措施，稳步提高农户就业质量和收入水平。同时，更重要的是注重农户人力资本水平的提升，提升农户向上流动的能力，通过实操技能训练和职业素质培养，逐步成为新生代农民和就业者。

第一，把技能培训挺在前面。

提升劳动者劳动技能是稳就业、高质量就业的关键。按照"农民群众自愿，市场引导培训、培训促进转移就业"的原则，坚持广泛深入开展劳动力技能培训，因地制宜，在田间地头、村室学校，在农户家中，多方位、全覆盖。技能培训不仅要重视数量，更要注重质量和效果，防止开展了对增收效果不大或无效果的局面。一是要精准发力，找准方向。要深入厦门、济南等异地用工一线和州内产业发展一线去了解用工需求，只有有效融合企业需求开展针对性培训，才能使得培训内容、方式等与市场需求紧密接轨，劳动力技能与就业有效衔接。二是要创新培训方式，务求实效。定期走访动员，做到"应培尽培"；培训后就业学员现身说法，激活培训意愿；引进优势职业培训资源，打造大培训大就业的基层堡垒；以工学互补、工学融合为方向，开展"嵌入式、订单式"培训。要通过技能培训深化临夏地区劳务品牌，像临夏拉面等具有地域特色、行业特征、技能特点的劳务品牌，发挥劳务品牌在就业创业中的作用。

---

① 习近平：决胜全面建成小康社会　夺取新时代中国特色社会主义伟大胜利：在中国共产党第十九次全国代表大会上的报告［EB/OL］. 中国政府网，2017-10-27.

第二，提供劳务输转组织化程度。

临夏州作为劳务输出方，要坚持政府主导、市场运作的劳务输转模式，强化精准对接，增强个人意愿与岗位需求的耦合度，推动有组织输转，以定岗、定向、订单式培训促进劳动力稳定就业。政府要主动架起大型用工企业和劳动力之间的桥梁，为劳动力输转寻求门路、通路，帮助有外出务工意愿的农户实现"求职有门、就业有路、困难有助"，探索全程化、一体化、一站式劳务输转新模式。像厦门、嘉兴等劳务输入方也要双向发力，积极落实接受临夏劳动力就业，创造就业机会，提供用工信息，动员企业参与，实现人岗对接，保障稳定就业。

第三，加大创业就业扶持力度。

临夏州自古商贸兴盛，经商办企业深入人心。要推进创业、加大就业，需要相应配套的金融资金支持和指导培训服务。首先，要注重金融工具作用的发挥，解决创业资金困难的问题，具体看就是要注重资金贷款程序方便快捷，注重资金担保方式符合农业农村实际，撬动更多金融资本投入农村创业群体，实现符合条件的创业农户应贷尽贷，最大程度发挥创业贷款扶持创业带动就业的社会效益。其次，要注重创业指导培训，开展农民工返乡创业基地建设，鼓励更多具有带动作用的企业申报各级各类农民工返乡创业示范基地，发挥指导和带动效应。

第四，提高帮扶公益性岗位开发程度。

年富力强、有就业技能的家户劳动力实现输转就业或创业就业，那留守妇女、有一定劳动能力的老年人、残疾人等群体就业增收问题的解决，就需要公益性岗位和就近劳动密集型扶贫车间岗位的开发支持。一方面，要在临夏州当地劳动密集型扶贫车间，鼓励其吸纳安置上述劳动力，全面落实《扶贫车间扶持奖励办法》，解决就近就地就业的问题。另一方面，要大力开发适合上述劳动力就业的公益性岗位，如生态护林员、草原管护员、乡村道路维护员、乡村保洁员、交管员、农村中小学生炊事员、养老服务员等帮扶公益性岗位，同时严格执行公益性岗位到岗签到、常态化管理，确保公益性岗位"兜底线、救急难"作用的充分发挥。

第三节　强化"志智双强"造血机制，内功修炼激发动力、增强能力

相比于物质上的贫穷、经济资本的缺失，精神贫困、能力缺失对于农户实现稳定脱贫危害性更大。农户是稳定脱贫的主体，实现持续增收致富而不是短期脱贫，其主观意愿和个人能力在很大程度上发挥着关键作用，即其具备稳定的脱贫内生动力和稳定脱贫的自我转化能力。稳定脱贫没有内在动力和自身技能，仅靠外部帮扶，就算帮扶再多，也不能从根本上解决问题。① 因此，不仅要深化"稳定增收"活血机制，外力牵引多措并举、多管齐下，更要强化"志智双扶"造血机制，内功修炼激发动力、增强能力。

一、强"志"：注重自我开发，激发内生动力

作为脱贫攻坚的灵魂工程，"扶志"真正引导人民群众从思想上跳出"桎梏"，从根本上跳出"困境"，这汪活水是补足人民群众精神之"钙"的利器。强"志"，强的是农户精神层面和价值取向上的增长进步，强的是持续增收致富的信心，强的是对美好幸福生活的向往和追求。通过扎实开展强"志"行动，持续整顿不良风俗，发挥宗教文化在稳定增收致富中的"正能量"，综合整治人居环境，重塑农户思想观念、职业观念，增强致富信心决心和干事创业的精气神，培育自主开发，通过个人劳动获得稳定财富。

第一，扎实开展强"志"行动。

着眼少部分群众守旧观念、生活陋习、"等靠要"错误思想和"干部干、群众看"的现状，扎实开展文化、科技、卫生"三下乡"活动，促进农村文化、科技、卫生发展，倾听群众需求和诉求，组织创业致富带头人传授致富经验，通过面对面交流、心贴心互动，见面、见心、见行动，激励群众坚定致富增收的信心决心，做到知党恩、感党恩、跟党走。深入挖掘民族文化精神内核，树立锐意进取文化。大力宣传普及人力资源开发观点，引导农户挖掘工作的意义，构建工作价值，增强职业使命感，形成务工光荣、追求自我价值实现的思想观念。同时要注重引导务工人员职业观念转变，不要局限于

---

① 萧鸣政，张睿超. 中国后扶贫时代中的返贫风险控制策略：基于风险源分析与人力资源开发视角 [J]. 中共中央党校（国家行政学院）学报，2021，25（2）：58-65.

"体力型"，要追求"技术型"。

第二，持续整顿不良风俗，改变落后思想观念。

一是要持续整治农村高价彩礼、薄养厚葬、"婚丧嫁娶"攀比和炫耀式消费等问题，充分发挥乡村"红白"理事会、村民议事会和道德评议会等相关群众自治组织的引导作用，倡导群众全民参与移风易俗新风尚，对婚嫁彩礼、礼金、宴席等事宜制定具体的量化标准，并严格执行，防止因婚、因丧返贫。二是改变落后婚育观念，整顿近亲婚配、早婚、早育和多胎生育行为，打破"越穷越生、越生越穷"的贫困陷阱。改变生病不就医先打卦、念经等封建迷信思想，要树立正确的就医观念，倡导良好就医习惯。三是一边整治不良风俗，一边广泛开展先进模范评比，弘扬文明新风。宣传嘉奖"五星级文明户""最美家庭""劳动模范""好婆婆好儿媳"等各类模范代表，培育文明乡风、良好家风、淳朴民风，推动全社会范围内形成致富光荣的良好风尚。充分发挥家规在文化价值中的引导作用，要学家规，也要守家规，更要用家规，树立正确的文化观、价值观和宗教观，增强对中华优秀文化的认同。①

第三，发挥宗教文化"正能量"。

在临夏州很多地区"清真寺"随处可见，部分地区以回族为主体的伊斯兰文化氛围相对浓厚，宗教对人民群众的思想意识和生活方式产生了比较深远的影响。"小富即安""故土难离"等思想普遍存在，一定程度上限制了当地人民群众持续增收致富的决心和外出就业增收的行动；有的信教群众生病后不是及时就医，而是采取念诵经文、阿訇主持"和亲"、散"贺吉亚"等宗教仪式，因此耽误病情。临夏州很多地区人民群众宗教信仰历史已久，要积极挖掘和发挥宗教文化中的"正能量"，弘扬中道、务实、团结协作的精神品质，推动信教群众在继承宗教文化优良基因的基础上过上富足的现代化生活。②

第四，综合整治人居环境。

按照农村环境"室内整洁、庭院净化、院外清洁"的要求，全面开展农村人居环境综合整治，下大力气改善农村生活生产环境，逐步建设美丽庭院和美丽乡村。从根本上解决"脏乱差"，改变"慵懒散"，弘扬"真善美"，提振"精气神"。通过人居环境整治，提升农户精神面貌、环境意识、文明意

---

① 李俊杰，王平. 民族地区应在小康社会与现代化建设中同步铸牢中华民族共同体意识 [J]. 中南民族大学学报（人文社会科学版），2021，41（8）：20-28.

② 李俊杰，耿新. 民族地区深度贫困现状及治理路径研究：以"三区三州"为例 [J]. 民族研究，2018（1）：47-57，124.

识，焕然一新的乡村面貌和居住环境，也能提升增收致富的信心。用优美的环境来塑造人，让高素质的人来美化环境，实现"外在美"和"内在美"的相互统一。

二、强"智"：狠抓教育培训，提高人员素质

"扶贫必扶智，治贫先治愚。"能力的不足是贫困产生的根源，能力不足不仅直接造成农户无法取得稳定足额的收入，更会打击其致富的动力和信心，长期来看就会严重制约其稳定脱贫的长效性。因此，解决了"志气"的问题，提振了精气神，下一步就是掌握实实在在的谋生技能和脱贫致富的本领，这就需要"智慧"。强"智"需要将短期的技能培训和长期的教育发展相结合，技能培训、短期速成能有效提高农户就业技能和本领，使其快速掌握一技之长，短期内实现迅速增收；长期发展教育，则是从根本上阻断贫困代际传递，打破社会分层，缩小与发达地区人口素质差距，提升地区人口竞争力。

第一，健全培训体系，短期速成，快速提升农户知识、技能。

建立健全农户知识技能培训体系、流程、形式，通过培训活动培养提高农户的各项素质，增强应对返贫风险的能力。一是要健全农户培训体系。通过搭建培训平台，以开放共享的培训资源和丰富多样的培训课程，对农户的知识、技能、态度、观念进行系统性培训。培训中要注重实用性和实践性，要瞄准农户的实际需要。尤其是要注重推普培训，提高农户国家通用语言文字的应用水平，打好语言基础，提高其就业竞争力，拓展就业发展空间。落实培训相关配套政策，对培训费用进行一定的减免，以免影响农户参训积极性，完成培训后颁发相应资格证书，便于日后农户持证上岗。二是要完善农户知识技能培训流程。培训课程开设前要充分了解农户的培训需求与意愿，确保供需匹配。了解到需求后要统计分析，培训主题需要统筹规划，分批次分层次推进。在培训过程中，也要强化管理，课上打卡、提问互动，课后耐心答疑，确保培训不走过场、不流于形式。在培训后，也可以引进相应的评估机制，进行培训后农户回访，对培训效果进行评估验收，便于课程的后期动态调整和优化。三是要丰富农户知识技能培训形式。培训机构人员选取上可以从用工企业、职业院校、创业致富带头人等群体中多方挑选，培训形式上也可以不拘泥于集中讲授，可以线上线下相结合、理论实践相结合，可以在培训教室，更需要在田间地头，形式灵活多样，确保培训取得实效，确保农户知识技能上一个台阶。

第二，发展教育大计，长期耕耘，稳步提高人口素质、水平。

教育是百年大计，是国之兴衰的根基。受教育程度偏低是精准扶贫阶段临夏州人民致贫的重要原因。"扶贫先扶智，扶智先治愚，治愚抓教育"决定了教育扶贫在地区脱贫攻坚战中起着基础性、先导性作用，是我国全面脱贫致富中最关键性的前段问题。① 教育是从根本上阻断贫困代际传递的重要措施，是从长远上提升人口综合素质、文化水平的根本之策。

临夏州发展教育，一是要加大教育投入、加强教育基础设施建设。要安排专项经费用于义务教育均衡发展，确保义务教育经费"三个增长"，确保义务教育这一薄弱环节的改善与提升；不断加大教育基础设施建设力度，积极支持小规模学校、幼儿园新建、改扩建项目，改善基本办学条件，缓解上学远、上学难问题；推进教育教学信息化，把教育信息化作为实现教育"弯道超车"的突破口和着力点，狠抓信息化基础设施建设工作，实现"三通两平台"的应用推广。优质教育资源的共享，能有效解决临夏州乡村学校优质教育资源不足、学科教师紧缺的困难。

二是要狠抓各项教育惠民政策落实力度。全面落实困难家庭学前教育、义务教育、高中教育、中职教育、高等教育以及"雨露计划"，设立贫困大学生救助金，解决困难家庭筹措大学学费难的燃眉之急；对寄宿生继续实施交通补助，寄宿制小学可免费提供午餐，减轻农户教育投入成本和家庭经济负担。进一步优化"高中国家助学金""中职免学费""中职助学金""大学生路费""生源地信用助学贷款""大学生村官助学贷款代偿"等各项资助政策，认真落实社会公益捐款资金，确保学生在校安心上学，解决其后顾之忧。

三是要建立控辍保学长效机制，确保一个都不能少。继续采取控辍保学双线四包机制，跟踪监测义务教育阶段适龄学生就学情况，做到控辍保学工作领导到位、人员到位、责任到位、措施到位。强化县市乡镇地方政府教育督导，靠实县乡村干部、驻村帮扶工作队、帮扶责任人、教育主管部门和学校教师的五方责任，以严格的责任体系，层层落实州上领导包县市、县市领导包乡镇、县直部门和乡镇领导包村、村干部包社、帮扶干部包户、校长包学校、班主任包班、教师包学生的"八包"制度，发现失学辍学的采取行政法律手段及时劝返，尤其要重点关注东乡县等地女学生上学状况。

四是要加强教师队伍建设，提高软实力。首先，通过特岗教师招聘、事业单位招聘、高层次人才引进、民生实事项目等渠道，配齐配强教师队伍，

---

① 李俊杰，宋来胜. 教育助推"三区三州"跨越贫困陷阱的对策研究［J］. 民族教育研究，2020，31（1）：30-36.

解决教师总量不足、学科配备不合理的问题；其次，通过轮岗交流、支教等措施，优化城乡师资配置，选派优秀教师到边远山区和教育水平薄弱学校任教，逐步解决乡村教师力量薄弱的问题；再次，要依托国培、省培、州培等项目，加强教师培训，不断提升教师职业素养和教育技能；最后，要重视教师队伍基本生活需求，解决住房困难等问题，让教师安居乐业，稳定教师队伍。

第四节 细化"兜底保障"输血机制，
综合托举应兜尽兜、补齐短板

基本丧失和完全丧失劳动能力的农户是无法通过上述"稳定增收"活血机制和"志智双扶"造血机制来实现稳定脱贫的，自身没有造血功能也没有活血的能力，就算有致富意愿，也无法参与到经济发展中，只能通过"社会保障"这一输血机制来解决。习近平总书记曾强调要"做好普惠性、基础性、兜底性民生建设，全面提高公共服务共建能力和共享水平，满足老百姓多样化的民生需求，织就密实的民生保障网"①。社会保障包括社会救助、社会保险和社会福利。最低生活保障制度是底，是在内外部开发和增收节支措施不能奏效之后的兜底措施。住房和饮水安全、义务教育、基本医疗、育幼养老等内容构成了居民的基本生活线。本书认为，针对临夏州因病因残返贫致贫人口的现实状况，社会保障最重要的是健全"生有所靠"的以最低生活保障制度为代表的社会救助制度和"病有所医"的医疗保障制度两大方面。

一、健全最低生活保障制度，完善其他救助体系

截至 2019 年年底，临夏州兜底保障户 4818 户 16395 人，其中一类低保 861 户 2480 人，二类低保 3008 户 12461 人，特困供养户 949 户 1454 人。最低生活保障不仅是解决低收入人口温饱问题最基础、最直接的手段，更是阻断其返贫的有效方式。随着最低生活保障标准不断提高，低保的"兜底保障"作用越来越显著。健全完善最低生活保障、灾害救助、特困人员救助供养、临时救助、农村留守儿童和老人关爱服务制度等兜底保障制度，重新梳理原

---

① 习近平在重庆调研时强调确保如期实现全面建成小康社会目标［EB/OL］. 新华网，2016-01-06.

有的碎片化救助政策，制定政策工具包，发挥最后一道"安全网"的防护作用，对于确保基本丧失和完全丧失劳动能力的人口稳定脱贫至关重要。

第一，进一步明确低保兜底的定位和对象。

随着临夏州地方社会发展水平不断提高，社会程度趋于复杂，社会整体的运营也出现了很多的新特点、新趋向，在社会救助、兜底保障目标群体的瞄准上要改变单纯通过家庭收入、财产状况就认定为低保人口或者低保家庭的做法，应统筹考虑家庭生活必需支出的情况。同时要通过大数据分析研判，实现社会救助和低保兜底需求结构与目标人员的瞄准机制的适配性升级。虽然民政部等六部委《关于做好农村最低生活保障制度与扶贫开发政策有效衔接的指导意见》指出要做到"应扶尽扶、应保尽保"，但这不代表可以"撒胡椒面"，要把有限的资金瞄准最困难的群众，要明确兜底的对象，实施差异化救助，不断提高救助水平，在救助方式、服务方式上探索更多个性化、差别化的措施。

第二，形成灵敏便捷的兜底对象发现和退出机制。

兜底对象定位和标准确定以后，后续就是要精准识别，不管是通过传统"人找制度"，还是现在运用数据筛查信息技术等手段的"制度找人"，都需要核实、认定、公开这几个必不可少的环节。在兜底对象准入方面，一是强化入户调查、邻里走访这一核实过程，确保兜底对象精准；二是通过民主评议，做到精准认定；三是健全信息公开，信息互联互通共享。通过上述流程，做到"应保尽保"。在兜底对象退出机制上，要做到实时动态管理，要根据临夏州自身财务状况、经济发展水平和社会发展程度的实际，科学制定、动态调整地区最低生活保障标准，同时通过兜底保障信息登记大数据和返贫监测大数据相对接，对于不符合兜底标准的对象应该及时调整，做到"应退尽退"。

第三，注重引导社会力量参与、形成合力。

社会保障的核心问题说到底最根本的是资金的问题，充足持续的资金供给是社会保障制度优化的根本动力。目前，社会保障资金投入主要是中央财政资金的支持，地方政府给予一定的配套资金投入，但是光想着中央财力增加支持力度肯定是不太现实的，临夏州自身经济发展和财政能力相对其他地区明显处于弱势地位，完全仰仗临夏州地方政府加大配套比例也不太可能。所以在中央和地方政府挑大梁、肩负起兜底保障、托底救助的重担时，积极引导社会力量参与十分必要。引导社会力量参与兜底救助，一是要注意激发其参与活力，二是要大力发展慈善事业，发挥公益组织、慈善事业组织的联动效应。

二、健全医疗保障制度，全面推进健康帮扶

没有全民健康就没有全面小康，医疗保障是民生工作的重中之重。疾病是悬在脱贫不稳定群众头上的达摩克利斯之剑。在第四章临夏州近年返贫的现状分析中，我们可以看到，随着交通便利化程度提高、产业发展、就业完善、农户生计资本提升，交通、资金、技术等在返贫原因中所占的比重越来越低，相反，因病返贫、因残返贫的比例呈现逐年上涨的趋势。治理临夏州"因病返贫"导致的贫困恶性循环现象，必须将提高医疗救助水平摆到重要位置，努力让人民群众"看得起病、看得上病、看得好病"；同时完善健康帮扶政策，加大健康教育力度，让人民群众提高健康知识水平和健康意识，少生病，从源头上、意识上、生活习惯上减少因病返贫致贫。

第一，确保医保惠民政策全覆盖，切实降低就医负担。

确保医保惠民政策全覆盖，一是要做细做实、逐户逐人"过筛子"，将参保信息与户籍信息核对匹配，以户籍人口作为参考底数，及时纠正数据偏差，确保新农合参保全覆盖。二是要做好医保惠民政策宣传，要采取农户直观易懂的方式，把"参保如何办、得病找谁看、病重怎么转、药费如何担"等基本医保惠民政策讲清楚、说明白。特别是针对东乡族、撒拉族、保安族等少数民族老年群众汉语基础薄弱的客观实际，要耐心请当地干部"翻译"讲解，确保医保惠民政策群众听得懂、心里明。三是要对脱贫不稳定户、边缘户等因病住院发生的政策范围内医疗费用经新农合、大病保险规定报销后的部分，纳入医疗救助范围，根据医疗救助资金筹集情况，确定具体起付标准、救助比例和救助限额，切实降低其就医负担，防止因病返贫。

第二，完善疾病防控救治体系，提升公共卫生水平。

要提升公共卫生服务水平，临夏州需要从县（市）、镇（乡）、村三级发力，提高县级医疗卫生机构、乡镇卫生院及村卫生室三级网络管理和建设水平，形成较完整的疾病防控和救治体系。一是县市医院实行病患大病分类救治管理。加强定点医院、医疗质量管理，全面落实大病医疗保障，确保困难群众罹患大病能够得到及时有效的救治，减少转院、重复检查等流程，减轻其医疗费用负担。二是充分发挥乡镇卫生院三级网络的枢纽作用，加强乡镇卫生院建设，坚持以群众的医疗卫生服务需求为导向，进一步优化诊疗流程，增设便民设施，营造舒适就诊环境。三是强化村卫生室三级网络网底的守门作用，落实村卫生室首诊报告制度，使得村卫生室基层公共卫生责任得以切

实担负。提高乡村医生的医疗技能和服务能力，使其做好人民群众健康的"守护人"，确保小病及时就医、大病及时入院。

第三，加大健康教育力度，提升人口整体身体素质。

临夏州部分地区属于高寒阴湿区，不良的气候条件和地理环境，使得当地碘缺乏病、地方性氟中毒病、大骨节病等地方病患病人口较多；加之有研究表明，临夏地区整体血脂水平相对全国其他地区血脂水平偏高，高脂血症及其并发症发病率高可能与种族遗传因素有关，更有可能与临夏州回族人群常年进食牛羊肉的饮食习惯有关，因此，加大健康指导和健康教育宣讲力度，从源头上、意识上和习惯上减少疾病的发生很有必要。一是要组织健康科普专家团、健康宣讲巡讲小分队，开展健康宣讲知识讲座、疾病预防、卫生保健等健康教育，开展义诊咨询，发放宣传资料来不断普及健康知识；二是可以在临夏州打造"健康人生"主题公园和街区，充分展示合理膳食、适量运动、戒烟限酒、心理平衡这四大健康基石的作用，引导居民追求健康生活方式，促进人口整体身体素质的提升。

第五节 优化"多元共治"扩围机制，广度拓展强化协同、人人尽责

防止返贫风险，实现稳定脱贫、持续增收，光靠政府主导，不依托市场协同肯定是不行的，单靠某个单位或某个企业支援帮扶也是远远不够的，只靠某个人或者某类人更是绝不可能完成这一艰巨而重大的使命。培育多元扶贫主体是新时期农村贫困治理的发展方向和必然趋势。[1] 精准扶贫时代需要如此，2020 后扶贫时代也同样适用。

一、宏观上需强化"政府+市场"双导向机制

相关实践证明，政府与市场的协同是脱贫攻坚的关键抓手。[2] 现阶段巩固拓展脱贫攻坚成果，实现稳定脱贫，政府与市场的协同同样重要。"政府之

---

[1] 申学锋，赵福昌，于长革，等. 构建稳定脱贫机制的制约因素与思路原则 [J]. 地方财政研究，2020 (3)：4-12.

[2] 许军涛，霍黎明. 构建政府与市场协同发力的大扶贫格局 [N]. 学习时报，2017-06-19 (4).

力"有助于大范围、集中性问题的解决，"市场之手"以其专业、精准、高效的运作机制凸显优势。巩固拓展脱贫攻坚成果需要处理好"政府之力"与"市场之手"的关系，构建"政府+市场"双导向机制，让"有为政府"与"有效市场"优势互补、协同发力，不断提高巩固拓展脱贫攻坚成果的精准性和效率。[①]

　　世界各国历史经验证明，政府在反贫困中起主导作用，能有效整合调动各方资源，确保帮扶工作高效开展。我国消除绝对贫困的伟大实践一定程度上也是党和政府凭借我国特色社会主义集中力量办大事的政治优势，结合超常规行政化手段来完成的。但是这不可避免地带来一些弊端，即挤压和替代了部分市场机制本该发挥的作用。政府行政逻辑代替市场逻辑，农户缺乏有效的市场风险应对能力。因此，一是需要协同政府集中力量办大事的制度优势和市场资源配置中的决定作用。二是要在农业产业化过程中，以市场为导向，政府只是宏观调控，将农户与市场有机联系，让农户和企业成为市场主体，根据市场供求规律和竞争规律来辅助决策，提高自身的风险判断力和应对能力。三是要在就业创业过程中，政府引领方向，市场力量推动产业结构调整和产业变迁，政府+市场+农户三方抉择。四是要发挥政府保障公平调节功能和市场提高效率的调动性功能，协同发力，使真正需要帮扶的农户精准配对到政府兜底社会政策框架中。

二、中观上需深化东西部协作和定点帮扶

　　习近平总书记曾指出，"东西部扶贫协作和对口支援，是推动区域协调发展、协同发展、共同发展的大战略，是加强区域合作、优化产业布局、拓展对内对外开放新空间的大布局，是打赢脱贫攻坚战、实现先富帮后富、最终实现共同富裕目标的大举措"[②]。临夏州在精准扶贫、全域脱贫阶段，与厦门市东西部协作，与中央八大定点帮扶单位建立起了深厚密切合作关系，人员互动、技术互学、观念互通、作风互鉴，取得了巨大的扶贫协作成就。临夏州在返贫风险防控、稳定脱贫的新阶段，更是要进一步发挥"借势发力、借桥过路"的协作优势，全面推动经济社会高质量发展。在后2020时代的东西

　　① 李俊杰，王平. 衔接期六盘山片区巩固拓展脱贫攻坚成果的难点与对策 [J]. 西北民族大学学报（哲学社会科学版），2022（4）：94-103.
　　② 中共中央党史和文献研究院. 习近平扶贫论述摘编 [M]. 北京：中央文献出版社，2018：102.

部协作和定点帮扶中,推动更加广泛的双边发展协作、形成双赢的发展格局和长久的合作机制成为其主要挑战。探索如何实现产业互补、双利双赢,更好激发内生动力,发挥市场在资源配置中的决定性作用,实现劳务输出输入地的供求对接,是巩固拓展脱贫攻坚成果的后续重要考量。

第一,提高协作认识,促进广泛长久型双边合作。

深刻领会东西部协作和定点帮扶的精神和长远意义,临夏州要进一步强化责任落实,优化结对关系,深化结对帮扶,推进厦门、济南市与临夏州东西部扶贫协作和对口支援,中央单位定点帮扶工作机制需要不断优化完善,合作领域需要不断拓展,在产业合作、劳务协作、人才交流、社会参与等各方面加大创新力度,探索出更符合双边发展实际、更符合双方群体利益的长久型、稳定性的合作关系,保证协作的广泛、长久、可持续。

第二,优化双边推动,形成互利双赢型发展格局。

多元主体之间是合作伙伴关系,不是依附关系,要改以往单向占有的主客关系为平等双向的互动关系。要改变以往帮扶单位帮、协作单位给的单向输入模式,不能总是有去无回、有来无往。只有在临夏州与对口帮扶、协作单位之间打造成双向交流、共享、互赢的新模式,协作才会长远,帮扶才会稳固,两地人民的心才会贴得更近,情才会更浓。要依托临夏州地区特色种养殖产业优势,发挥帮扶单位、协作地区的产品加工技术专长、产品流通成熟产业链条,双边拓展,以帮扶单位、协作地区的先发优势促进临夏州的后发效应,以临夏州的资源优势、密集劳动力优势推动帮扶单位、协作地区的产业发展。

第三,深化劳务协作,加强供求互配型人才交流。

一方面,厦门市和济南市在组织更多企业赴临夏州招工的同时,要针对临夏州外出务工人员的实际状况,适时调整双边劳务协作政策,为到厦门、济南务工的临夏员工创造良好的工作生活环境,继续实施稳定奖补政策,促进临夏州务工人员能够走得出、稳得住、能增收。临夏州的务工劳力稳定输出能有效解决厦门、济南地区招工难、用工荒的问题。另一方面,厦门、济南也应该立足"临夏所需,厦门、济南所能"的原则,积极选派临夏当地急需的科技、金融、卫生、教育方面的专业人才赴临夏开展交流合作,分行业分批次分阶段,有序组织,按需组织,为临夏州发展培训出更多更好的紧缺专技人才。

三、微观上需打造人才智力体系

稳定脱贫，宏观上需要政府的主导、市场的推动，中观上需要发达地区的帮助、定点单位的扶持，微观上需要人才的参与和支持。要有效发挥人力资源在返贫风险防控中的重要作用，人才的引领、带动、示范和促进，对于临夏州实现稳定脱贫、打牢基础接续乡村振兴至关重要。因此，要加快构建包含骨干型、引领型、专业型和实用型四类人才的人才智力体系，营造人人有责、人人尽责的参与稳定脱贫、接续乡村振兴的氛围。

第一，囊括乡村干部、党员干部等骨干型人才，把好方向。

要坚持一线选拔的用人导向，优先配强乡镇干部和村干部领导班子，同时注重老中青合理年龄结构的搭配，确保基层领路人"选得好"。坚持把讲政治、守规矩、重品行、有本事、敢担当作为骨干型人才的选用标准，确保其有足够的政治能力和业务能力，把好乡村发展方向，推动乡村建设发展。

第二，囊括致富带头人、新乡贤等引领型人才，做好支撑。

要盘活资源，整合致富带头人、创业带头人、新乡贤等本土人才的引领作用，发挥其独特的经验智慧，培训和服务农民群众。调动其参与稳定脱贫、持续增收的积极性、创造性和感召力。同时可以将致富带头人、创业带头人、新乡贤等引领型人才进一步培养选拔，作为乡镇干部等骨干型人才培养的后备力量。

第三，囊括卫生服务、教育培训等专业型人才，做好保障。

加强乡村教育、卫生服务、农业技能型专业人才队伍建设，进一步提高其工资福利待遇，使其不仅能引得进，还能留得下。要落实专业人才留乡、扎根基层干事业的政策红利，打破其职称评审、职业发展等限制，注重考察工作实绩，让专业型人才感受到扎根农村同样有奔头。同时要加大专业型人才的培训力度，为其提供专业"加油站"，让其带着任务走出去，强化解决实际问题的能力，有针对性地将专家"请进来"，提升当地专业型人才综合业务能力。

第四，囊括农业经营、新型职业农民等实用型人才，挑好大梁。

通过摸排走访、挖掘各类有专业特长的乡村本土人才，如非遗传承人、电商物流经营能手、种养殖能手、新型职业农民等，建立起本土实用型人才信息库，发挥本土实用型人才的主体作用。同时注重实用型人才的进一步教育培训，提高其综合素养，加强其技能资本转化为现金资源的能力。

第六节　探索"脱贫—振兴"衔接机制，
深度推进有继有续、有破有立

2020年6月，习近平总书记在宁夏调研时讲道，"全面建成小康社会，一个少数民族也不能少"①。2020年8月，习近平总书记考察安徽时强调："要保持现有帮扶政策总体稳定，接续推进全面脱贫与乡村振兴有效衔接，推动贫困地区走向全面振兴。"② 2020年10月，党的十九届五中全会提出，要优先发展农业农村，全面推进乡村振兴，并首次明确要"实现巩固拓展脱贫攻坚成果同乡村振兴有效衔接"③。2020年12月，习近平总书记向人类减贫经验国际论坛致贺信，指出，"中国将继续巩固和拓展脱贫攻坚成果，扎实推进共同富裕，不断提升民生福祉水平"④。可见，巩固拓展脱贫攻坚成果，有效衔接乡村振兴，是近期推动我国农村发展的重要战略部署，是顺利实现"两个一百年"奋斗目标交汇过渡的战略选择。

脱贫攻坚是硬性指标，目标是消除相对较低标准的绝对贫困，而乡村振兴从指标上看更像是一种软约束，更强调生活富裕，这比脱贫攻坚的绝对贫困标准要高、难度要大。从二者的逻辑关系上看，脱贫攻坚解决乡村建设基础短板，为乡村共同富裕弥补最基本的需求，脱贫攻坚在实践逻辑上为乡村振兴的前提基础。巩固拓展脱贫攻坚成果，是缩小区域和群体发展差距的基础工程，也是实施乡村振兴战略的内在要求和长期任务。⑤ 乡村振兴在发挥乡村资源配置优化过程中，推动了产业扶贫以及乡村整体发展，从而强化了脱贫攻坚的内生动力，提升了脱贫结果稳定性和长效性。因此，以衔接乡村振兴为目标，从长远着手，深度推进，在更高质量层次、以更高水平层面探索巩固脱贫攻坚成果、接续乡村振兴的长效衔接机制实属必要。

在具体的对接实践中，临夏州要注意及时总结历史经验，对成功可复制

---

① 决胜全面建成小康社会决战脱贫攻坚　继续建设经济繁荣民族团结环境优美人民富裕的美丽新宁夏［N］. 人民日报，2020-06-11（1）.
② 坚持改革开放坚持高质量发展　在加快建设美好安徽上取得新的更大进展［N］. 人民日报，2020-08-22（1）.
③ 中共十九届五中全会在京举行［N］. 人民日报，2020-10-30（1）.
④ 习近平向人类减贫经验国际论坛致贺信［N］. 人民日报，2020-12-15（1）.
⑤ 黄承伟. 脱贫攻坚有效衔接乡村振兴的三重逻辑及演进展望［J］兰州大学学报（社会科学版），2021，49（6）：1-9.

经验进行推广放大，对失败错误的方式方法及时予以反思、调整与修正。按照"遏返贫、强振兴、保长效"的思路，加强规划、政策和要素各方面的衔接，进一步推动要素配置，提高资金使用效率，补齐基础设施和基本公共服务短板，真正做到从绝对贫困到相对贫困的变动与转型、从特惠政策到普惠政策的调试与再造、从短期任务到长期规划的重构与优化、从微观施策到顶层设计的保障与强化。具体推进有效衔接过程中要注意以下三方面。

一、规划衔接要注重既巩固脱贫成果，又保持可延续

在脱贫攻坚和乡村振兴的规划衔接上，要注重既巩固脱贫攻坚成果，又保持政策的延续性。从长期看，集中全部力量合力脱贫攻坚，实施大量的倾斜性政策帮助脱贫的方式是很难一直持续的，到了 2020 后扶贫时代，地方政府工作重心由脱贫攻坚向乡村振兴转变，但是工作的长远目标都是一致的，都是要在更远的将来实现社会主义现代化。临夏州在巩固拓展脱贫攻坚成果与乡村振兴有效衔接规划上，要注重科学性、系统性和可持续性，既有"继"又有"续"，做好扶贫产业的后续培育、脱贫人口的后续支持巩固，既要统筹推进做好贫困治理，防止返贫，巩固脱贫成果，又要做好乡村建设，保障乡村振兴。

二、政策衔接要注重既汲取既有经验，又实现新拓展

在脱贫攻坚和乡村振兴的政策衔接上，要根据大量田野调查，把握当前脱贫攻坚的痛点与堵点、乡村振兴的重点与难点，及二者有效衔接的契合点与连接点；总结经验，找准从脱贫攻坚到乡村振兴有效衔接与转型的方向，实现新的拓展，做到有"旧"又有"新"。既要摒弃不符合当前目标要求的一些超常规性政策、突击性政策，又要找准经济建设的核心，促进产业扶贫向产业振兴的转型；找准主体建设的基石，促进人才扶贫向人才振兴转型；找准文化建设的主线，促进文化扶贫向文化振兴转型；找准生态建设的重点，促进生态扶贫向生态振兴转型；找准政治建设的根本，促进党建扶贫向组织振兴转型。

三、要素衔接要注重既破解固有局限，又创立新格局

虽然脱贫攻坚和乡村振兴二者在目标上、政策上、要素上都有很多的共通性和延续性，但是各有其侧重点，脱贫攻坚的特点在于短期的紧迫性和兜

底福利性，乡村振兴则更注重长期的持续性和主体内生性，两大战略间还是有很大差异的。脱贫攻坚很多政策和要素配置都为临夏州提供了有力支撑，但很多政策和要素对于乡村振兴来讲还不完善，还处于比较低端的水平。因此，要既有"破"又有"立"，既破解固有的要素局限，更要对标乡村振兴在乡村建设、农业产业现代化方面的更高要求，创立全新的符合新阶段的要素配置模式和手段。

本章小结

本章在临夏州返贫风险测度和巩固拓展脱贫攻坚成果存在的障碍性因素分析基础上，提出了临夏州稳定脱贫长效机制构建以此巩固拓展脱贫攻坚成果，防范返贫风险的意见建议。主要从六方面展开：一是要关口前移，注重返贫风险的动态监测，这需要构建返贫风险监测体系和返贫风险预警机制，从源头上预判，"先发制人"一定程度上降低后期的治理难度；二是需要深化"活血"机制，通过发展产业和稳定就业两大外力帮扶引擎，多措并举、多管齐下，实现农户的持续稳定增收，从收入层面降低返贫风险；三是要强化"造血"机制，通过"强志"，增强致富信心决心和干事创业的精气神，通过"强智"，增加谋生技能和脱贫致富的本领，从主体根本上切断返贫风险的生成理路；四是要细化"输血"机制，通过最低生活保障等救助体系的细化完善，兜底保障那小部分基本丧失和完全丧失劳动能力的农户生活，通过健全医疗保障制度，切实降低人口就医负担，提升全民身体健康素质，从制度保障上补齐短板，防止返贫风险有机可乘；五是要优化"扩围"机制，不仅要考虑内外力多重发动，还要考虑多元参与，从宏观、中观、微观各个层次增强巩固拓展的力量来源，宏观上不仅依靠政府，还要协同市场，中观上不仅需要中央单位参与，还需要社会组织、社会力量的协作，微观上需要打造人才智力体系，构建人人参与、人人尽责的治理氛围；六是要着眼长远，探索"脱贫—振兴"长效机制，实现从绝对贫困到相对贫困的变动与转型，从特惠政策到普惠政策的调试与再造，从短期任务到长期规划的重构与优化，从微观施策到顶层设计的保障与强化，从深度推进上长远保障返贫风险处在极低水平。

结论与展望

　　本书以甘肃省临夏州为研究区域，以其原建档立卡农户和现边缘易致贫农户为主要研究对象，在多方查阅资料、广泛深入调研的基础上，结合习近平关于民族工作的重要思想、宏观贫困陷阱相关理论、微观个体脆弱性理论、风险管理理论、韧性治理理论等，沿着历史到现实的维度，对该区域反贫困治理过程中出现的返贫现象进行了客观分析。本书结合国家及临夏地区重大战略、扶持政策的变化特点，梳理了临夏州反贫困的主要成效及经验；采取了客观描述与主观感知相结合的方法，通过面上数据分析和实地调研访谈，了解临夏州近年返贫的状况和历史表现，再结合问卷调查，通过农户和帮扶干部对未来可能存在的返贫风险感知，来厘清临夏州返贫风险的类型和风险源；在综合考虑现有返贫风险测度模型优劣并结合临夏州实际，参考生计脆弱性分析框架基础上，修订建立了临夏州返贫风险测度指标体系和模型，并对调研样本农户返贫风险进行了测度；针对测度出的主要返贫风险因素的形成原因进行了分析，厘清其巩固拓展脱贫攻坚成果的障碍因素；最后从六大机制建设方面提出了临夏州防止返贫风险，实现稳定脱贫的对策建议。本书的主要研究结论如下。

一、临夏州扶贫开发成效显著，为巩固拓展脱贫攻坚成果打下良好基础

　　自 1978 年改革开放以来，临夏州扶贫开发取得了显著成效，区域性绝对贫困历史性消除，贫困发生率从 2013 年的 32.5% 到 2020 年全部清零，56.32 万建档立卡贫困人口全部脱贫；经济社会全面发展，人民生产生活条件明显改善，地方治理水平不断提升。形成了系列具有地方特色和特点的扶贫开发典型模式和大批鲜活案例，包括出川进城以城代乡的达板崛起模式、送岗上门就近就业的扶贫车间模式、特色产业因地制宜的联动发展模式、"两户见面会""三说三抓"的精神扶贫模式、"东西部协作""定点帮扶"的组团帮扶模式以及村容村貌整治+生态旅游的"视觉扶贫模式"等。形成了扶贫开发的

有效经验和有益精神，为地区巩固拓展脱贫攻坚成果打下了良好基础。

二、临夏州返贫现象客观存在，脱贫、返贫交织影响脱贫质量和攻坚成果

2015—2019 年间，临夏州返贫现象一直客观存在，不同的年份和地域存在较大差异，返贫的原因也存在多样性，这一定程度上影响了脱贫的质量和攻坚的成果。随着脱贫攻坚工作的深入开展，各地基础设施不断改善，经济水平不断提升，农户的整体资金实力增强。另外随着各地"大培训、大输转、大就业"活动的逐步开展，订单式、定向式、精准式培训增多，农户的技能水平得到了有效提升。因此返贫主要原因也由原先的缺资金、缺技术转变为因病因残等。

三、临夏州返贫风险整体较低，经济资本、人力资源、健康状况成为其主要风险因素

调研发现，临夏州样本农户加权综合返贫风险指数处于 0.335 ~ 22.504 之间，平均值为 3.796，相对来说处于较低水平，发生规模性返贫现象可能性不大。总体样本中经济资本薄弱、人力资本缺失、健康状况较差成为其主要返贫风险因素。在高返贫风险农户中，除了经济资本薄弱和人力资本缺失，自然灾害风险和发展机会缺乏也是其返贫的主要因素之一。对于不同生计策略的样本农户来说，务农主导型、务工主导型、补贴依赖型、多业兼营型样本农户各类返贫风险均存在较大差异。

四、临夏州返贫风险发生原因、巩固拓展脱贫攻坚成果障碍因素存在共性

从横向看，返贫风险因素有自然因素、经济因素、社会因素等；从纵向看，历史因素和现实因素并存；从维度看，有农户个体因素也有村社集体、乡镇县市区域因素。返贫风险发生原因与巩固拓展脱贫攻坚成果障碍因素有很多共同性和共通性，主要在于地区总体经济发展水平的相对滞后、产业发展带动效应的不足、金融保险环境基础薄弱、人口文化程度的低层次、自我发展能力的欠缺、市场化观念水平较落后以及自然地理环境的不良因素影响。

五、临夏州返贫风险治理、稳定脱贫实现需要长效着手、标本兼治

返贫风险防治，不仅要治，还得防；因此需要关口前移，建立返贫风险监测预警机制，从源头上体检，早发现早干预；还得需要用好用活产业和就业两大"活血"机制，才能帮助农户持续稳定增收，实现有效外部帮扶，降低收入返贫风险；更重要的是需要培训教育等"造血"机制的完善，强化"志智双扶"，才能增强防治主体稳定脱贫的内生动力和稳定脱贫的自我转化能力，从根本上切断"脱贫—返贫"的链条；对于小部分内帮外扶都不能防止返贫风险的特殊群体，则需要细化"输血"机制，通过最低生活保障等救助体系的细化保障其基本生活，通过健全医疗保障制度，切实降低人口就医负担，提升全民身体健康素质；同时还得在风险防治上面进行广度扩围，考虑多元参与，从宏观、中观、微观各个层次增强巩固拓展的力量来源；进行深度拓展，探索"脱贫—振兴"链接机制，从长远上着手才能真正实现标本兼治、药到病除。

囿于科研条件的限制以及笔者能力的不足，本书研究还存在很多需要完善之处，这也为笔者后续进一步深入研究留下了前进和努力的空间。首先，由于返贫相关资料不能根据研究需要及时或者足额获取，一些地域资料收集不全，一定程度上限制了风险分析的深入性；其次，由于临夏州交通条件等方面的限制以及语言沟通上的障碍，田野调查极为困难，且成本较高，收集到的农户样本资料不多，尤其是广河县和永靖县的农户资料相对较少，这对于研究结论的普适性和客观性都有一定的影响；最后，在返贫风险的测度上，本书选择的是用农户的主观评价结合家庭生计资本进行分析，采用的是模糊评价法，风险分析基本都是基于静态数据，缺乏加入时间序列的面板数据以及引用风险要素冲击的返贫风险综合预测，导致返贫现象时空演变特征和发生机理缺乏实证数据检验。

参考文献

一、中文文献

（一）著作

［1］陈全功，程蹊．少数民族山区长期贫困与发展型减贫政策研究
［M］．北京：科学出版社，2014.

［2］郭劲光．脆弱性贫困：问题反思、测度与拓展［M］．北京：中国社
会科学出版社，2011.

［3］国家民族事务委员会．中央民族工作会议精神学习辅导读本［M］.
北京：民族出版社，2015.

［4］李翠锦，刘林．特殊类型贫困地区贫困和反贫困绩效的调查与评估
［M］．北京：经济管理出版社，2017.

［5］李俊杰．集中连片特困地区反贫困研究：以乌蒙山区为例［M］．北
京：科学出版社，2014.

［6］李俊杰．民族地区特殊类型贫困与反贫困研究［M］．北京：经济科
学出版社，2019.

［7］刘燕．风险管理及其模型［M］．郑州：郑州大学出版社，2015

［8］潘泽江．中国特困民族地区农户脆弱性问题研究［M］．北京：科学
出版社，2013.

［9］世界银行．世界银行2002年度报告［M］．北京：经济科学出版
社，2002.

［10］斯洛维奇．风险的感知［M］．赵延东，林垚，冯欣，等译．北京：
北京出版社，2007.

［11］泰勒－顾柏，金．社会科学中的风险研究［M］．黄觉，译．北京：
中国劳动社会保障出版社，2010.

［12］谭诗斌．现代贫困学导论［M］．武汉：湖北人民出版社，2012.

［13］汪三贵，杨龙，张伟宾，等．扶贫开发与区域发展：我国特困地区的贫困与扶贫策略研究［M］．北京：经济科学出版社，2017.

［14］向德平，黄承伟．减贫与发展［M］．北京：社会科学文献出版社，2016.

［15］张磊．中国扶贫开发政策演变：1949—2005 年［M］．北京：中国财政经济出版社，2007.

［16］张丽君，吴本健，王飞，等．中国少数民族地区扶贫进展报告：2017［M］．北京：中国经济出版社，2017.

［17］中共中央党史和文献研究院．习近平扶贫论述摘编［M］．北京：中央文献出版社，2018.

［18］中共中央统一战线工作部，国家民族事务委员会．中央民族工作会议精神学习辅导读本［M］．北京：民族出版社，2022

［19］中共中央文献研究室．十八大以来重要文献选编：下［M］．北京：中央文献出版社，2018.

（二）中文期刊

［1］白永秀，宁启．巩固拓展脱贫攻坚成果同乡村振兴有效衔接的提出、研究进展及深化研究的重点［J］．西北大学学报（哲学社会科学版），2021，51（5）.

［2］陈标平，吴晓俊．“破”农村返贫困境，“立”可持续扶贫新模式：农村反贫困行动 60 年反思［J］．生产力研究，2010（3）.

［3］陈超群，罗芬．乡村旅游地脱贫居民返贫风险综合模糊评判研究：基于可持续生计资本的视角［J］．中南林业科技大学学报（社会科学版），2018，12（5）.

［4］陈端计，杨莉莎，史扬．中国返贫问题研究［J］．石家庄经济学院学报，2006（2）.

［5］程明，吴波，潘琳．“后 2020”时代我国农村返贫的生成机理、治理困境与优化路径［J］．岭南学刊，2021（1）.

［6］戴琼瑶，刘家强，唐代盛．我国直过民族脱贫人口稳定脱贫指数及政策含义：以独龙族为例［J］．人口研究，2019，43（6）.

［7］丁德光．社会风险视阈下返贫风险的类型与防控机制建设［J］．天水行政学院学报，2017，18（3）.

［8］丁军，陈标平．构建可持续扶贫模式　治理农村返贫顽疾［J］．社

会科学，2010（1）.

[9] 董春宇，栾敬东，谢彪. 对返贫现象的一个分析 [J]. 经济问题探索，2008（3）.

[10] 范和生. 返贫预警机制构建探究 [J]. 中国特色社会主义研究，2018（1）.

[11] 冯备战，吴永强，刘文辉，等. 临夏地区农用地等级综合评价方法 [J]. 物探与化探，2020，44（6）.

[12] 耿新. 民族地区返贫风险与返贫人口的影响因素分析 [J]. 云南民族大学学报（哲学社会科学版），2020，37（5）.

[13] 谷秀云，薛选登. 脱贫户返贫风险评估研究：基于豫西典型贫困县区的调查 [J]. 河南理工大学学报（社会科学版），2021，22（1）.

[14] 郭倩，廖和平，王子羿，等. 秦巴山区村域稳定脱贫测度及返贫防控风险识别：以重庆市城口县为例 [J]. 地理科学进展，2021，40（2）.

[15] 郭志杰，方兴来，杨世枚，等. 对返贫现象的社会学考察 [J]. 中国农村经济，1990（4）.

[16] 郭子钰，谢双玉，乔花芳，等. 乡村旅游地农户返贫风险的识别与评估：以恩施州为例 [J]. 农业现代化研究，2022，43（4）.

[17] 韩东平，郑洲，颜宝铜. 模糊综合评价法在高校财务预警中的应用 [J]. 财会通讯（下），2010（2）.

[18] 何华征，盛德荣. 论农村返贫模式及其阻断机制 [J]. 现代经济探讨，2017（7）.

[19] 何阳，娄成武. 后扶贫时代贫困问题治理：一项预判性分析 [J]. 青海社会科学，2020（1）.

[20] 洪江. 我国扶贫攻坚中返贫原因探析 [J]. 宁夏社会科学，1999（1）.

[21] 胡起望. 民族地区的返贫现象及其原因 [J]. 中央民族学院学报，1991（4）.

[22] 胡清升. 建立稳定脱贫机制有效防止脱贫后返贫：以陕西为例 [J]. 新西部，2020（4）.

[23] 胡世文，曹亚雄. 脱贫人口返贫风险监测：机制设置、维度聚焦与实现路径 [J]. 西北农林科技大学学报（社会科学版），2021，21（1）.

[24] 胡原，曾维忠. 深度贫困地区何以稳定脱贫？：基于可持续生计分析框架的现实思考 [J]. 当代经济管理，2019，41（12）.

［25］胡原，曾维忠．稳定脱贫的科学内涵、现实困境与机制重构：基于可持续生计—脆弱性—社会排斥分析框架［J］．四川师范大学学报（社会科学版），2019，46（5）．

［26］黄承伟．脱贫攻坚有效衔接乡村振兴的三重逻辑及演进展望［J］．兰州大学学报（社会科学版），2021，49（6）．

［27］黄国庆，刘钇，时朋飞．民族地区脱贫户返贫风险评估与预警机制构建［J］．华中农业大学学报（社会科学版），2021（4）．

［28］蒋和胜，李小瑜，田永．阻断返贫的长效机制研究［J］．吉林大学社会科学学报，2020，60（6）．

［29］焦国栋．遏制我国农村返贫现象的若干举措探析［J］．中州学刊，2005（4）．

［30］焦克源，陈晨，焦洋．整体性治理视角下深度贫困地区返贫阻断机制构建：基于西北地区六盘山特困区 L 县的调查［J］．新疆社会科学，2019（1）．

［31］兰定松．乡村振兴背景下农村返贫困防治探讨：基于政府和农民的视角［J］．贵州财经大学学报，2020（1）．

［32］李博．后扶贫时代深度贫困地区脱贫成果巩固中的韧性治理［J］．南京农业大学学报（社会科学版），2020，20（4）．

［33］李长亮．深度贫困地区贫困人口返贫因素研究［J］．西北民族研究，2019（3）．

［34］李聪，郭嫚嫚，雷昊博．从脱贫攻坚到乡村振兴：易地扶贫搬迁农户稳定脱贫模式：基于本土化集中安置的探索实践［J］．西安交通大学学报（社会科学版），2021，41（4）．

［35］李海金，陈文华．稳定脱贫长效机制的构建策略与路径［J］．中州学刊，2019（12）．

［36］李剑芳，李鲁．深度贫困地区持续减贫长效机制研究：基于可行能力视角［J］．盐城工学院学报（社会科学版），2021，34（2）．

［37］李金叶，陈艳．深度贫困地区农户多维返贫测度与分解研究［J］．干旱区资源与环境，2020，34（9）．

［38］李俊杰，罗如芳．习近平关于少数民族和民族地区同步小康的重要论述研究［J］．民族研究，2019（1）．

［39］李俊杰，罗如芳．肩负新时代民族院校使命铸牢中华民族共同体意识：学习贯彻习近平总书记全国民族团结进步表彰大会重要讲话［J］．北方

民族大学学报，2021（4）.

[40] 李俊杰，马楠. 习近平关于加强和改进民族工作重要思想的时代价值与实践路径［J］. 民族研究，2021（6）.

[41] 李俊杰，宋来胜. 教育助推"三区三州"跨越贫困陷阱的对策研究［J］. 民族教育研究，2020，31（1）.

[42] 李俊杰，王平. 民族地区应在小康社会与现代化建设中同步铸牢中华民族共同体意识［J］. 中南民族大学学报（人文社会科学版），2021，41（8）.

[43] 李俊杰，吴宜财. 民族地区产业扶贫的经验教训及发展对策［J］. 中南民族大学学报（人文社会科学版），2019，39（5）.

[44] 李俊杰，耿新. 民族地区深度贫困现状及治理路径研究：以"三区三州"为例［J］. 民族研究，2018（1）.

[45] 李俊杰，王平. 衔接期六盘山片区巩固拓展脱贫攻坚成果的难点与对策［J］. 西北民族大学学报（哲学社会科学版），2022（4）.

[46] 李俊杰. 民族地区可持续脱贫策略探究［J］. 边疆经济与文化，2008（8）.

[47] 李瑞华. 从国家通用语言的经济价值看民族地区推普脱贫的时代意蕴：基于"三区三州"贫困特征的分析［J］. 青海师范大学民族师范学院学报，2021，32（1）.

[48] 李晓园，汤艳. 返贫问题研究40年：脉络、特征与趋势［J］. 农林经济管理学报，2019，18（6）.

[49] 李雅婧，祁新华，林月，等. 贫困退出背景下六盘山区返贫脆弱性特征及影响因素［J］. 亚热带资源与环境学报，2019，14（4）.

[50] 李月玲，何增平. 多维视角下深度贫困地区返贫风险：以定西市深度贫困地区为例［J］. 天水行政学院学报（哲学社会科学版），2018，19（3）.

[51] 廖冰. 脱贫人口返贫风险"事前—事中—事后"全过程防控研究脉络［J］. 农学学报，2021，11（12）.

[52] 凌国顺，夏静. 返贫成因和反贫困对策探析［J］. 云南社会科学，1999（5）.

[53] 凌经球. 可持续脱贫：新时代中国农村贫困治理的一个分析框架［J］. 广西师范学院学报（哲学社会科学版），2018，39（2）.

[54] 凌经球. 论可持续脱贫［J］. 桂海论丛，2007（2）.

[55] 刘丽娜，李俊杰. 基于村级尺度的湖北武陵民族地区贫困现状及影响因素研究 [J]. 华中农业大学学报（社会科学版），2015（2）.

[56] 毛韦捷，张晓欢. 云南原深度贫困地区乡村人才振兴的困境与思考 [J]. 杨凌职业技术学院学报，2021，20（3）.

[57] 苗爱民. 中国脱贫攻坚政策演进及"后2020"时期政策调整研究 [J]. 中共福建省委党校（福建行政学院）学报，2020（4）.

[58] 牛胜强. 多维视角下深度贫困地区脱贫攻坚困境及战略路径选择 [J]. 理论月刊，2017（12）.

[59] 潘文轩. 贫困地区返贫与新增贫困的现状、成因及对策：基于扶贫对象动态管理数据的统计分析 [J]. 云南民族大学学报（哲学社会科学版），2020，37（6）.

[60] 彭琪，王庆. 精准扶贫背景下返贫问题的成因及对策：以湖北省 W 区 L 村为例 [J]. 贵阳市委党校学报，2017（6）.

[61] 冉洋. 贵州返贫状况、原因及抑制措施探讨 [J]. 贵州民族研究，1999（4）.

[62] 尚海洋，宋妮妮. 返贫风险、生计抵御力与规避策略实践：祁连山国家级自然保护区内8县的调查与分析 [J]. 干旱区地理，2021，44（6）.

[63] 申学锋，赵福昌，于长革，等. 构建稳定脱贫机制的制约因素与思路原则 [J]. 地方财政研究，2020（3）.

[64] 史敦友，赵放，骆玲. 我国民族地区反贫困研究的回顾与展望：基于 Citespace 的可视化分析 [J]. 民族学刊，2021，12（9）.

[65] 孙久文，李方方，张静. 巩固拓展脱贫攻坚成果加快落后地区乡村振兴 [J]. 西北师大学报（社会科学版），2021，58（3）.

[66] 孙久文，夏添. 中国扶贫战略与2020年后相对贫困线划定：基于理论、政策和数据的分析 [J]. 中国农村经济，2019（10）.

[67] 谭贤楚，朱力. 贫困类型与政策含义：西部民族山区农村的贫困人口：基于恩施州的实证研究 [J]. 未来与发展，2012（1）.

[68] 王俊程，武友德，钟群英. 我国原深度贫困地区脱贫成果巩固的难点及其破解 [J]. 西安财经大学学报，2021，34（2）.

[69] 王媛. 后扶贫时代规模性返贫风险的诱致因素、生成机理与防范路径 [J]. 科学社会主义，2021（5）.

[70] 吴本健，肖时花，马雨莲. 人口较少民族脱贫家庭的返贫风险：测量方法、影响因素与政策取向 [J]. 西北民族研究，2021（2）.

[71] 武汉大学国发院脱贫攻坚研究课题组．促进健康可持续脱贫的战略思考 [J]．云南民族大学学报（哲学社会科学版），2019，36（6）．

[72] 向德平，华汛子．改革开放四十年中国贫困治理的历程、经验与前瞻 [J]．新疆师范大学学报（哲学社会科学版），2019，40（2）．

[73] 向德平，梅莹莹．绿色减贫的中国经验：政策演进与实践模式 [J]．南京农业大学学报（社会科学版），2021，21（6）．

[74] 萧鸣政，张睿超．中国后扶贫时代中的返贫风险控制策略：基于风险源分析与人力资源开发视角 [J]．中共中央党校（国家行政学院）学报，2021，25（2）．

[75] 肖泽平．脱贫攻坚返贫家户的基本特征及其政策应对研究：基于12省（区）22县的数据分析 [J]．云南民族大学学报（哲学社会科学版），2020（1）．

[76] 邢成举，李小云，史凯．巩固拓展脱贫攻坚成果：目标导向、重点内容与实现路径 [J]．西北农林科技大学学报（社会科学版），2021，21（5）．

[77] 颜廷武．返贫困：反贫困的痛楚与尴尬 [J]．调研世界，2005（1）．

[78] 虞洪，林冬生．脱贫攻坚长效机制分析：基于四川省通江县的实践 [J]．农村经济，2017（9）．

[79] 苑梅．贫困边缘户返贫的理性反思与财政防治对策 [J]．地方财政研究，2020（3）．

[80] 张明皓，豆书龙．深度贫困的再生产逻辑及综合性治理 [J]．中国行政管理，2018（4）．

[81] 张庆，何明贵．辩证法视角下对西藏精准脱贫后返贫的预判与预防分析 [J]．经贸实践，2019（1）．

[82] 张芯木，刘卫平，陈敬胜．村庄的裂痕：脱贫对象返贫的结构性风险 [J]．邵阳学院学报（社会科学版），2020，19（3）．

[83] 张耀文，郭晓鸣．中国反贫困成效可持续性的隐忧与长效机制构建：基于可持续生计框架的考察 [J]．湖南农业大学学报（社会科学版），2019，20（1）．

[84] 章文光，吴义熔，宫钰．建档立卡贫困户的返贫风险预测及返贫原因分析：基于2019年25省（区、市）建档立卡实地监测调研数据 [J]．改革，2020（12）．

[85] 章文光. 建立返贫风险预警机制化解返贫风险 [J]. 人民论坛, 2019 (23).

[86] 赵玺玉, 吴经龙, 李宏勋. 返贫: 巩固扶贫开发成果需要解决的重大课题 [J]. 生产力研究, 2003 (3).

[87] 郑秉文. "后2020" 时期应建立防贫减贫长效机制 [J]. 中国医疗保险, 2019 (11).

[88] 郑瑞强, 曹国庆. 脱贫人口返贫: 影响因素、作用机制与风险控制 [J]. 农村经济管理学报, 2016, 15 (6).

[89] 郑瑞强. 精准扶贫政策的理论预设、逻辑推理与推进机制优化 [J]. 宁夏社会科学, 2016 (4).

[90] 周迪, 王明哲. 返贫现象的内在逻辑: 脆弱性脱贫理论及验证 [J]. 财经研究, 2019, 45 (11).

[91] 周伍阳. 生态振兴: 民族地区巩固拓展脱贫攻坚成果的绿色路径 [J]. 云南民族大学学报 (哲学社会科学版), 2021, 38 (5).

[92] 庄天慧, 张海霞, 傅新红. 少数民族地区村级发展环境对贫困人口返贫的影响分析: 基于四川、贵州、重庆少数民族地区67个村的调查 [J]. 农业技术经济, 2011 (2).

[93] 左停, 李颖, 李世雄. 巩固拓展脱贫攻坚成果的机制与路径分析: 基于全国117个案例的文本研究 [J]. 华中农业大学学报 (社会科学版), 2021 (2).

[94] 左停, 刘文婧, 李博. 梯度推进与优化升级: 脱贫攻坚与乡村振兴有效衔接研究 [J]. 华中农业大学学报 (社会科学版), 2019 (5).

[95] 左停, 赵梦媛. 农村致贫风险生成机制与防止返贫管理路径探析: 以安徽Y县为例 [J]. 西南民族大学学报 (人文社会科学版), 2021, 42 (7).

[96] 左停. 进一步明确低保兜底的定位和对象 [J]. 中国民政, 2017 (9).

[97] 左停. 致力建立稳定脱贫的长效机制 [J]. 人民论坛, 2017 (18).

(三) 报纸

[1] 扶贫开发从以解决温饱为主要任务转入新阶段: 访国务院扶贫办主任范小建 [N]. 光明日报, 2011-11-17 (10).

[2] 服务实体经济防控金融风险深化金融改革 促进经济和金融良性循环健康发展 [N]. 人民日报, 2017-07-16 (1).

[3] 国家乡村振兴局：加强就业产业帮扶稳定增加脱贫户收入 [N]. 人民日报，2022-06-02 (9).

[4] 贫困人口基本医疗有保障（权威发布）[N]. 人民日报，2020-11-21 (3).

[5] 全国脱贫攻坚总结表彰大会在京隆重举行 [N]. 人民日报，2021-02-26 (1).

[6] 习近平. 在决战决胜脱贫攻坚座谈会上的讲话 [N]. 人民日报，2020-03-07 (2).

[7] 坚持改革开放坚持高质量发展 在加快建设美好安徽上取得新的更大进展 [N]. 人民日报，2020-08-22 (1).

[8] 决胜全面建成小康社会决战脱贫攻坚 继续建设经济繁荣民族团结环境优美人民富裕的美丽新宁夏 [N]. 人民日报，2020-06-11 (1).

[9] 全面建成小康社会 乘势而上书写新时代中国特色社会主义新篇章 [N]. 人民日报，2020-05-13 (1).

[10] 扎实做好"六稳"工作落实"六保"任务 奋力谱写陕西新时代追赶超越新篇章 [N]. 人民日报，2020-04-24 (1).

[11] 许军涛，霍黎明. 构建政府与市场协同发力的大扶贫格局 [N]. 学习时报，2017-06-19 (4).

[12] 赵展慧. 易地扶贫搬迁任务全面完成 [N]. 人民日报，2020-12-04 (1).

[13] 中共中央国务院关于抓好"三农"领域重点工作确保如期实现全面小康的意见 [N]. 人民日报，2020-02-06 (1).

[14] 2014 年人类发展报告发布 [N]. 中国科学报，2014-07-28 (2).

[15] 习近平向人类减贫经验国际论坛致贺信 [N]. 人民日报，2020-12-15 (1).

（四）其他

[1] 陈齐铭. 农村精准脱贫的可持续性研究：基于江西省 Q 区下辖 4 镇的实地调查 [D]. 南昌：江西财经大学，2018.

[2] 丁洪. 农户返贫预警测度研究 [D]. 长春：吉林大学，2022.

[3] 符悠悠. 马克思主义贫困理论与农村扶贫的路径选择研究 [D]. 南昌：东华理工大学，2016.

[4] 龚晓宽. 中国农村扶贫模式创新研究 [D]. 成都：四川大学，2006.

[5] 教育部. 全国普通话普及率达 80.72%，文盲率下降至 2.67% [EB/

OL].中华人民共和国教育部政府门户网站，2022-06-28.

［6］金鑫.当代中国应对自然灾害导致返贫的对策研究［D］.长春：吉林大学，2015.

［7］梁冬梅.脱贫人口返贫风险感知的影响因素研究［D］.成都：电子科技大学，2022.

［8］刘冰心.吉林省农村可持续性脱贫问题研究［D］.长春：吉林大学，2017.

［9］刘金新.脱贫脆弱户可持续生计研究［D］.北京：中共中央党校，2018.

［10］卢天亮.基于生计脆弱性框架的脱贫农户返贫风险评价研究：以江口县D乡为例［D］.贵阳：贵州财经大学，2022.

［11］漆敏.我国农村返贫问题根源剖析与对策研究［D］.重庆：重庆大学，2012.

［12］汪儒军.返贫风险预测及防返贫对策研究［D］.南昌：江西财经大学，2022.

［13］韦香.返贫风险识别与防控研究［D］.上海：华东理工大学，2019.

［14］谢莹.民族地区脱贫后防止返贫问题研究：以鹤庆县为例［D］.昆明：云南财经大学，2020.

［15］杨瑚.返贫预警机制研究［D］.兰州：兰州大学，2019.

［16］杨智.全面小康目标下甘肃农村反贫困研究［D］.兰州：兰州大学，2016.

［17］张俊飚.中西部贫困地区可持续发展问题研究［D］.武汉：华中农业大学，2002.

［18］张蒙蒙.西藏农牧区脱贫户返贫风险评估与应对策略研究［D］.拉萨：西藏大学，2020.

［19］赵娥艳.甘肃L县全面脱贫后防治返贫风险研究［D］.烟台：烟台大学，2021.

［20］邹颖宏.动态管理背景下脱贫人口的返贫阻断机制研究［D］.南宁：广西大学，2019.

［21］中华人民共和国2003年国民经济和社会发展统计公报［R］.中华人民共和国国家统计局，2004.

［22］国务院印发《“十三五”脱贫攻坚规划》［EB/OL］.中国政府网，2016-12-02.

［23］国新办就决战决胜脱贫攻坚有关情况举行新闻发布会［EB/OL］. 央广网，2020-03-12.

［24］牢记初心使命　决胜脱贫攻坚［EB/OL］. 求是网，2020-05-03.

［25］李小云. 脱贫摘帽重在不返贫［EB/OL］. 人民网，2018-08-26.

［26］去年贫困人口逾六成是返贫人口［EB/OL］. 新浪网新闻中心，2010-10-18.

［27］国务院新闻办公室. 国务院新闻办发布会介绍就业扶贫实施有关工作情况和主要成效［EB/OL］. 中国政府网，2020-11-19.

［28］习近平在重庆调研时强调确保如期实现全面建成小康社会目标［EB/OL］. 新华网，2016-01-06.

［29］习近平：决胜全面建成小康社会　夺取新时代中国特色社会主义伟大胜利：在中国共产党第十九次全国代表大会上的报告［EB/OL］. 中国政府网，2017-10-27.

［30］专访国务院扶贫办主任刘永富："返贫"，是没有根本脱贫［EB/OL］国务院扶贫办网站，2016-03-18.

二、英文文献

（一）著作

［1］DFID. Sustainable Livelihoods Guidance Sheets［M］. London：Department for International Development，2000.

［2］ROWNTREE B S. Poverty：A Study of Town Life［M］. London：Macmillan，1902.

［3］WALKER R. Opportunity and Life Chances：The Dynamics of Poverty，Inequality and Exclusion［M］// GIDDENS P D A. The New Egalitarianism. Qxford：Blackwell，2005.

（二）期刊

［1］DAOUD A，HALLEROD B，GUHA-SAPIR D. What Is the Association between Absolute Child Poverty，Poor Governance，and Natural Disasters? A Global Comparison of Some of the Realities of Climate Change［J］. PLOS ONE，2016，11（4）.

［2］ASHWORTH K，HILL M，WALKER R. Patterns of Childhood Poverty：New Challenges for the Policy［J］. Journal of Policy Analysis and Management，

1994, 13 (4).

[3] BIGSTEN A, SHIMELES A. Poverty Transition and Persistence in Ethiopia: 1994-2004 [J]. World Development, 2008, 36 (9).

[4] DERCON S. Income Risk, Coping Strategies, and Safety Nets [J]. World Bank Research Observer, 2002, 17 (2).

[5] GUSTAFSSON B, DING S. Villages where China's Ethnic Minorities Live [J]. China Economic Review, 2009, 20 (2).

[6] HULME D, SHEPHERD A. Conceptualizing Chronic Poverty [J]. World Development, 2003, 31 (3).

[7] JALAN J, RAVALLION M. Is Transient Poverty Different? Evidence for Rural China [J]. The Journal of Development Studies, 2000, 36 (6).

[8] LEIBENSTEIN H. Allocative Efficiency vs. X-Efficiency [J]. The American Economic Review, 1966, 56 (3).

[9] MCCULLOCH N, CALANDRINO M. Vulnerability and Chronic Poverty in Rural Sichuan [J]. World Development, 2003, 31 (3).

[10] NELSON R A. Theory of Low-level Equilibrium Trap in Underdeveloped Economies [J]. The American Economic Review, 1956, 46 (5).

[11] SCOTT M. Resilience: A Conceptual Lens for Rural Studies? [J]. Geography Compass, 2013, 7 (9).

[12] STEVENS A H. The Dynamics of Poverty Spells: Updating Bane and Ellwood [J]. American Economic Review, 1994, 84 (2).

[13] STOLZ E, MAYERL H, WAXENEGGER A, et al. Explaining the Impact of Poverty on Old-age Frailty in Europe: Material, Psychosocial and Behavioural Factors [J]. European Journal of Public Health, 2017, 27 (6).

(三) 其他

[1] BHATTA S D, SHARMA S K. The Determinants and Consequences of Chronic and Transient Poverty in Nepal [R]. CPRC Working Paper, 2006.

[2] Chronic Poverty Research Centre. The Chronic Poverty Report 2004-05 [R]. Manchester: The Chromc Poverty Research Center, 2005.

[3] DERCON S. Assessing Vulnerability [R]. Oxford: Oxford University, 2001.

[4] MOORE K. Chronic, Life-course and Intergenerational Poverty, and South-East Asian Youth [R]. CPRC Working Paper, 2004.

临夏回族自治州农户调查问卷

问卷编号：＿＿＿　调查时间：＿＿＿　被访问者所在区域：＿＿＿ 县（市区）＿＿＿（乡镇）＿＿＿ 村　联系电话：＿＿＿＿＿＿

为了了解临夏回族自治州贫困与反贫困现状，了解可能存在的返贫风险，进而有针对性地提出防止返贫的对策建议，请您协助填写以下调查问卷。此调查结果仅用于统计分析，请您客观填写，谢谢！

填写说明：1. 请在您选择答案前的标号上画"√"，或者在"＿＿＿"处填写适当内容。2. 所有题目若无特殊说明，一律为单项选择。

一、基本信息表（主要填写 2020 年的信息）

农户属性：□一般农户 □脱贫不稳定户 □边缘易致贫户 □突发严重困难户

原致贫原因（最主要要3项）：□因灾 □因病 □因残 □因学 □缺劳力 □缺技术 □缺资金 □缺土地 □交通条件落后 □自身发展动力不足 □其他（ ）

脱贫年份：□2014 □2015 □2016 □2017 □2018 □2019 □2020

家庭成员编号	与户主关系	年龄	性别：1=男；0=女	民族	文化程度：1=文盲或半文盲；2=小学；3=初中；4=高中或中专；5=大专及以上	国家通用语言文字熟练程度：1=熟练掌握；2=基本掌握；3=未掌握	身体健康状况：1=健康；2=体弱多病；3=长期慢性病；4=患有大病；5=残疾人	是否参加新型合作医疗：1=是；0=否	职业类型：1=务农；2=企事业单位；3=政府机关；4=个体；5=外出务工；6=学生；7=其他	是否在本村或村级以上政府部门担任干部：1=是；0=否	是否具备某项专业技能（在本村村认可的，如泥瓦、兽医、炙出种养技术、手工艺品加工、文艺表演、经营管理等技能）	打工状况：1=在家务农；2=县内务工；3=县外省内务工；4=省外务工；5其他
户主												
1												
2												
3												
4												
5												
6												

二、生产生活情况

项目		2019		2020	
		数量	价格	数量	价格
（一）收入情况	家庭年收入（元）				
	家庭经营性收入				
	种植 品种1（　）				
	品种2（　）				
	品种3（　）				
	养殖 品种1（　）				
	品种2（　）				
	品种3（　）				
	务工收入（元）	务工类型	收入	务工类型	收入
	转移性收入（元）				
	各类补贴（元）				
	领取计划生育金（元）				
	领取低保金（元）				
	领取养老保险金（元）				
	领取困难供养金（元）				
	土地流转或补偿收入（元）				
	其他转移性收入（元）				
	财产性收入（元）				
（二）支出情况	生产支出（元）				
	食物支出（元）				
	衣着支出（元）				
	医疗支出（元）				
	文化娱乐支出（元）				
	教育支出（元）				
	人情送礼（元）				
	宗教信仰支出（元）				
	是否有欠款（元）				

（三）生产条件情况	耕地面积（亩）
	有效灌溉的耕地面积（亩）
	商品用经济作物面积（亩）
	农机器械价值（元）
（四）参与产业情况	是否参与农业合作组织：□是　□否
	从产业中收益　　　（元）
	增收情况 □好 □一般 □差
	产业发展效果 □好 □一般 □差
（五）住房情况	住房面积（平方米）（无房户填"0"）
	房屋主要结构（单选）：□钢筋混凝土 □砖混材料 □砖瓦砖木、砖 □石窑洞 □竹窑洞 □土窑洞 □其他
	建房时间（年份）
	易地扶贫搬迁情况：□已搬迁 □需搬迁 □其他
	家庭耐用消费品价值（元）
	医疗保险及救助：□合作医疗 □大病保险 □大病或慢性病 救助：□商业补充医疗 □其他
	以下指标请按便利或参与程度打分，从 1～5，得分越高代表越好
（六）生活状况条件	看病就医条件
	交通便利程度
	教育条件
	社会保障程度
	信任互助（亲人好友互助数量多少）
	帮扶政策认知（对医疗、产业、教育、社会兜底保障等政策了解程度）
	帮扶政策参与（村委会工作、帮扶资金使用、自身稳定脱贫方案等的关心程度）

三、农户返贫情况及认知（未做说明，均为单选）

1. 您家脱贫多久了？

□1 年及以下　□2 年　□3 年　□4 年　□5 年及以上

2. 您当时主要的脱贫方式是？（可多选）

□政府资助　□产业扶贫　□易地搬迁　□健康扶贫　□教育扶贫
□外出务工　□兜底保障

3. 您家目前继续享受的帮扶措施有哪些？

□产业帮扶　□就业帮扶　□金融帮扶　□公益性岗位帮扶　□三保障
和饮水安全帮扶　□兜底保障类帮扶（低保、临时救助、防贫保险、残疾人
补贴等）　□未享受　□其他（请注明）

4. 您家近年来是否发生过返贫？（如选"是"，回答 5~6 题；如选"否"，
跳至 7 题）

□是　□否

5. 您家出现返贫致贫风险的最主要因素是什么？

□因病　□因学　□因残　□因自然灾害　□因意外事故　□因务工就
业不稳定　□因缺劳动力　□因能力不足　□其他

6. 除 5 题选择的最主要因素外，您家出现返贫致贫风险的次要因素是
什么？

□因病　□因学　□因残　□因自然灾害　□因意外事故　□因务工就
业不稳定　□因缺劳动力　□因能力不足　□无次要因素　□其他（请注明）

7. 您是否担心会返贫？

□是　□否

如果是，您觉得脱贫之后返贫的可能时间是多久？

□1 年之内　□1~2 年　□2~3 年　□3 年以上

如果是，您觉得返贫风险是多大？

□非常小　□较小　□一般　□较大　□非常大

8. 您最担心哪方面会导致您家里返贫？

□自然灾害　□贫困线的改变　□子女教育费用过高　□医疗费用过高
□自身能力不足　□社会保障水平低　□政策不完善　□思想落后　□其他

9. 近两年来您遭遇过几次自然灾害呢？（如滑坡、霜冻、牛羊瘟等）

□没有　□1 次　□2~3 次　□4~5 次　□5 次以上

10. 您对于发生这些自然灾害的担心程度是？

□非常担心 □比较担心 □一般 □有点担心 □完全不担心

11. 近年来发生的自然灾害对粮食减产的影响程度是？

□非常严重 □比较严重 □一般 □不太严重 □没有

12. 为防止返贫致贫您最希望得到什么帮扶？（最多选 3 项）

□发展种植业 □发展养殖业 □发展农产品加工 □免费教育 □专业技能培训 □加大社会救助力度 □提高医疗报销比例 □贴息贷款和低息贷款 □其他（请详细注明）

13. 您认为已脱贫村民制定防止返贫的措施是否有必要？

□是 □否

14. 据您了解，针对本村已脱贫村民是否有制定防止其返贫的有关措施？

□是 □否 □不了解

15. 以下措施当中，你认为最能有效防止脱贫户返贫的措施是？

□针对每一户建立监测预警机制 □每年对建档立卡贫困人口全面核查一次 □继续巩固"两不愁三保障" □落实低保、临时救助、反贫困保险等综合保障 □其他

16. 2021 年及以后，您认为还要从哪些方面巩固脱贫成果？（可多选）

□完善社会保障 □发展教育 □完善基本医疗 □完善住房安全 □完善发展产业 □完善生态保障

四、返贫风险感知与应对（请阅读以下陈述，并在后面相应栏目打"√"）

（一）返贫风险源感知

风险类型	风险描述	对返贫影响程度				
		很小	较小	一般	较大	很大
健康风险	家庭医疗支出过高（因病返贫）					
教育风险	子女教育费用较高（含非义务教育）（因学返贫）					
就业风险	人力资本匮乏难就业（因技返贫、因残返贫）					

续表

风险类型	风险描述	对返贫影响程度				
		很小	较小	一般	较大	很大
政策风险	扶贫政策减少或社会保障乏力					
产业风险	产业选择失误，产品滞销或收益低					
自然风险	自然灾害、病虫灾害或新冠疫情等影响					
社会风险	社会因素造成的意外风险，如盗窃、意外交通事故					
金融风险	外界金融风暴、个体理财或借贷失误导致家庭资产贬值					

（二）风险应对措施（可多选）

风险类型	风险应对措施									
	求助政府	求助亲友	金融借贷	购买保险	外出务工	动用储蓄	变卖资产	增强学习	减少消费	子女辍学
健康风险										
教育风险										
就业风险										
政策风险										
产业风险										
自然风险										
社会风险										
金融风险										

五、对防止返贫工作的建议

1. 您今后自身巩固脱贫的思路与主要做法有哪些?

2. 您认为当地防治返贫工作存在哪些问题对此您有什么建议?

问卷到此结束,再次感谢您的大力支持!

附录 2

基层干部访谈提纲

一、州县干部访谈提纲

（一）基本情况

1.2015 年以来全县建档立卡贫困人口数量和贫困发生率、已脱贫人口、返贫户人口分别是多少？

2. 以前是否出现过规模性返贫的情况？如有，原因是什么？

3. 您认为返贫跟贫困是一回事吗？

4. 返贫人口如何识别？返贫人口的类型是什么，有哪些特点与特征？哪些数据能提供返贫信息？

5. 您认为影响返贫的因素有哪些？返贫风险较大的原因是什么？

（二）预防返贫风险的措施

1. 今年以来，县里得到的政策支持比以前有哪些明显变化？（一般性转移支付、专项扶贫资金、社会帮扶等）

2. 县里驻村工作队帮扶责任有哪些？是如何落实的？

3. 返贫识别、监测、动态调整操作过程中，遇到哪些问题？有无建立信息监测数据平台？

4. 产业帮扶在稳定脱贫方面有哪些措施？

5. 全县推进劳务输出有哪些举措？

6. 在现有防止返贫措施中，见效最明显的是哪些措施？

（三）意见建议

1. 扶贫资金监管方面有哪些问题？在整治和预防扶贫领域职务犯罪方面做了哪些工作？

2. 对中央、自治区、州的政策有什么看法？有哪些改进的建议？

3. 实现稳定脱贫，衔接乡村振兴还需要解决哪些问题？主要困难是什么？有什么解决问题的举措？

4. 怎样解决少数民族地区人口存在的特殊困难？有什么建议？

二、乡镇干部访谈提纲

（一）基本情况

1. 建档立卡贫困人口数量、已脱贫户数量、返贫户数量分别是多少？本乡（镇）脱贫摘帽时间？

2. 全乡（镇）共计多少易地搬迁户，共有多少人？目前进度怎么样？

3. 您认为返贫跟贫困是一回事吗？

4. 脱贫农户家庭劳动力外出务工情况怎么样？

5. 农户大病慢性病患者治疗费用报销情况怎样？

6. 义务教育阶段孩子双语教育开展得怎样？

7. 乡（镇）里贫困家庭危房户还有多少？危改计划如何？危改补助多少？

8. 实现"两不愁三保障"哪一项难度最大，为什么？

（二）主要措施

1. 今年以来，乡（镇）里享受了哪些帮扶政策？

2. 贫困户已经脱贫，他们脱贫主要靠哪些政策举措？返贫如何防范？

3. 驻村干部在村里主要做了哪些事？

4. 产业扶贫中，如何动员贫困群众参与，实现可持续脱贫？

5. 乡（镇）有没有小微企业？带动多少贫困户就业？发展主要面临哪些问题？推进劳务输出有哪些举措？

6. 贫困大病慢性病患者是否能得到及时有效的治疗？

7. 在现有实现稳定脱贫的举措中，见效最明显的是哪些措施？

（三）意见建议

1. 脱贫攻坚政策举措落实过程中，有哪些形式主义问题？还有哪些倾向性苗头现象？

2. 扶贫资金监管方面有哪些问题？在整治和预防扶贫领域职务犯罪方面做了哪些工作？

3. 对中央、自治州、县的政策有什么看法？有哪些改进的建议？

4. 你认为要实现稳定脱贫，政府最应该做些什么？目前最主要困难是什么？

三、村干部访谈提纲

（一）基本情况

1. 建档立卡贫困人口数量、已脱贫户数量、返贫户数量分别是多少？

2. 本村脱贫摘帽时间？

3. 返贫户返贫的主要原因有哪一些？是否做过统计？返贫现象是否有做过单独专项记录？

4. 您认为本村村民返贫最大的风险是什么？

5. 村上农户收入来源主要有哪些？疫情对于农户增收是否有较大影响？

6. 村上是否有集体经济？发展状况如何？

（二）主要措施

1. 及时有效发现农户返贫的主要渠道是什么，农户自主申报还是基层干部走访等？

2. 农户对于返贫风险申报的标准、程序及方法是否了解？自主申报主要是通过手机 APP 还是专线电话或者是帮扶工作站？

3. 村上对已经识别的"脱贫不稳定户、边缘户、突发严重困难户"是否实现网格化监测？监测走访的周期是多长？

4. 村上产业发展带动效应如何？就业情况怎么样？

5. 全村参加第三方保险的覆盖率有多大？参保内容主要有哪些？未参保农户不参保原因是什么？

6. 村上是否设置了兜底保障金（防贫保障基金）？如果有，额度是多少？审核标准和权限是什么？

7. 您认为防止返贫最直接最有效的措施有哪些？

后 记

终于，书稿写作即将画上一个句号，感觉就像健身一样，在过程中无限纠结，结束后感觉棒极了。兴高采烈，停滞不前，自我怀疑，重新做心理建设，这些情绪反反复复伴随着整个著书的过程。本书写作资料难以获得、整体推进困难的茫然，科研与育儿、工作的矛盾，都是真真切切的神伤；但是发现新观点的狂喜，写作思路豁然开朗的得意，每份文稿成稿的满足，也都是实实在在的快乐。

一路走来，首先我想将最诚挚的谢意献给我的博士生导师李俊杰教授，感谢老师的谆谆教导和严格要求，老师严谨治学的态度、好学不倦的精神、勤勉高效的作风将是我永远学习的典范和楷模。无论每次提交多少内容，老师都是逐字逐句阅读修改、仔细推敲、一丝不苟，对于数据来源和论文引用，更是要求精准标注、反复核准，以至于我时常惊讶于身兼数职的老师是如何做到"分身不乏术"的。另外，老师对学生关爱有加，无论何时何事联系老师，老师总是能第一时间答疑解惑，在我写作最迷茫、调研最艰难的时候，是老师给予了我最坚定的支持和最关键的帮助。千言万语、纸短情长，化作这声"感谢"。

其次，要感谢经济学院各位老师的悉心指导和大力帮助。陈祖海教授古道热肠，对我关爱有加，我甚是感动；李波教授每每倾囊相授，毫无保留，给我提供了许多既具建设性又具操作性的指导意见，我感激在心；李忠斌教授学术功底深厚、思辨能力强，每每请教，都使我受益匪浅；叶慧教授低调谦和、学识渊博，多次无私与我分享写作资料和素材，我甚是感谢；也特别感谢张跃平教授和张英教授对本书写作、逻辑思路、框架结构方面提供的宝贵意见。再次感谢各位老师。

同时要感谢耿新、王鑫、马楠、谈玉婷、付寿康、陶文庆、李云超、申雯清、刘湘、聂扬眉等同门师兄师姐、师弟师妹。尤其是耿新师兄，多次带我进行实地调研，掌握调研方法和技巧；还有马楠师兄，不仅带我一起做课题，还给我提供了很多思路和建议；以及陶文庆师兄，一直鼓舞和激励我克服困难、完成书稿。

此外，感谢调研地甘肃省临夏回族自治州相关领导的无私帮助。尤其是州乡村振兴局张卓局长、马宏海副局长、罗慧主任、张东生科长、包玉婷科长，临夏县乡村振兴局唐艰局长，农业农村局郭占忠局长、李娟镇长，积石山县王建军主任、杨林主任，和政县司海泉局长，康乐县段武军局长、付燕芳主任，东乡县刘军龙副县长、郑善虎主任，等等，篇幅原因，难免挂一漏万。在做问卷调研中得到乡镇干部、村干部的帮助，在此一并表示感谢。正是你们的大力支持和帮助，才使我获得了翔实的一手调研资料，获得了大量的感性认知和丰富的数据文字支撑材料，为本书提供了写作的基础和实地素材。同时你们敬业奉献的精神、实干担当的作风，尽心尽力为群众办好事、办实事的举措也深深感染和激励着我。

最最感谢的是我可爱的家人，你们用爱发的"电"，是我勇毅前行的动力。感谢爷爷奶奶、爸爸妈妈还有婆婆的持续鼓励，给予我精神和物质的双重支持；感谢我的爱人，不仅承担了我的"学术小助手"工作，还要包容我的小脾气，谢谢你与我一起携手完善和超越自我；感谢我的暖心小宝贝，你的笑容是我疲劳和忧愁的最好溶解剂。

最后，感谢自己，虽然偶尔怠惰、偶尔泄气，却一直没有停下前进的脚步；虽然偶尔焦虑、偶尔犯难，但始终尽力坚持、保持乐观。

书稿的写作只是生命中短暂的一个阶段，于我而言，这个阶段收获的不仅仅是视野的提升、知识的拓展，最重要的是心智的磨砺和成长，自己变得更坚定勇敢，敢于走出舒适区，敢于挑战，遇到事情都能告诉自己，"没有什么事儿是过不去的""别慌、稳住、问题不大"。我愿生命的每个阶段都能像这著书生涯一样，满载努力后有所收获。

罗如芳

2022 年 11 月于武汉